老郭看盘细节

(第二版)

老 郭 著

地震出版社
Seismological Press

图书在版编目（CIP）数据

老郭看盘细节/老郭著．—2 版．—北京：
地震出版社，2015.5
ISBN 978-7-5028-4569-8

Ⅰ.①老… Ⅱ.①老… Ⅲ.①股票投资—基本知识
Ⅳ.①F830.91

中国版本图书馆 CIP 数据核字（2015）第 008863 号

地震版 XM3462

老郭看盘细节（第二版）

老 郭 著

责任编辑：朱 叶

责任校对：孔景宽

出版发行：地震出版社

北京市海淀区民族大学南路 9 号 邮编：100081

发行部：68423031 68467993 传真：88421706

门市部：68467991 传真：68467991

总编室：68462709 68423029 传真：68455221

证券图书事业部：68426052 68470332

网址：http：//www.dzpress.com.cn

E-mail：zqbj68426052@163.com

经销：全国各地新华书店

印刷：廊坊市华北石油华星印务有限公司

版（印）次：2015 年 5 月第二版 2015 年 5 月第一次印刷

开本：787×1092 1/16

字数：257 千字

印张：16.25

书号：ISBN 978-7-5028-4569-8/F（5261）

定价：39.80 元

自　序

因为工作的关系，经常跟股民朋友在一起聊天切磋，他们说得最多的话大概是："老师，我又错了！"买错了，卖错了，总归都是错。他们很纳闷：明明是按照买卖信号操作的，怎么又错了呢？一般我都会仔细问他们怎么买的，又怎么卖的，听完他们的陈述，感觉都是犯了同一个错误——教条主义，生搬硬套一些所谓的绝招秘法。

金叉来了买进，死叉来了卖出，炒股岂是这般简单？如果真能这样，何需要人操作，编写个程序输入电脑就可以，让电脑自动交易岂不是更精准省事？可惜目前还没有这样的电脑程序。市场上充斥的那些所谓能代替你决策的高端软件，几乎无一例外都是坑蒙拐骗的工具。如果真那么灵验，那些人又何需卖软件？因此，要到股市真金白银地赚钱还得靠自己，靠辛苦钻研。扯远了，还是回到我们关心的话题：为什么我们总是错，错在哪里？

买卖信号错了，为什么错了？是不是信号本身设计的问题？这个问题恐怕很少有人去深究，一般的股民朋友从书上或别人那里学来一个招法，大概是不会问这个招法是怎么来的，胜率有多高。当然这个问题很难回答，除非是专业研究人员。普通投资者可能会到软件上去翻看验证这个买卖信号是否可行，但往往是研究的时候觉得这个招法可行，一旦实战就不行了，最后总是感叹运气不佳。其实完全不是运气的问题。在坊间能流传的招法通常都是经过时间检验的，可靠性并不差，差的是使用者没有真正掌握，就差那么点火候。这个火候就是细节。

前几年流行一本书叫《细节决定成败》，估计很多朋友看过。可是我们炒股的时候未必会注意细节。一个买卖信号为什么到人家手里运用自如，到我们手里就失效了呢？关键就在于我们忽略了细节。比如一根大阳线，我们往往把它当做主力冲锋的标志，忙不迭地追进，结果第二天低开低走，灰头土脸割肉出局。其实大阳线仅仅是一个表象，你注意过它是怎么形成的吗？你评估过它的整体位置吗？你注意过它的成交量吗？也许你一问三不知。这就可以解释为什么你总是错了。错在你太马虎了，没有关注细节。

去年在佛山讲课的时候结识了一位老先生，他退休了没事做，爱上了炒股，开始也是屡战屡败，不过后面慢慢的盈利了。我很好奇他怎么做到的，因为当时的行情并不好。他打开电脑，调出他的记录，着实让我惊讶——他的每一次交易都有翔实的记载，买卖时间价格，怎么买的怎么卖的，应有尽有。能做到这么细致，想不赚钱都难啊！在广州的一位小妹妹股民的做法与那位老先生也有异曲同工之处，她跟我说她一般只关注一只股票，每次操盘都有日志，对技术指标也只研究平均线，其对平均线的研究之深之细非常人所能及。因此我对她说："你住别墅是应该的。"

我这里无意夸大细节的作用，但如果有人说他靠感觉就能盈利，那他不是幼稚就是已经修成正果了。很多人看书学招法，那只是学了点皮毛，如果能关注细节才是进入到实质了，不再为表面所迷惑。但是如果沉迷在细节中，结果也是坐井观天、管中窥豹，进得去出不来。要想修成正果还得从细节中出来，最高的境界也就是某些高人所说的靠感觉了。不过在你还不能靠感觉的时候还是老老实实学点细节，把基础打扎实了。

以前写了不少看盘的书，限于篇幅或者出版商的原因，往往只是蜻蜓点水般笼统地介绍一些看盘的招法，这不能不说是一个重大的缺陷，没有细节的招法难说是真正的招法。为了弥补这一缺憾，笔者在操盘之余，将自己的心得与经验总结成这本关于看盘细节的书，希望能对读者有所裨益。盼望读者能通过本书的阅读，提高看盘水平，不再犯常识性的错误，这样笔者也能平复一点自己的惴惴不安之心。

老　郭

兔年夏于广州

目 录
CONTENTS

第1章

K线细节

K 线是技术分析的基础，一切的趋势、技术形态、技术指标其实都来源于 K 线，离开 K 线的技术分析都是无本之木。因此懂得 K 线就懂得了股价运行的原动力，懂得股价运动的内在脉动。K 线表现在盘面上的信息非常丰富，从中你仿佛看到了多空的厮杀，无论过程还是结果都体现在 K 线上。所以要学会技术分析必须首先学会看 K 线。

K 线的分类比较多，比如大阳线、大阴线、小阳线、小阴线、十字线等，普通的投资者更多的是关注 K 线实体长短，见大阳线则喜，见大阴线则悲。事实上这只是停留在表面的观察。要真正体会 K 线的内涵，必须看到更细微的地方。无论是实体表面的长短，还是内在的形成过程都是我们要关注的细节。同时 K 线形成时伴随的成交量，也是一个不能忽略的细节。

看 K 线最重要的是 K 线的分析不能脱离股价的整体背景。股价的整体运行有上升、下降和横盘三种趋势，相同的 K 线放在不同的趋势背景下，市场含义可能截然相反，这是我们需要重点关注的。离开整体背景谈 K 线是毫无意义的。

第一节　大阳线

单拿出一根大阳线来分析几乎没有多大意义，就像拿一根头发来叫你分析一下头发的主人，除非你是神探级别的人，否则是很难从这根头发推断出年龄性别身体状况等。不仅单根大阳线缺乏分析的意义，可以说所有的单根 K 线都是这样。俗话说“只见树木不见森林”，我们很多投资者就容易犯这种毛病，看见大阳线就来劲了，觉得牛股开始发动攻势了，迫不及待地排队买进，结果落得一个高位站岗的结局。

分析大阳线需要关注很多细节，最重要的是要关注这根大阳线出现的背景，是在上升趋势还是下跌趋势，抑或是盘整趋势中？如果有必要，还需要关注到更细一层，比如是上升的初期还是中期，抑或是尾声阶段？如果不搞清楚这些细节，单纯看一根大阳线，其参考意义几乎为零。

细节1：整体趋势和位置

K线发生的位置最重要，各种位置有各种不同的市场含义，这是我们必须搞清楚的。在上升途中的大阳线是加速上涨的标志，后市可能会惯性上涨。当股价已经高高在上了，大阳线则有加速赶顶的味道，我们要小心股价随时反转。在下跌途中大阳线只是反弹，最终要受到中长期走势的压制，因此不能期望过高。在下跌的尾声，大阳线则是股价反转的信号，预示多头开始反击，是进场的信号。

下面我们来对比认识一下图1－1中的两根大阳线的不同市场含义。

如图1－1所示，2010年10月18日双环科技收出一根大阳线，当日涨

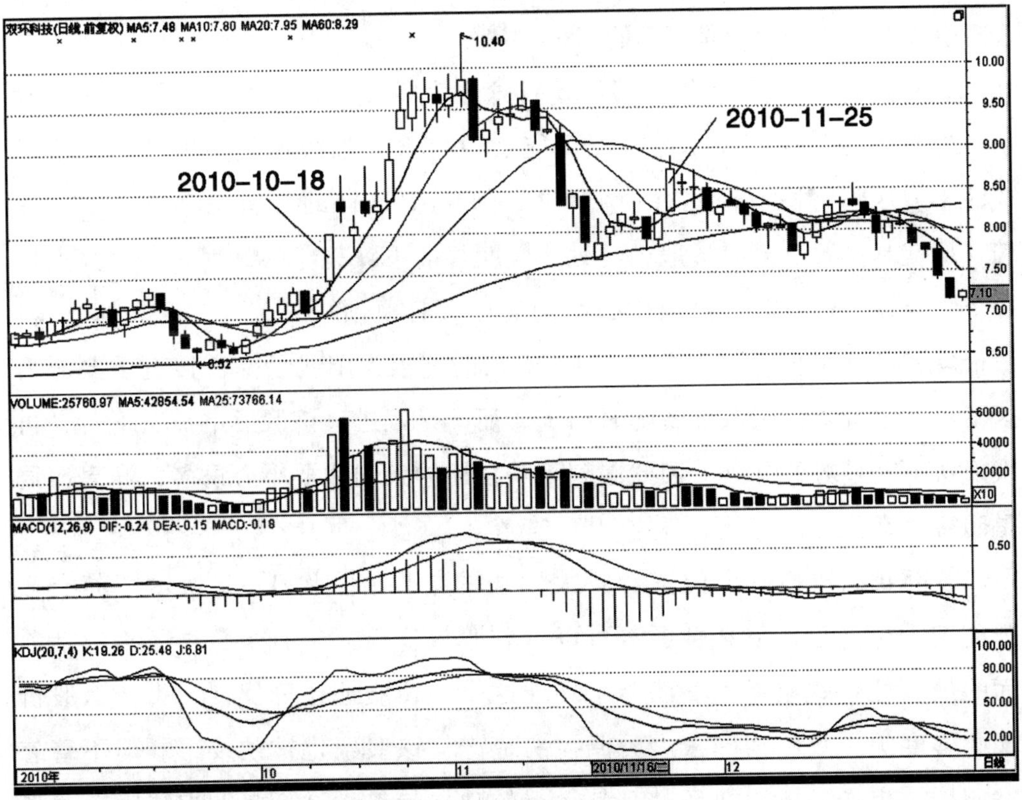

图1－1　双环科技　000707

停，强势自然不用说。那要问你敢不敢在涨停板上追？这你就会迟疑了吧。如果你有整体位置概念，那你就可能毫不犹豫地追上去了。为什么呢？因为这根大阳线刚好突破前高，这通常是新一轮拉升的开始。当然并不是所有的过前高都是追买机会，我们还需要看看整体的位置和趋势。当时该股的整体涨幅并不大，另外前期经过了一个较大幅度的洗盘，股价在60日平均线上方获得支撑后再度上行。

现在我们明白了以下一些关键要素：股价整体呈现上升趋势，回调获得60日平均线支撑就是证明；股价经过回调洗盘，蓄势充分，有再度发力的源泉。股价突破前高，前面暂时没有任何压力，此时不涨都难。如果说还有一个细节值得我们关注，那就是该股当时是跳空突破的，这样的突破缺口也具有重大的意义。缺口我们这里暂时不讲，本书后面第三章会具体展开，老郭前几年撰写的《看盘快速入门》系列丛书也讲得很清楚，有兴趣的读者可以自行参看。具备了这些要素，就是涨停板也要冲进去分一杯羹。该股后市的表现也证明了这个判断是正确的。

下面我们再看2010年11月25日这根大阳线。为什么这根大阳线后股价“跌跌不休”呢？技术分析派可能会说这根大阳线不是突破了回调后形成的小双底吗？按道理还有一个涨幅的呀？但这样的分析忽略了一个大环境，那就是位置。当时该股已经处于较明显的下跌趋势中，因为一个高点比一个高点低，而且股价已经跌破前期的小头肩顶颈线，上方有巨大的反压，股价反弹到这里很可能受阻。11月25日的这根大阳线最高价接近重要压力区了，非常危险，应该准备随时出逃，而不是跟进。该股后市掉头下行，再次确认下跌趋势的继续。**因此遇到下跌初期的大阳线要小心诱多，逢高出局是明智之举。**

下面我们再换一个位置看看大阳线的结果。如图1-2所示，苏宁环球前期大幅下跌，单从截图都可以看到股价折损一半有余，这还不包括前面的最高处，跌幅巨大。而苏宁环球这个公司质地还算优良，为什么股价如此萎靡呢？只因为国家大力调控房地产，该股票也被殃及了。但不管怎么调控，市场经济规律还是有其运行的独立趋势，这不是调控能完全改变的，违背市场经济规律的做法迟早会被证明是错误的。股价运行趋势也是如此，跌多了就会涨，涨多了就会跌，内在的价值对股价还是有一定的牵引作用的。

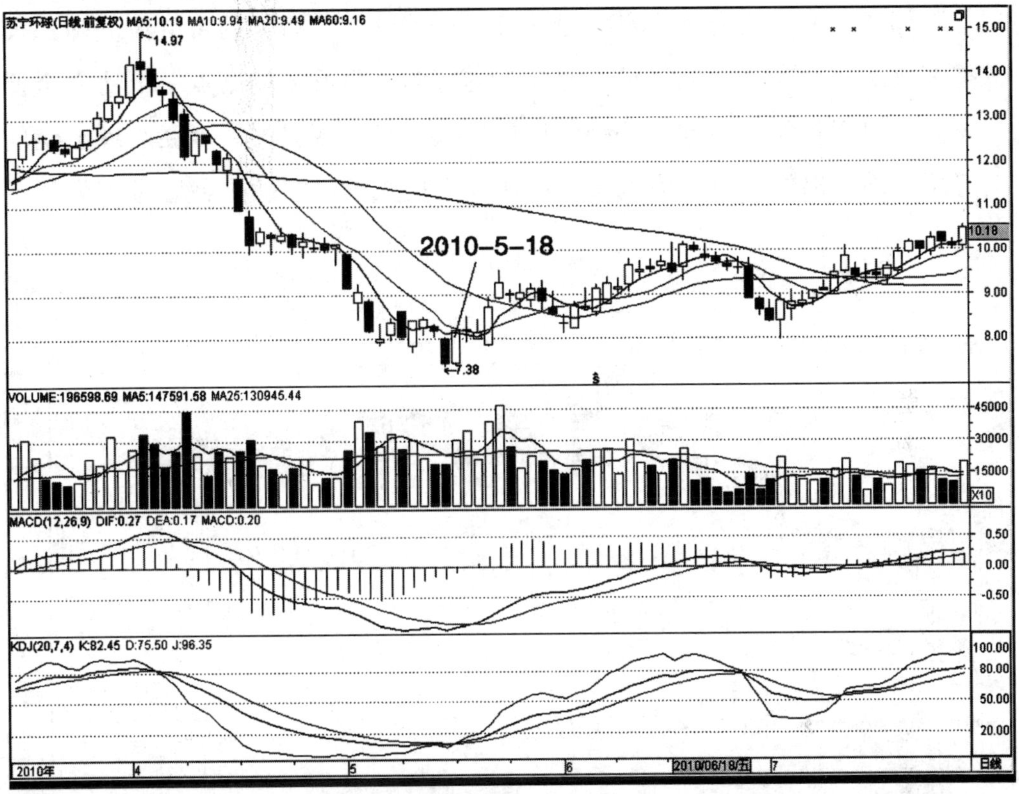

图1-2 苏宁环球 000718

2010年5月18日该股收出一根大阳线，这根大阳线吞没了前面的中阴线。这是一个积极的信号，表明短线多头开始强势反击了。同时成交量也明显放大，说明这是一个有效的反击信号，至少短线反弹可以期待，此时可以少量参与。未来如果能进一步走稳我们可以继续加码。该股后市的走势也如期上行，虽然一波三折，但上行的趋势还是维持得比较好。

本例的大阳线出现的位置是在股价严重超跌的区域，反弹只是时间问题，一旦有人树起反攻的大旗，呼应者肯定不少。因此这样的抢反弹机会我们也可以参与，安全系数比较高。

如图1-3所示，如果我们把图一分为二的话，可以基本判定左边是一浪比一浪高的上升趋势，右边则是一浪比一浪低的下跌趋势，这是很清楚明了的。也许你要说："后面没发生的时候我怎么判定？事后诸葛亮谁不会！"这话在理。但是如果股价运行到 2010 年 11 月 24 日你还不知道走势已经呈现下跌趋势，那只能说明你对趋势的感觉比较麻木。后期的每一浪反弹都没欲望去挑战一下前高，就已经说明多头的孱弱。当反弹的高点一个比一个低的时候，我们就应该感觉下跌趋势正在形成。只是炒股的人多在心理上偏向美好的一面，以至于总认为调整之后还会有更大的涨幅，这种心理害死了不少人。

图 1－3　海翔药业　002099

2010 年 12 月 16 日这根大阳线实际涨幅接近 6 个点，因为低开，所以上涨的幅度更大，表面看起来多头实力非常强劲，大有再来一波快速拉升的意思。偏好均线理论的人更可以找到做多的理由，那就是"一阳穿多线"，这通常是多头发起攻击的明确信号。可是本例该股偏偏不给面子，次日冲高回落，小幅收低，不久后即连跌5天，均线系统已经呈现明显的空头发散。回过头来看，你就恍然大悟了——这根大阳线是典型的主力诱多出货，主力逃跑之后走势立马显出原形。

判断这根大阳线的关键就在于股价位置。当时股价处于下跌的初期，每次反弹都很可能是诱多，只要没有创出新高就不能言好。落实到操作上，你就只能逢高出逃。即便当日没逃，次日表现疲软时也该逃了。因此大阳线出现的背景是我们首先关注的，万不可只见树木不见森林，掉进主力的诱多陷阱中不能自拔。

细节2：量能

很多投资者都有习惯思维，最典型的就是认为放量大涨即是做多的表现，可以积极跟进，这种思维害死人。要知道有多少人买就有多少人卖，巨大的成交量本身就说明多空分歧比较大。如果股价处于高位，主力借股价大涨的机会出货的可能性更大。放量大涨肯定耗费了多头大量的实力，要长久地维持几乎是不可能的。再说大涨也说明获利者众多，这些都是潜在的卖盘，后市出货的压力也是不容小觑。

一般来说缩量大涨倒是好事，说明场内惜售，导致成交不多就大幅拉升了股价。不过也要看具体位置，并不是所有的缩量上涨都是健康的。其实最佳的量能应该是温和放大，这样也可以增强投资者的信心。

如图1-4所示，厦门信达2010年12月14日巨量涨停，而且突破前高，按常规，这是新一轮拉升的开始。但是这根大阳线配合巨大的成交量却让人有种不祥之感。因为这种放量涨停耗费的能量是极大的，通常不能维持多久。次日该股继续放量冲高，但最后空头蜂拥而出，股价直线下挫，形成乌云密布之势，走势已然有反转的架势，后市继续下跌也可以说是顺其自然的事了。

图 1-4　厦门信达　000701

下面我们再来看看缩量的例子。如图 1-5 所示，正虹科技 2010 年 10 月 19 日低开高走，最后收出大阳线，当日涨幅超过 5 个点。表面看这应该是多头强劲的表现，而且该股整体处于上升趋势，同时经过了短暂的回调，蓄势方面没有存在问题。但这一切都是表象，上涨最终还是靠真金白银，那成交量就是一个重要参考。该股当日虽然有所放量，但量能连两根均量线都不能突破，说明当日的量能有很大欠缺。这也间接说明了当日的做多有一定的虚假成分。那么这种虚涨的内在原因到底是什么呢？无非是多头参与并不积极，后市的行情值得怀疑。该股此后虽然继续上行，但一步三回头，是典型的散户主导行情，参与的意义实在不大。

对于这样的个股，即便是有大阳线的诱惑，我们也要保持一份冷静，原则上尽量去找有量能配合的个股——当然，被高度控盘的个股除外。

图1-5 正虹科技 000702

莱宝高科是2010年最为耀眼的牛股之一，除了当时的触摸屏概念火爆因素外，其拉升的形态也值得我们好好欣赏。如图1-6所示，该股经过较长时间箱体整理后开始拉升。那一连串的阳线足以让投资者心花怒放。我们重点关注一下2010年10月28日的跳空大阳线。撇开当日的涨幅，我们发现当日的成交量明显萎缩。这是什么原因呢？股价涨那么多，为什么成交量没有跟上去？是不是传说中的量价背离？事实上该股前面一周的上涨都基本呈现价涨量缩的状态，如果是背离反转的信号，那也早该反转了。因此从背离这个角度分析已经没有多大价值。那么缩量只能说明场内持股者惜售。这也是主力高度控盘的表现，场内的流通盘少了，只要稍微用力就可以大幅拉升股价，就这么简单。这才是真正牛股的特征。那么如果有幸能买到这样的个股就要紧紧抱牢，期待着跟随主力的拉升，收获丰硕的成果。

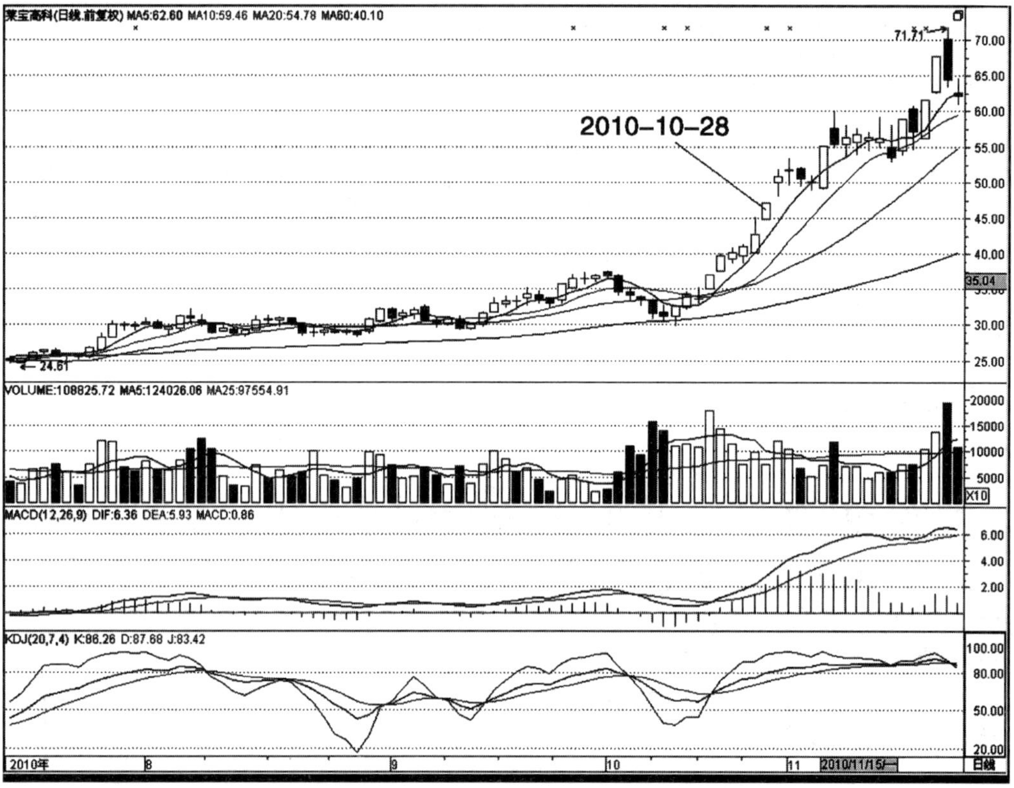

图1-6　莱宝高科　002106

这种股票的操作方法其实很简单，没放量就很可能继续涨，即便是小有震荡，那也千万要站稳，别被震出去了，否则就太可惜了。该股直到涨到72元附近的时候才在高位放出一个巨量，并且当日收阴，此时再逃跑不迟。这是后话。回到前面的缩量大阳线，那只有一个办法——抱紧别松手，主力不卖你就更可以高枕无忧。

细节3：大阳线形成过程

大阳线表面看起来威风八面，但也有很多大阳线是主力制造出来的，骗你没商量，因此我们不能忽略查看大阳线的形成过程。如果是尾盘突击拉升制造出来的大阳线，几乎毫无悬念是诱多陷阱，要不就是主力实力不济，这种股票我们不要也罢。另外，股价的推升需要成交量的配合，如果缩量拉升出来的大阳线也很可能有问题。总之，真实的大阳线应该是量价配合良好走出来的。

如图1－7所示，威海广泰震荡上行。这种股票对一般的投资者来说不太好做。因为震荡的幅度有点大，投资者往往追在高点，而一旦严格止损却发现杀在最低点。但如果你懂上升通道就不难。该股的上升通道比较明确，下面的支撑线很明显是60日线。这是宏观的分析，知道了就心里有谱。下面我们具体看看2010年12月31日这根光头大阳线。该股此前已经连续大涨2天，三大阳足见多头强劲。可是实际上是不是真是那么回事呢？看K线看不出名堂来，那我们只好转到分时图上去看看。

图1－7 威海广泰 002111

调出分时图，你一看就明白了。原来这根大阳线是“制造”出来的。所谓“制造”，就是有人为做“线”的痕迹。通常做出来的线都有相反的意义。

如图1－8所示，当日该股低开高走，然后长时间在前日开盘价附近窄幅震荡，区间在1.5个点左右。顺便说一句，这么小区间的震荡也说明股价控制得还很稳定，主力不是等闲之辈。该股几乎全天都是这样不阴不阳地走着，谁也想不到的是该股在尾盘出现了传说中的“秒杀”，不到一分钟股价直接拉升到了5个点收盘，大阳线就这样造出来了。你想不到吧？想不到你就卖不出去，只能像看风景一样观赏。即便你想到了，大概也不至于能想到高挂5个点卖出吧，那是神仙干的活。

图1－8　威海广泰　002111

那么主力为什么要造出这样的大阳线呢？原因就是大阳线好看。好看有什么用？可以吸引来日更多的跟风盘。那为什么要吸引跟风盘呢？这就不要过多解释了吧，最终就是为了卖个好价钱。糖衣炮弹就是这样的，不定什么时候就会炸了，让你粉身碎骨。该股此后的破位下跌你看到了，这就是炸弹。

没有主力傻到明白无误地告诉你他要开始杀跌了，大部分都是要杀你个措手不及。

总之，大阳线并不都是主力多头实力强劲的表现，很多投机分子善于利用交易规则做线，我们不要被表面迷惑了，老老实实观察一下它的实际走势，以防被忽悠还帮人唱赞歌。对于尾盘突击拉升，我们后面会具体讲解。

真正有力的大阳线是什么样的呢？单从表面是很难看得出的。我们必须看一下分时图，了解大阳线的形成过程，看看是否是刻意制造出来的，可靠程度如何。如图1－9所示，杉杉股份2010年10月25日收出一根大阳线。这个位置的大阳线很重要，因为此处恰好是前高位置，有可能是真突破，那将引发一波加速上升行情；也有可能是假突破，那将形成阶段性头部，后果就比较严重。因此必须把握好这根大阳线的性质，看看是不是真拉升。下面我们看看当日的分时图。

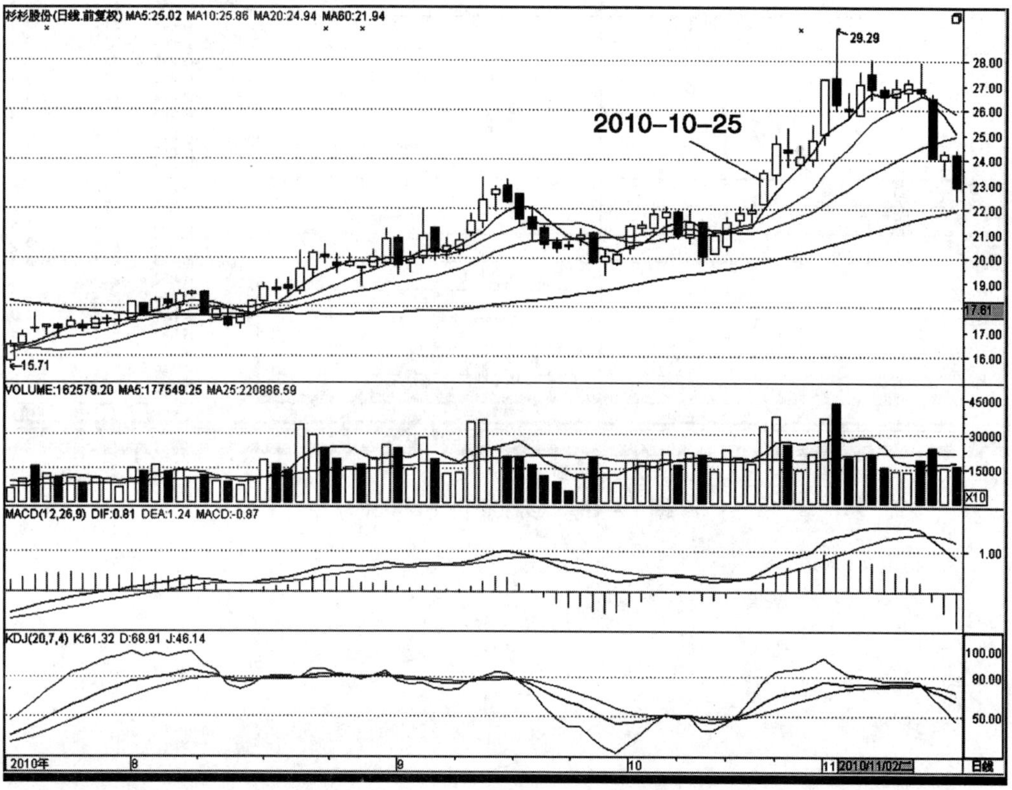

图1－9 杉杉股份 600884

如图1－10所示，杉杉股份在当日分时图上表现非常强劲。该股当日高开高走，股价逐浪上升，即便回调，也受到均价线的强力支撑，甚至极少触碰均价线。这说明买盘非常踊跃，以远高于均价的价格买进。从量价配合看，涨时放量，跌时缩量，非常合理健康。因此我们基本可以认定当日的拉升非常可靠，是主力真实做多的表现，投资者也可以伺机进场，等待后市更大的涨幅。

图1－10　杉杉股份　600884

第二节 大阴线

单独一根大阴线同样没有多大的分析意义，最多能表现出当日股价大跌。除此之外你还能得到什么信号？能说大阴线之后必然会继续跌吗？相信没人这么机械地判断。在不同的位置大阴线也有不同的含义，相同的大阴线配合不同的成交量也有不同的市场含义。特别是大阴线的具体形成过程千差万别，最后的市场含义自然也有很大不同。这些都需要我们仔细分辨，才能了解到该大阴线的真实意图。

细节1：整体趋势和位置

股价位置对任何K线分析都非常重要，离开了位置来谈K线都将不得要领，难以判断真实的市场行为。大阴线本身当然具有很大杀伤力，这是毫无疑问的，但有时候我们又觉得大阴线未必是坏事。与其绵绵阴跌，不如爽快点来几根大阴线暴跌，这样可能很快探到底部，至少也会来个像样的反弹。因此在整体大幅下跌后出现大阴线很可能是最后一击，底部就在眼前。反过来，在股价已经大幅上涨后出现大阴线很可能是反转的信号，最好趁早出局。在上升途中，大阴线很可能是洗盘，洗盘完毕就是介入时机。在下跌途中，大阴线则具有向下牵引的作用，会带动股价惯性下跌。

如图1-11所示，国元证券在一波快速拉升后走出一个疑似双头的图形。当然没有跌破颈线就不能说是双头。2010年11月12日，大盘暴跌，个股普跌，国元证券也不能幸免。当日一根大阴线几近跌停，下跌动作货真价实。如果说普通的大阴线还有点意外的成分外，那这样的跌破双头颈线的大阴线就是核弹爆炸，后果比较严重。

从形态学的角度看，跌破颈线的第一下跌目标应该是双头的高度。因此

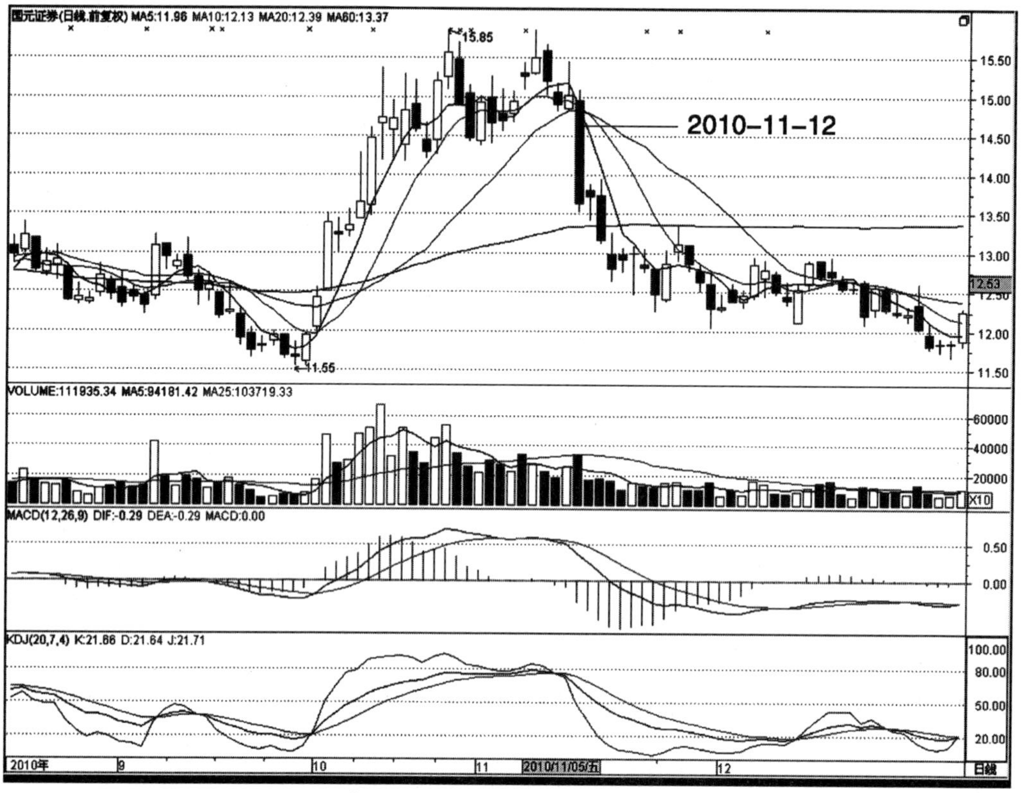

图1－11　国元证券　000728

后市该股非常规范地下滑，第一目标很快达到。我们这里不讨论双头的分析，有兴趣的投资者可以参看老郭的《看盘快速入门》系列丛书。我们关注的是这根破位的大阴线。这个位置的大阴线就是一把锋利的剑，且是一剑封喉，除了倒下没有别的结果。这根大阴线把多头的防线彻底击溃，导致双头形态确立，对于场内大多数的趋势投资者来说这就是做空的号角，其放大效益则无疑又增加了几倍。面对这样的大阴线，我们只能举手投降，早日逃跑为妙。

如图1－12所示，苏宁环球大幅下跌后开始反弹，涨幅不小，甚至有走出多头排列的架势。可惜风云突变，股价随后连续下跌。2010年4月12日该股收出大阴线。这根大阴线跌破了反弹的第一个支撑位，也就是此前最后一波上涨的起点。最后一波上涨起点附近股价曾经横盘整理多日，是筹码集中区域，一旦跌破这个重要的位置，那后市继续下跌的可能性极大。虽然该股第二天有个小幅的反弹，但大势已去，后面继续下跌已经无法阻挡。

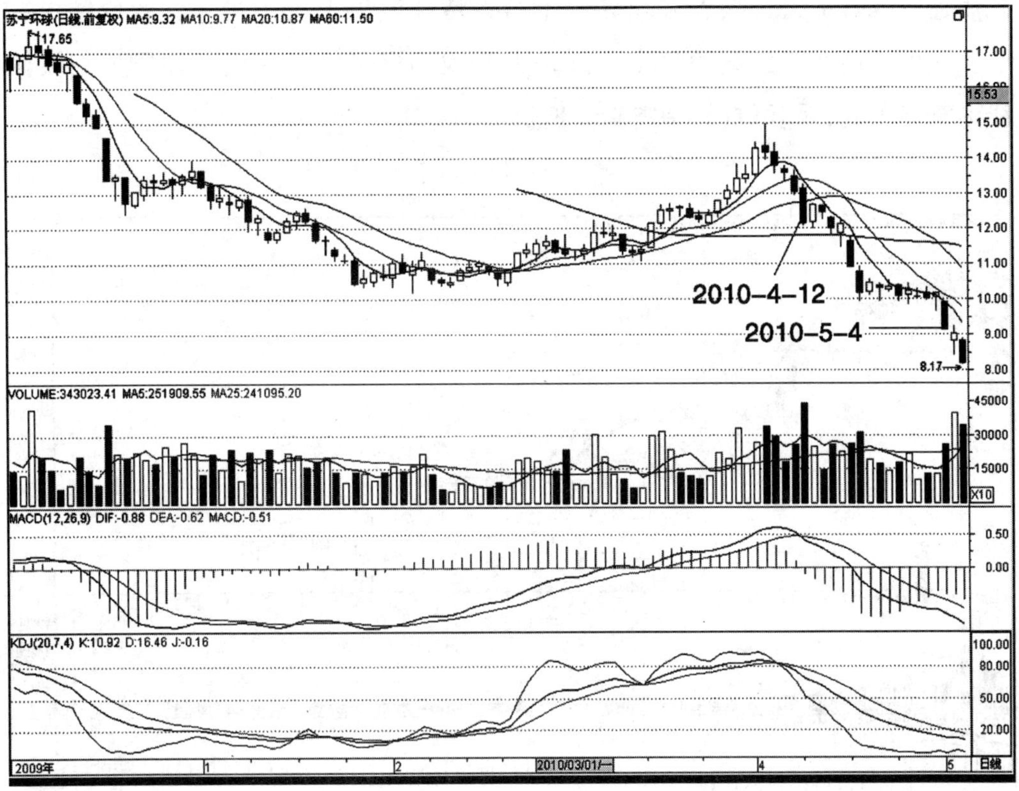

图1-12 苏宁环球 000718

下面我们再来看该股的另外一根大阴线，也就是2010年5月4日的大阴线，当日暴跌导致股价跌破一个重要的横盘位置。此前该股连续7天窄幅横盘，有筑底的意味，但这根大阴线把这个幻想彻底击碎，后面还有下跌的空间。后市的走势已经不言而喻，读者可以自己去关注结果。

本例的两根大阴线都是下跌途中的破位阴线，杀伤力都比较强，除了止损我们别无他法。第一根大阴线处于下跌初期，有确认跌势的作用——助跌，而第二根大阴线则告诉我们下跌途中的横盘也是非常危险的动作，一旦破位必须止损。

如图1-13所示，山西三维前期大幅下跌，然后在7元上方盘整，时间不短，貌似底部就要探明。可是该股最后还是破位下跌。2010年6月29日该股大幅下跌，一根大阴线轻松跌破横盘区间的底线7元。这通常意味着后市还有一波较大的下跌。但是该股次日即有跌不下去的感觉，收出一根小阴线，此后连续三日横盘，接着开始转身上行，持续波浪上行了半年，股价翻倍有余。这里的情况与前面的完全相反，大阴线砸出了一个大底。如果那根大阴线你割肉出局，那可真是割肉割在地板上。

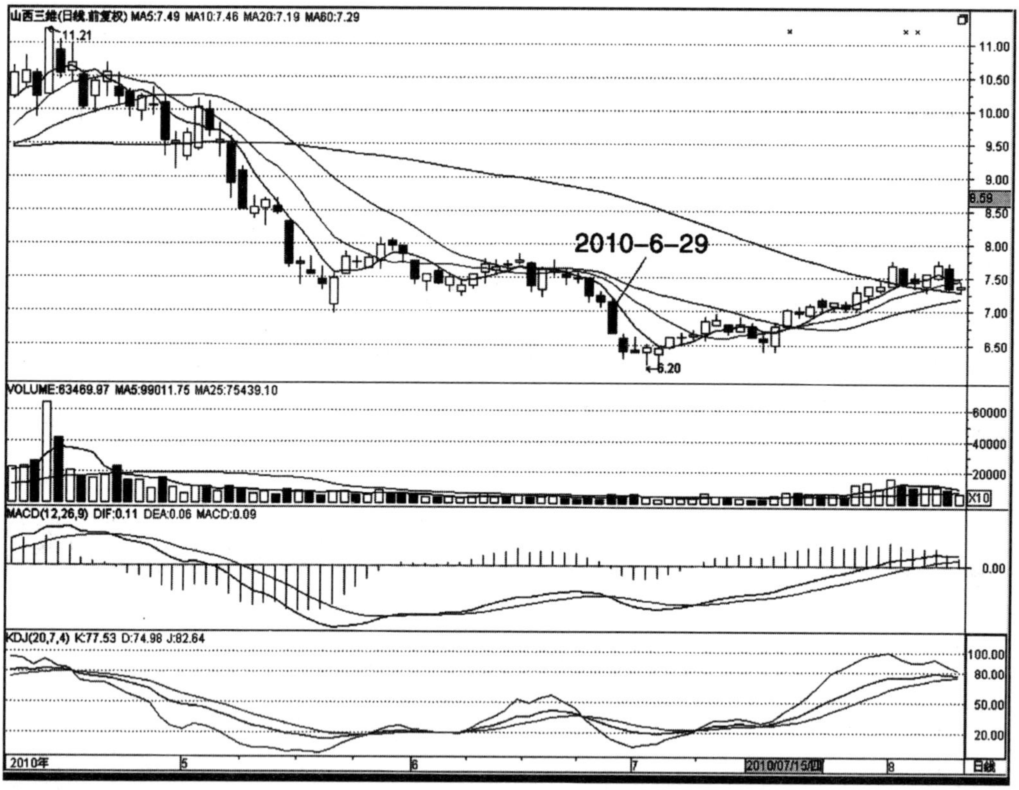

图1－13　山西三维　000755

这说明一个问题——只要股票基本面没有多大的问题，那么**大幅下跌后出现大阴线就很可能是主力最后的恐怖洗盘**。特别是这种极度缩量的大阴线，几乎没有多大的持续力。为什么呢？因为砸盘是很费钱的，主力要砸盘就得自己扔出廉价的筹码，万一被别人劫走了，那可就是赔了夫人又折兵。因此通常这种快速杀跌是不会持续很久的，砸完后就是抄底的时候，此时你进场，那可就捡了大便宜。

细节2：量能

放量大阴线在市场中很常见，如果能见到巨量的大阴线，基本上可以确认是阶段性的顶部。而缩量大阴线也未必是好事，这说明场内接盘非常稀少，导致难以成交，只能继续降价处理。当然这一切还需要结合股价位置来研判。

如图1－14所示，云南旅游在利好消息刺激下连续两天一字涨停。第三天，即2010年9月21日，按规定停牌一小时后开盘。当日开盘后股价短暂冲高，然后快速下跌，最后收出大阴线，成交量巨幅放大。这是毫无疑问的主力出逃，单凭散户是不可能造出这么大成交量的。既然主力都已经落荒而逃，我们也只能跟随做逃兵，只要股价跌破均价线就必须毫不犹豫出局。

事后看，这根大阴线成为中长期的顶部，足见这种巨量大阴线的杀伤力。

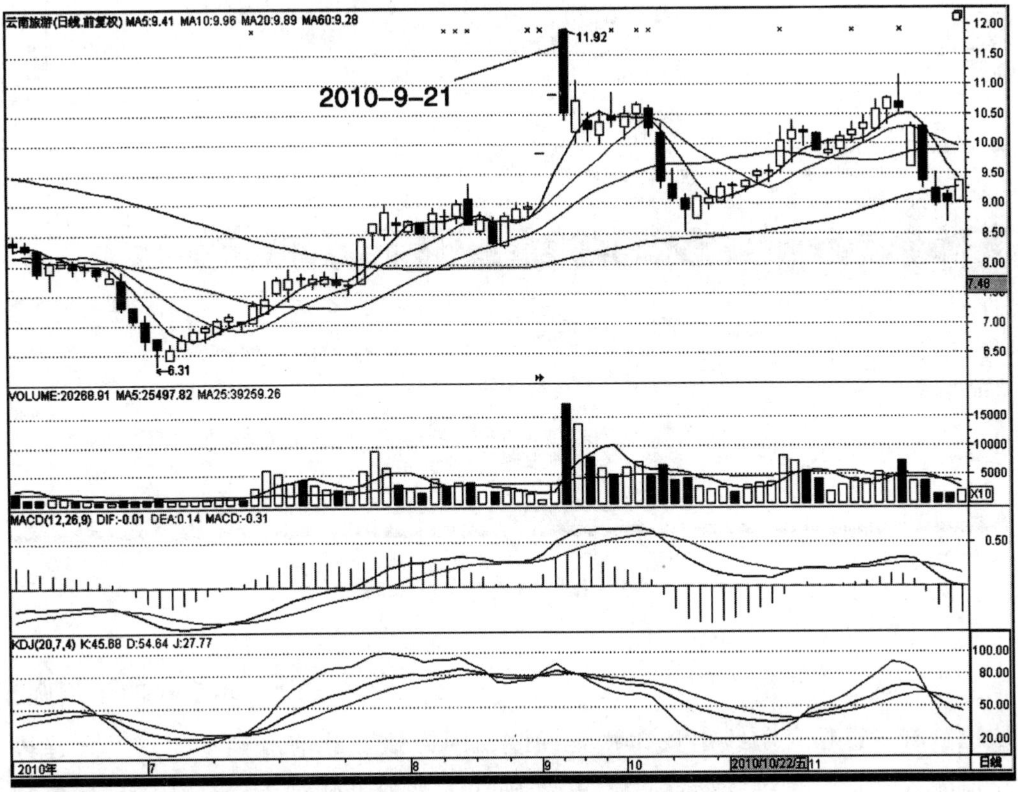

图1－14　云南旅游　002059

我们判断其为阶段性顶部的依据不仅仅是当日的成交量。从背景看，该股短线快速拉升，涨幅不小，很少有哪只股票能持续维持这样的强势拉升，而一旦泄气则至少是阶段性的顶部。即便判断错误，也需等创出新高再介入。

我们再来看一个不同的案例。如图 1－15 所示，2010 年 10 月 14 日新海宜收出一根大阴线，同时成交量明显放大，股价也同时击穿 60 日平均线，按常规的研判，这是中长期走势变坏的标志，后市可能继续杀跌。可是该股随后即止跌，然后反转向上，涨幅巨大。如果你在放量大阴线的时候出局，那真是割肉割在地板上。

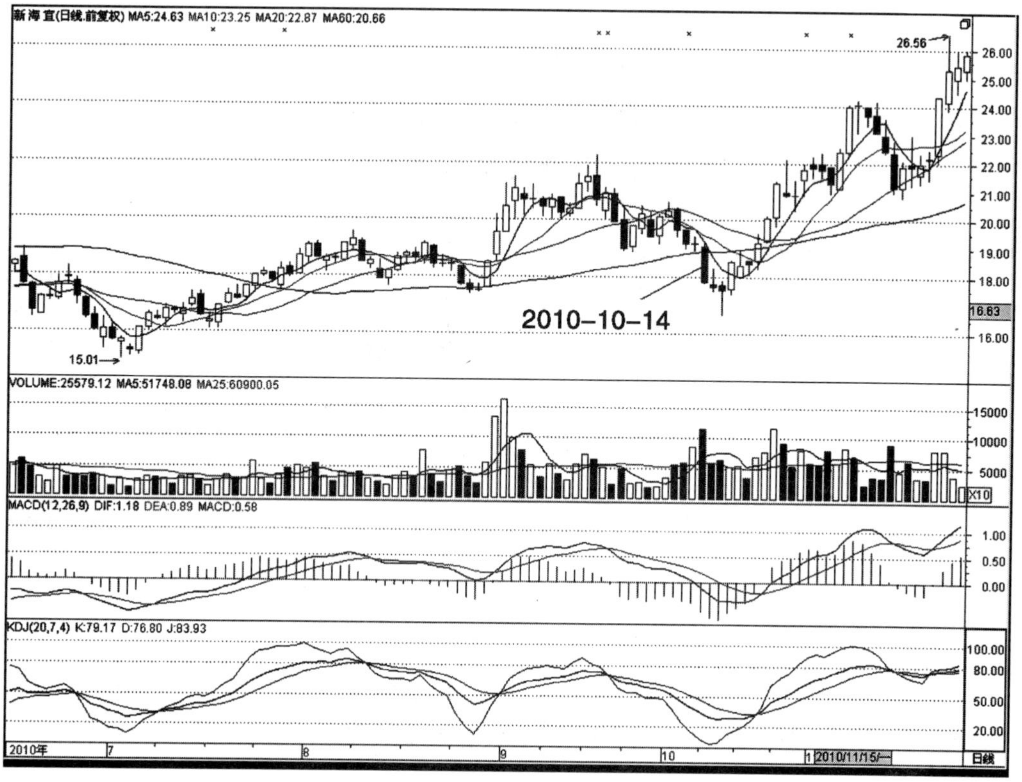

图 1－15　新海宜　002089

为什么这根放量大阴线没有成为杀跌的开始，反而成为杀跌的尾声呢？从位置看，这根大阴线出现得很是蹊跷，因为该股此前涨幅不大，上升趋势又很明确，这次放量跌破 60 日平均线则让人觉得有故弄玄虚的味道。从量能看也是比较奇怪——成交量密集放大的意图是什么？有什么重大利空消息？

事实上根本没有。那么主力出逃就值得怀疑。如果要放量杀跌，那何必等到股价已经大幅下跌的时候再操作呢？这世界上应该没有这么傻的主力。因此很有可能是主力故意对倒放量来恐吓投资者，让意志不坚定的人交出筹码。当然这也只是猜测，后市需要我们密切关注。果然该股第二天便止跌，此后更是快速反转上行，后市涨幅不小。因此这种没来由的放量杀跌值得我们密切关注，很可能是主力诱空的伎俩，千万别轻易被甩出局了。

前面我们分析过放量的大阴线，下面我们再来看缩量的大阴线。很多投资者可能会认为缩量意味着出货的人已经减少，股价有可能见底。这种想法是大错特错，更常见的情况是：股价下跌，下档没有接货的，只能继续往下压价，但承接还是很少，最后导致股价大幅下挫而成交量稀少。相对而言，如果在下跌的过程中成交量放大，至少说明还有人接货，后市还值得期待。

如图1－16所示，金智科技在2010年11月12日跟随大盘暴跌，当日一片风声鹤唳，做多的热情降到冰点。这样的下跌成交量萎缩的可能性极大。

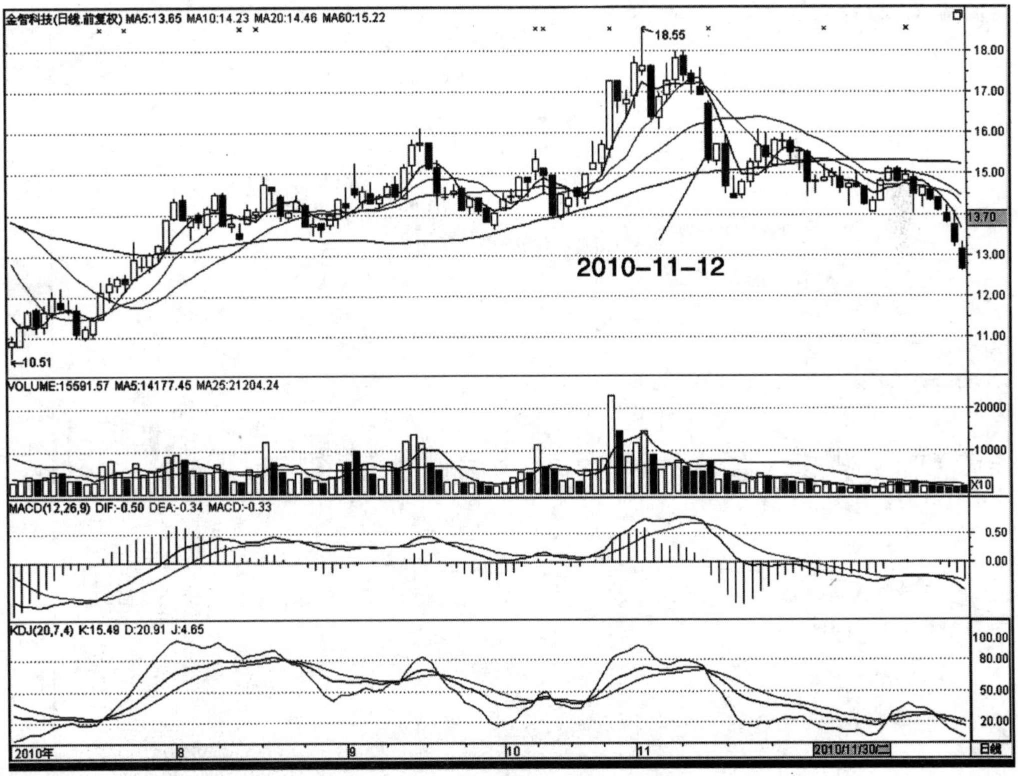

图1－16　金智科技　002090

当日该股的成交量虽然高于 5 日均量线，但低于 25 日均量线，依然属于缩量。比前几天量能放大的原因应该是当日暴跌导致恐慌盘出逃，成交量略有增加也是可以理解的。

细节 3：大阴线形成过程

K 线的形成过程是我们不能忽略的细节，大阴线的分析也不例外。有些大阴线是主力在尾盘瞬间刻意打压出来的，这种大阴线通常具有反转的市场含义。真实的大阴线应该是价跌量增，反弹的时候无量。对于真实下跌的大阴线自然是要回避，通常还有继续下跌的动能。到了股价的底部区间，大阴线则很可能是市场的惯性行为，此时量能往往极度萎缩，只要多头一发力股价就可能很快反转。

如图 1 – 17 所示，金发科技在 2010 年 10 月 14 日收出一根大阴线。这根

图 1 – 17　金发科技　600143

大阴线跌势颇为惊人，看似主力大肆出逃，因为成交量也比前日有所放大。从涨幅来看，该股前期涨幅也不小，有翻倍的涨幅。在这种背景下，主力出逃也是可以理解的。可是你据此操作的话则少了将近3成的盈利。大背景你是分析过了，但细节你却忽略了。这个细节就体现在这根大阴线的形成过程上，需要从分时图上去解读。下面我们切换到分时图看看发生了什么。

如图1－18所示，这是当日金发科技的分时走势。从图上我们看得很清楚，该股当日虽然走势低迷，但全天大部分时间只是在低位横盘，跌幅不算很大。到了临近收盘前1个小时，盘中开始放量杀跌，成交量密集放大，但即便如此杀下来，下跌幅度也不是很大，说明接盘不弱。直到收盘前半个小时，盘中再度放量杀跌，这次股价直线下挫，直奔跌停板去了。我们仔细看看，这次的量能其实放得并不大，却比前次跌幅大多了。这就有疑问了——为什么选在尾盘杀跌，而且在临近收盘的时候又能在巨大成交量的支持下打

图1－18 金发科技 600143

开跌停？其实说到底就是主力想刻意做出一根大阴线，但市场并不认同，跌停封不住就是证明。既然主力要刻意做盘，我们不妨静观其变。该股次日即没有延续跌势，股价站稳，说明此前的杀跌很可能是空头陷阱，一旦再度拉升我们可以积极跟进。

那么真实的杀跌是什么样的呢？我们来看一个实例，用事实说话。如图1－19所示，2011 年 1 月 14 日冠农股份收出大阴线。从整体看，当时该股的走势比较低迷，60 日平均线明显压制着股价的反弹，虽然盘整很长时间，但股价始终难以逾越该平均线，后期该平均线有下行的趋势，走势不乐观。而这根大阴线可以说是空头出击的信号——当然也有可能是假信号。我们从分时图上再看看。

图 1－19　冠农股份　600251

如图 1－20 所示，这是冠农股份当日的分时图。一眼望去，这个走势就非常低迷。股价逐浪下跌，跌时放量，涨时缩量，这是典型的出货形态。而且每次反弹都非常软弱，反弹的幅度极小，连均价线都摸不到，可见卖盘的凶悍。如此种种低迷的表现，足见市场已经极其脆弱，后市很可能继续杀跌，我们还是趁早割肉出局为妙。

图1－20 冠农股份 600251

第三节 上影线

影线是K线里最常见的线型之一，但没有多少人关注。大家有感觉的是大阳线、大阴线这些醒目的线型。事实上，影线的分析价值一点不比大阳线、大阴线差。生活中很多人习惯以貌取人，在K线分析中，“以貌取线”的习惯也是很多投资者所拥有的。以貌取人往往错误地评判或者遗漏了对方，以貌取线也往往错误地评判或者遗漏了多空的交战实际情况。在K线分析中，任何线型都有平等的分析价值，厚此薄彼的结果是以偏概全，其结果也就很严重。

为了分析方便，我们把影线分为上影线和下影线，分别单独叙述。上影线的种类很多，较短的上影线反映的多空力道不那么明显，市场含义不太明确，因此这里我们不做分析。这些较短的上影线我们可以忽略不计，并入K线实体分析即可。我们这里着重分析较长的上影线，即通常长度是K线实体一倍以上的上影线。有些中、大阴线也可能留有较长的上影线，虽然长度不够一倍，但因为过于醒目，也有一定的实战意义，我们也纳入分析。

一般来说，上影线表示的市场含义是多头曾经努力拉升股价，但遭到空头的猛烈反击，因此留下较长的上影线。最后的结果到底如何也并不是单独一根上影线就显示明白的，它还受到K线实体的阴阳和长短的影响，也与股价的整体位置和K线的周期等有密切关系。看上影线也是一件细活，许多细节需要我们认真关注。如图1－21所示，方大集团在2010年11月3日和11

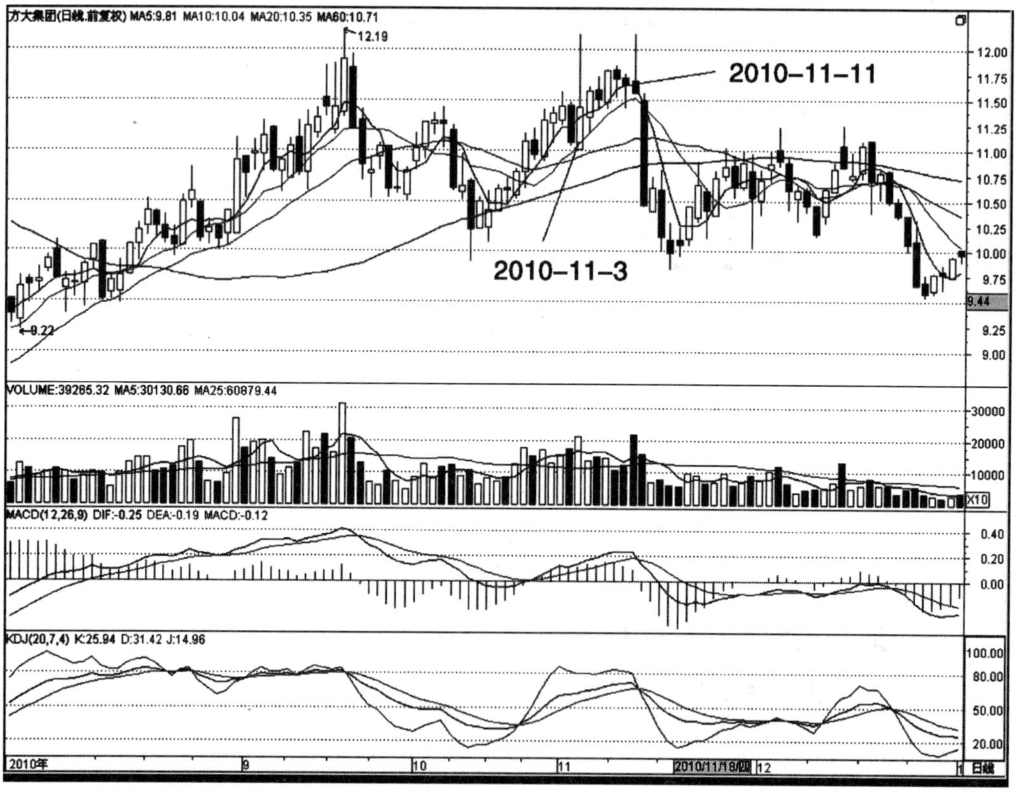

图1－21　方大集团　000055

月 11 日均收出带有很长上影线的 K 线，但是两者有很大不同，至于有什么不同，我们通过下面的例子来体会。

细节 1：K 线的周期

一般来说，单日 K 线其实没有多大分析价值，除非是一些处于关键位置的关键 K 线。因为日 K 线很容易被主力操纵，可以“制造”出来，因此它的分析价值要大打折扣。如果周期较长，比如说周线和月线等，很难作假，其真实性也就比较高，分析的价值也就更高。

如图 1－22 所示，这是招商地产的日线图。2010 年 10 月 18 日该股收出一根带有很长上影线的小阴线。从这根上影线你能揣摩出多空的动向吗？你

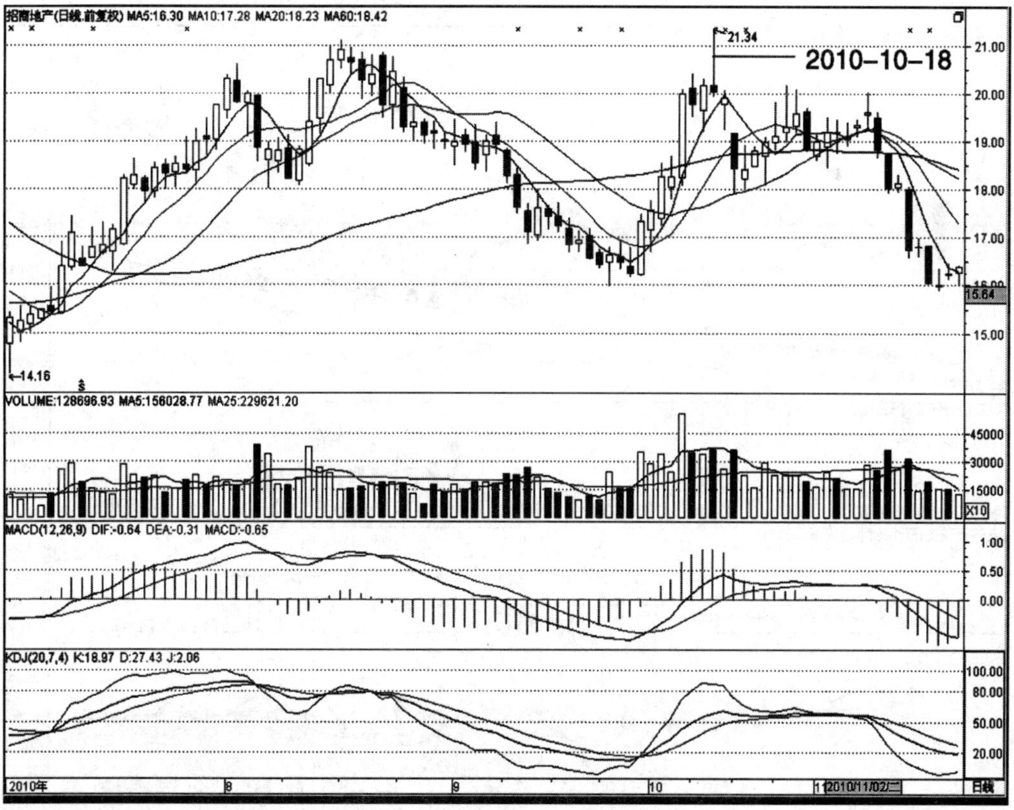

图 1－22 招商地产 000024

知道它的市场含义吗？你能否依据此作出正确的市场判断？见到这样的长上影线你该如何操作？

日K线本来没有多大参考价值，随机性比较强，后市的走势比较难琢磨，但是在一些关键位置出现的关键K线还是具有较大的分析价值。因为一根日K线也能反映出多空交战的状况和结果。本例这根上影线就有较大的分析价值，基本上能分析出多空的交战情况，后市走势不难判断。这根上影线欲冲击前高，但显然失败，空头的力度明显大于多头，最后导致多头偷鸡不成蚀把米。当然你也可以理解为多头的诱多出货。不管怎么样，这里显示出多头力竭，空头大肆出击，后市比较危险。次日该股跳空下跌，则基本上可以确认阶段性顶部的成立。

如图1－23所示，这是深振业A的周线图。周线是周期比较长的K线，主力在周线上作假的可能性比较小，因为做线是需要耗费大量资金的，几天

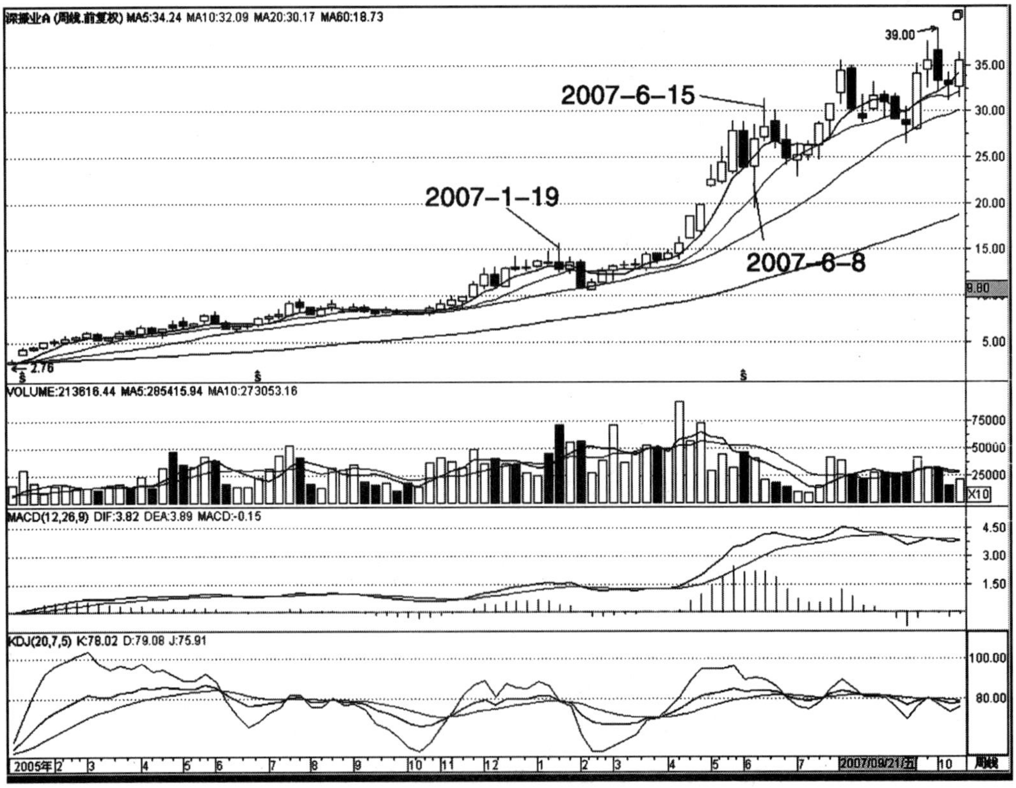

图1－23 深振业A 000006

或许可以硬撑，一周就比较痛苦。2007 年 1 月 19 日这一周该股周线收出带有较长上影线的小阴线，2007 年 6 月 15 日这一周该股又收出带长上影线的 K 线，不过后面这根 K 线的实体是小阳线。这两根 K 线的市场含义是否相同？这两根 K 线的市场含义大体上相同，但又有差别。上影线都代表冲高回落，空头现身，多头在一定程度上怯退，后市有一定压力，能否继续再涨要看能否克服上影线的压力。但是这两根 K 线还是有一点差别，那就是收阴的话说明空头已经明显占据优势，而收阳则还是多头占据些许优势。另外这两根 K 线处于不同的位置，量能也有很大不同。关于位置和量能的分析我们后面再做阐述。

如图 1－24 所示，这是特力 A 的月线图。2007 年 9 月该股月线收出很长的上影线，且实体是阴线。月线是仅次于年线的长周期 K 线，其稳定性也自然属于非常强级别的。要在月线上作假几乎是不可能的，因此月线的参考价

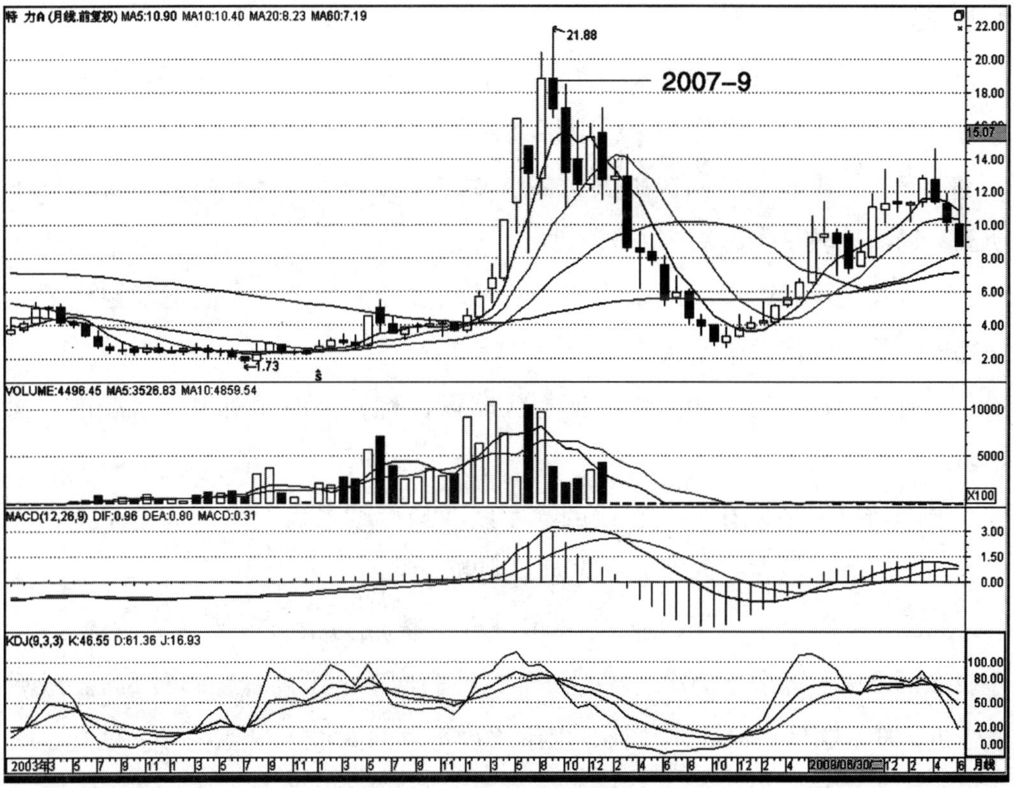

图 1－24　特力 A　000025

值非常高。

那么2007年9月的上影线有什么市场含义呢？我想只要对K线有初步认识的人都知道，那就是股价冲高回落，空头压力越来越大，股价很可能见顶。而实体是阴线更说明空头强压多头一线，后市继续下跌的可能性极大。如果你是长线投资者，见到这样的上影线，应该马上清仓出局，落袋为安。

细节2：多空力度

K线实体最能代表多空双方在实战中的力度，交战的结果就体现在K线实体的长短上。

就表面而言，阳线实体长是多头占优的表现，阴线实体长则是空头占优的表现。

带有长上影线的中阳线表明多头曾经大幅上攻，但遭到空头有力的回击，最后还是多头占据明显优势，后市相对看好。

带有长上影线的小阳线则表明多空双方实力接近，多头略微占优，但不明显，局面比较平衡，后市方向不明。

带有长上影线的中阴线则表明多头虽然曾经大幅上攻，但遭到空头的无情打击，最后大溃败，空头明显占优，后市看空。

带有长上影线的小阴线则表明空头略微占优，局面相对平衡，后市方向不明。

极端情况则是带有长上影线的十字线。最后结果表明多空完全平衡，实力相当，双方纠结在一起，方向更难以判断。

如图1－25所示，深振业A在2010年一度成为当时最风光的股票之一，短线涨幅巨大。该股于2010年7月27日冲高回落，最高涨幅超过8%，最后收于近5%。这是一根实体较长，上影线也不短的K线，其盘面含义就是多头曾经大幅度上攻，但空头也开始蠢蠢欲动，最后收出带上影的中阳线，多头还是占有明显的优势，后市还相对看好。

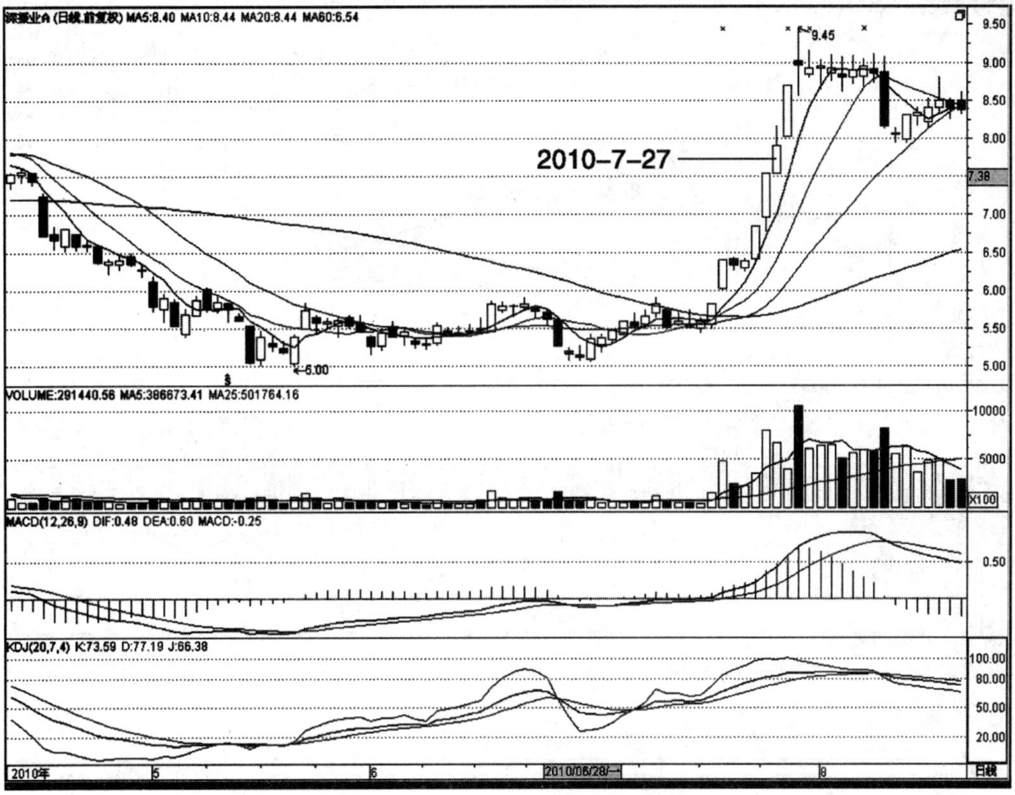

图1－25　深振业A　000006

当然单纯看一根K线难以说明什么。从整体来看，该股前面有3个涨停，短线涨幅不小。这也是该股在此后冲高后回落的原因，毕竟获利盘是客观存在的，特别是对散户而言，在短期获得暴利的背景下难免有落袋为安的想法。但当时该股的“举牌”题材很火爆，而且前期的横盘时间较长，主力有更大野心也是可以理解的。最后空头无法大幅打压股价，导致次日该股继续涨停，成为当时炫目的股票。

如图1－26所示，万科A在2010年10月18日盘中大幅冲高，但最后收出小阳线。从盘面看，虽然盘中多头曾发力上攻，但空头也不示弱，把股价几乎打回原形，多空双方大体势均力敌，多头略微占优，但优势很微弱。

从整体来看，该股短期涨幅不是特别大，但因为当时地产板块受政策挤压，能有这么大涨幅已是很不容易。因此出现这么一根带长上影线的小阳线，

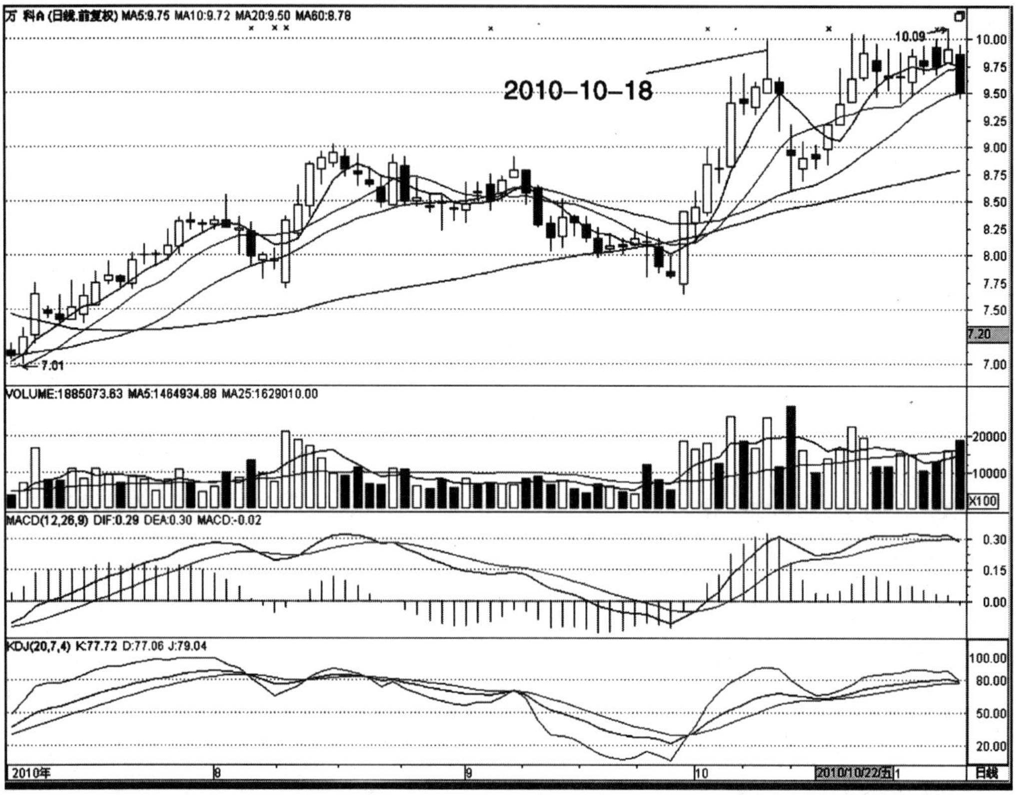

图 1-26　万科 A　000002

我们有理由认为多头在犹豫了，空头的魅影已经出现，后市应该小心。次日该股放量收阴，短线投资者应该暂时退出。

2010 年全年金融和地产板块都因为政策原因比较萎靡不振。如图 1-27 所示，深发展 A 在 2010 年 10 月 14 日和 2010 年 10 月 18 日收出两根带有长上影线的小阴线。单纯从 K 线看，带长上影线的小阴线说明多头虽然努力拉升股价，但显然有点力不从心，最后还是空头占据些许优势。整体来看多空暂时处于势均力敌状态，后市发展方向比较微妙，我们可以继续跟踪观察。

从整个趋势来看，该股前期大幅下跌，然后开始反弹，股价已经突破 60 日线，行情有所走强，只是依然下行的 60 日线可能还会对股价产生牵引作用，难保不会再次下跌。因此短线投资者还需要保持警惕，做好止盈准备。

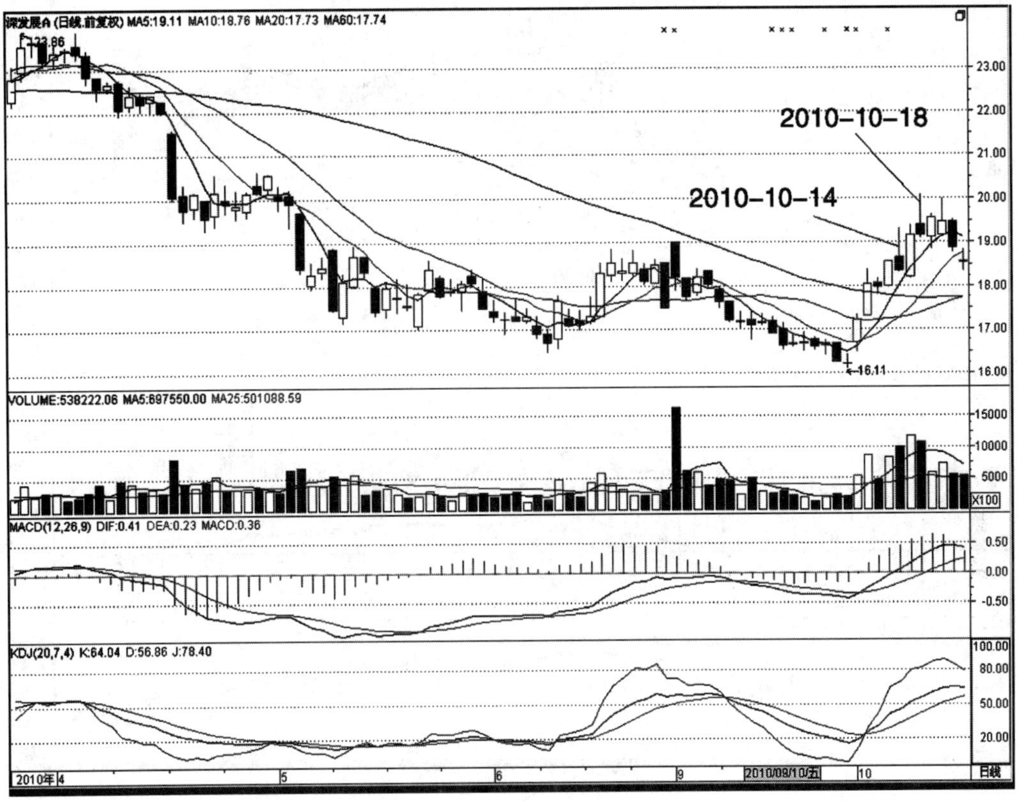

图 1－27 深发展 A 000001

如图 1－28 所示，特力 A 在上涨一段后开始横盘整理。2010 年 9 月 8 日该股收出一根带有长上影线的中阴线。从表面看，该股当日大幅跳高开盘，多头看似非常强势，意图突破。盘中该股也确实大幅向上拉升，只是空头力度更大，不但消灭了开盘后的拉升，甚至把股价大幅打压，回补了当日的跳空缺口。这说明空头明显占据优势。当然这也不排除主力故意设置陷阱，高开拉高诱使散户接盘，自己则偷偷开溜。

虽然该股当日收出中阴线，但实际的股价跟前日收盘价相差无几。因此短线投资者还可以继续观望一下，不过次日该股跳空下行，则要注意止损。特别是当时的平均线已经呈现空头排列了，走势陡然变坏，不能不小心。

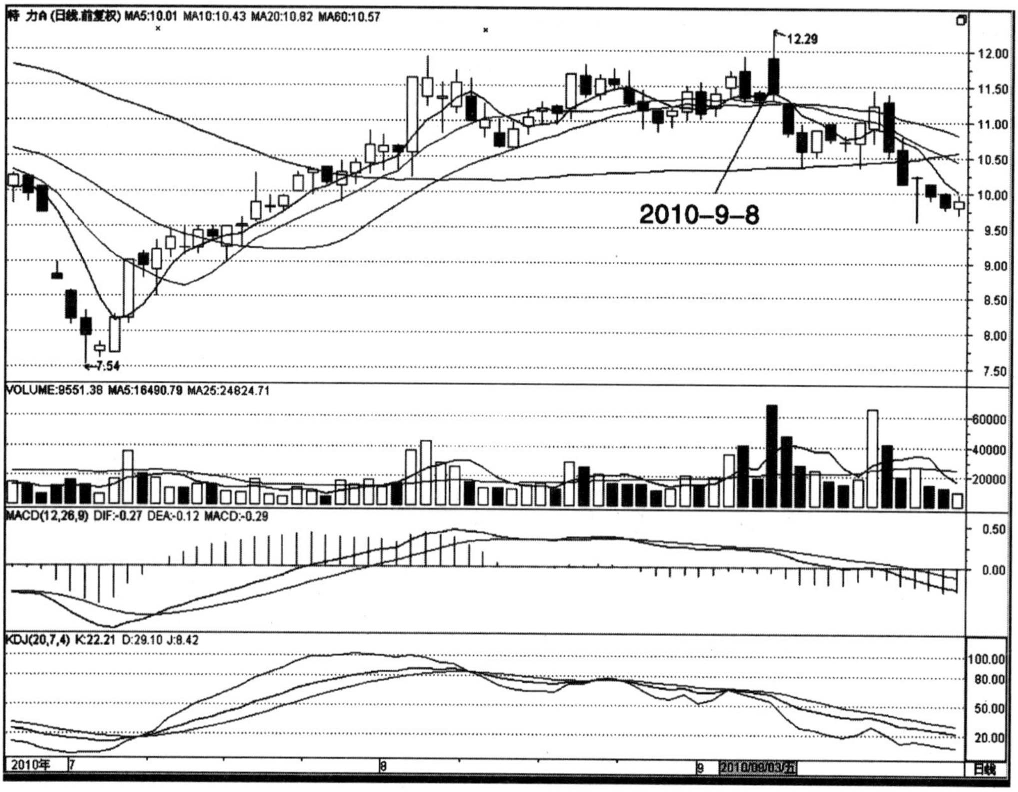

图1-28　特力A　000025

细节3：位置与成交量

K线分析离不开股价的位置，离开了整体位置来分析单根K线是毫无意义的。上影线的分析也是一样的。一般来说，股价已经高高在上的时候，上影线很可能是阶段性的顶部。在上升途中，上影线有向上的牵引力，虽然可能会引发短期的震荡，但整体向上趋势不变。在下跌途中，上影线很可能是反弹结束的信号，不能盲目介入。

如图1-29所示，西安民生在2010年11月5日收出带有较长上影线的中阳线。这根上影线该如何分析，有什么市场含义？首先我们要具有整体观念，看股票要看长远一点。把图缩小以后我们很容易看出这根上影线在挑战前高——盘中曾经突破前高，但最终收于前高之下，也就是说没有成功突破。从成交量上来看，当日成交量放大一倍，看似多头力量不差。但结合股价来看，既然没有成功突破，那就是多头终归输了一筹。使出这么大力气却没有成功突破，意味着多头已经是强弩之末了，后市堪忧。股价此后连续几天横盘，但重心显然已经下移，这也说明多头逐渐力竭，想要突破已经是心有余而力不足了。

图1-29　西安民生　000564

目光再放远点，该股应该是处于高位，在高位突破不成就很可能形成空间间隔距离很远的双头，这种现象很常见，我们要注意回避。

如图1-30所示，沙隆达A在2010年9月10日收出一根小阳线，实体很小，但上影线很长。这根上影线有什么市场含义呢？从表面可以看出多头努力拉升，但遭到空头的猛烈反击，空头来势汹汹。从位置来看该股处于短线快速拉升中，前日巨量涨停，当日继续上涨，成交量继续放大，但最终的涨幅很小，不到2%。这说明什么？量价背离。成交量上去了，可股价上不去，这就有问题了，很可能主力已经在出逃，要小心股价随时反转向下。该股次日果然跳空下行，急剧反转，真是凶险。因此这根上影线倒是一个很好的短线出局的信号，我们需要特别关注。

图1-30 沙隆达A 000553

这里重点关注的是股价处于一种什么状态中，但异常的成交量也不能忽略。一般来说，放出巨量后难免有震荡，因为交易活跃也说明多空分歧大，后市要警惕。

如图1-31所示，国药股份2010年11月11日收出中阳线，但留下较长的上影线。这根K线说明多头占据明显优势，但空头也有一定实力，否则不会把股价压低那么多收盘。就整体位置而言，该股刚突破前高，后市相对看好。虽然当日留下很长上影线，但仍然可以持股。

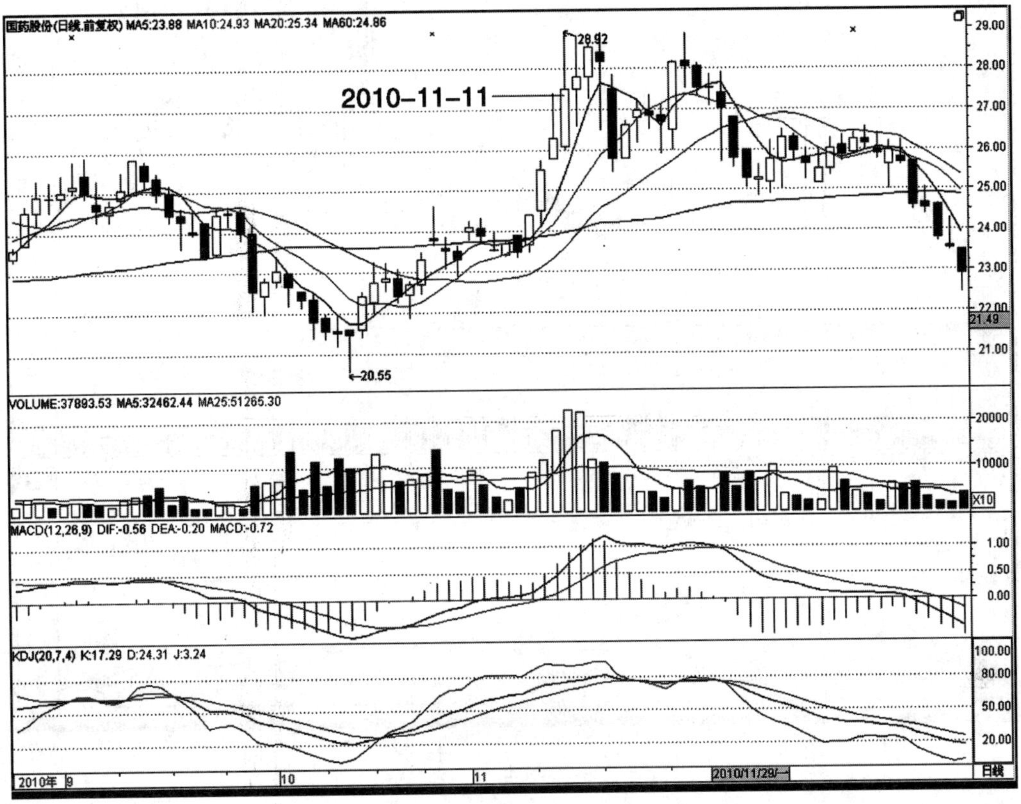

图1-31 国药股份 600511

从该股后市走势来看，11月11日这根上影线竟然成为中长线的最高点，这是不是当时判断错误呢？你看一下大盘就知道是怎么回事。大盘也是当日见顶；次日亚运会开幕，大盘暴跌，自此走上了下行道路。而该股在11月12日还给了持股者卖出的机会，算是非常强势的表现。最后形成镊子顶，可以考虑减仓了。

下面我们再看一个更为极端的例子。如图1-32所示，2010年11月12日，大盘暴跌，大西洋也不能幸免，但实际的走势我们还是要具体看看。该股当日大幅冲高，最后被大盘压垮，成交量也明显放大，主力出逃比较明显。

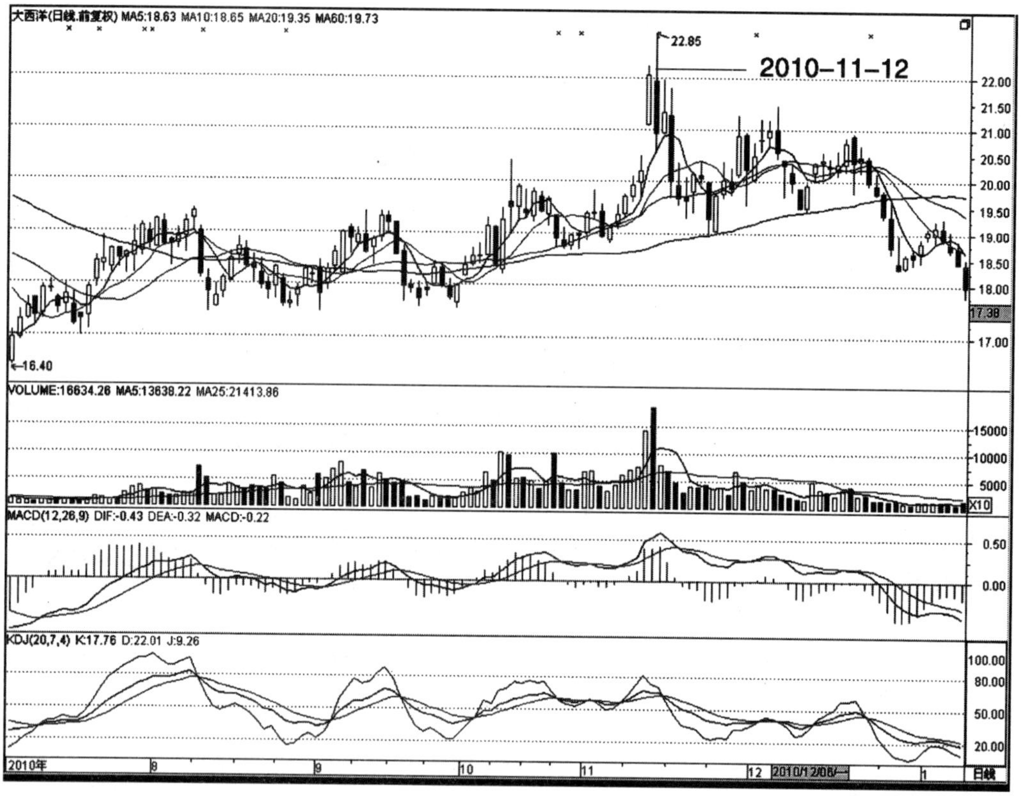

图1－32　大西洋　600558

前日该股跳空突破前高，大阳线拉开了快速上升的大幕。次日开盘后也曾努力冲高，无奈大盘不配合，最后只能随同大盘大幅下挫，收出大阴线。这说明空头完全占据了优势，前面的大好局势毁于一旦。俗话说“人算不如天算”，股市的意外风险比较多，本例就是一个很好的证明，我们需要随机应变，不能带着侥幸心理炒股。

下面我们还是来看一个比较正常的例子。如图1－33所示，京能热电2010年9月2日收出一根带有长上影线的大阳线，成交量大幅放大，可以称之为巨量。从整体看，这根K线处于一个什么位置呢？一眼望去就很清楚，该股当时刚突破前高。突破的姿态非常强势，跳空拉升，当日收大阳线，美中不足的就是那根上影线。不过这不是很重要，局部服从整体。既然都已经明确突破了，后市上涨的概率极大。上影线可能是获利盘出局，也可能是主力故意为之，都无碍大局，可以继续持股，甚至可以趁机加码。

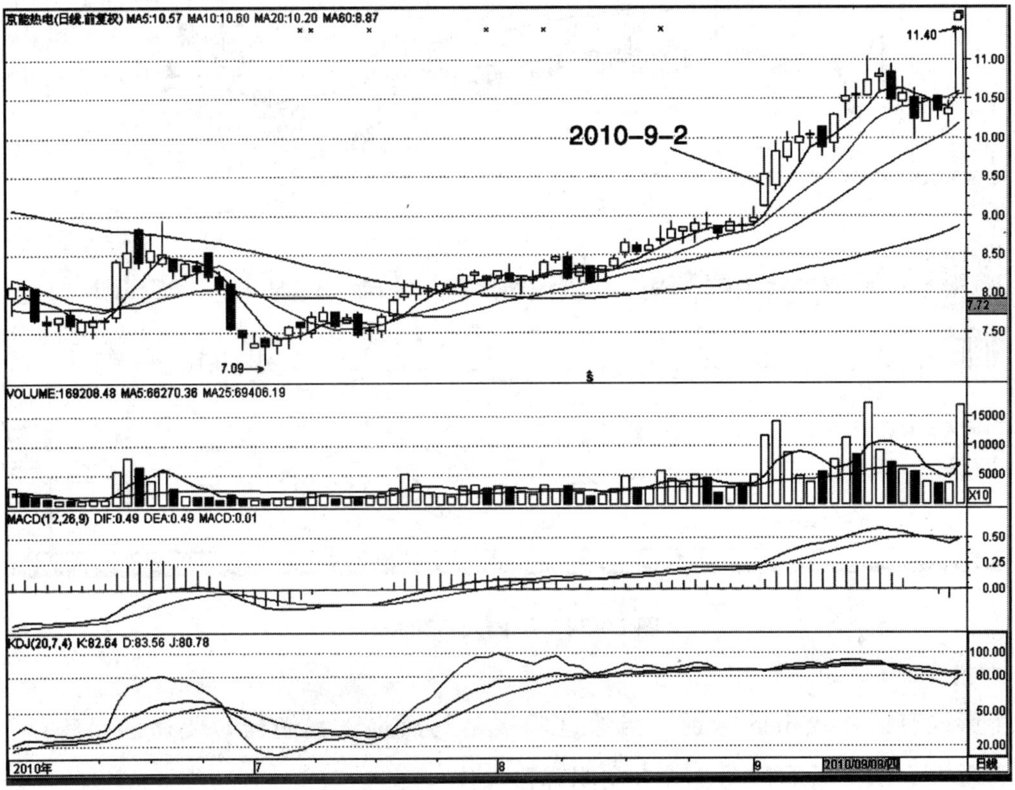

图1-33 京能热电 600578

如图1-34所示，机器人在2010年11月11日收出一根带有长上影线的小阳线。这根上影线出现在非常敏感的位置，因为这里是前高位置，此前已经有一次尝试突破，但失败回落整理。如今是第二次冲击，再次留下上影线而没有成功。这说明此处的压力非同小可，但一天没有冲击成功不代表主力没有这个实力。从整体来看，股价突破60日平均线，中期走势已经明显趋多，又经过一段时间的整理，应该有机会成功。

对于短线操作而言，既然再次受阻，不妨继续等待，直到明确突破。事实上该股次日即成功突破了，这时进场也不迟。回过头来看，11月11日这根

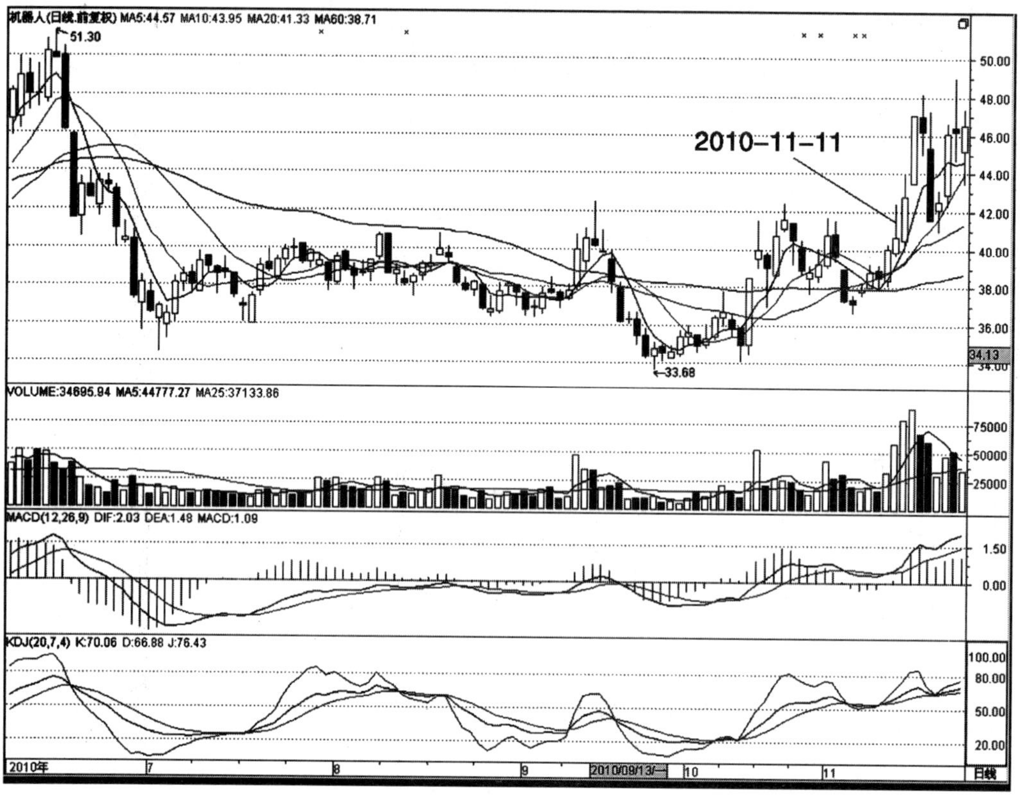

图 1-34　机器人　300024

上影线有试探攻击的味道，当然这确实是马后炮，我们当时要做的是等待，看看主力试探后的行动，等方向明确再操作。

细节 4：上升趋势中的上影线

中长期上升趋势中的上影线有一个特征，就是具有很强的向上的牵引力，也许短线会有震荡，但最终会引导股价上行。当股价已经高高在上的时候，此时的上影线则很可能是滞涨的表现，股价随时有反转的可能，要加倍小心。

如图 1-35 所示，飞亚达 A 一波快速杀跌，触底后重归升势，股价再度回到 60 日平均线之上，中长期上升趋势未变。2010 年 11 月 2 日该股收出带有上影线的小阳线，这是什么市场含义呢？从整体看，该股当时到了前高位置，上影线说明此处有一定压力，空头没有轻易放弃抵抗。既然多空分歧比较大，后市回落或者震荡的可能性比较大。短线投资者此时不必着急进场，等待局势明朗。从趋势来看，突破只是时间问题。前面提到上影线本身有向上的牵引力，此处我们也可以把它理解为向上试盘，如果抛盘不大，突破即可能很快发生。只是这只有主力知道，我们要做的就是等待明确的突破信号。

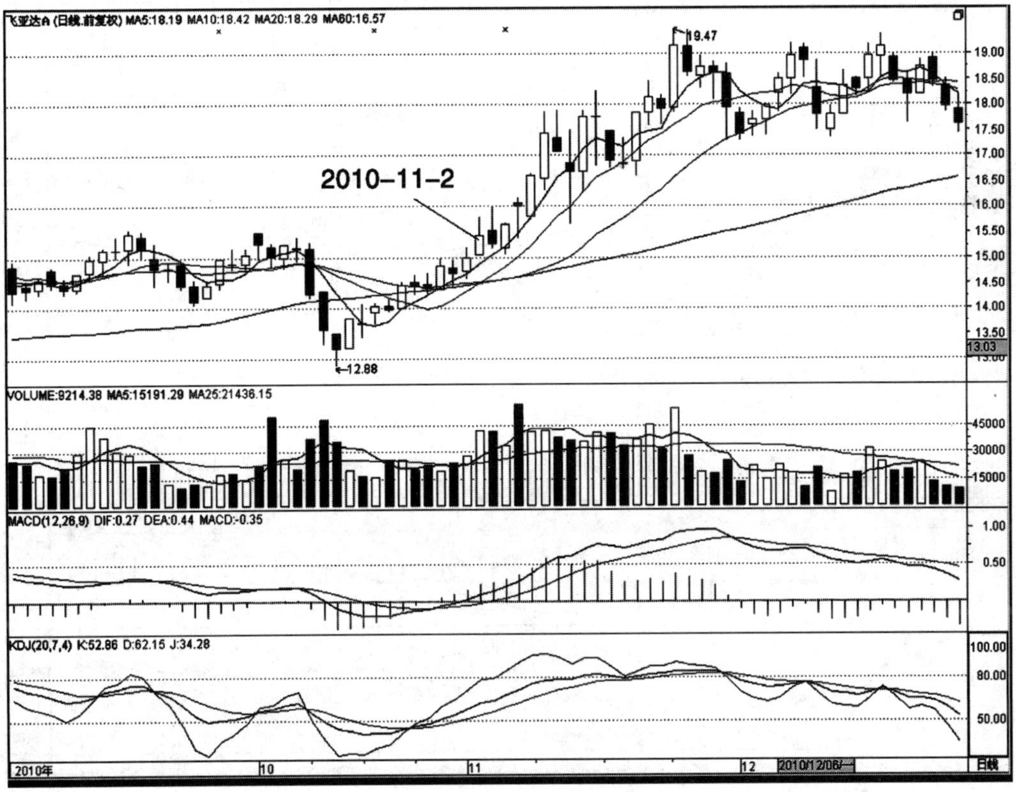

图1-35　飞亚达A　000026

我们要反复强调的一个道理是，上升趋势中的上影线有向上牵引的作用，但是短线因为空头的打压而可能出现震荡，那么震荡完毕就是加仓的时机，稳健的投资者可以等股价越过上影线最高点再进场。

如图1-36所示，一致药业2010年8月16日收出一根带有较长上影线的中阳线，比较突兀。面对这根上影线你是该进还是出呢？从整体趋势看，该股前期沿着60日平均线窄幅横盘震荡，股价有中线走强的味道，而这根中阳线则明确表态：横盘已经结束，后市将继续走强。同时成交量明显放大，做多力量很真实。只是有这么一根上影线的存在，它告诉我们空头实力还在，没那么容易顺利拉升，后市仍可能有震荡。这时候的操作策略就是等待震荡完毕，一旦股价创出新高，我们则可抓住时机进场。该股后市的走势也证明了这一点。

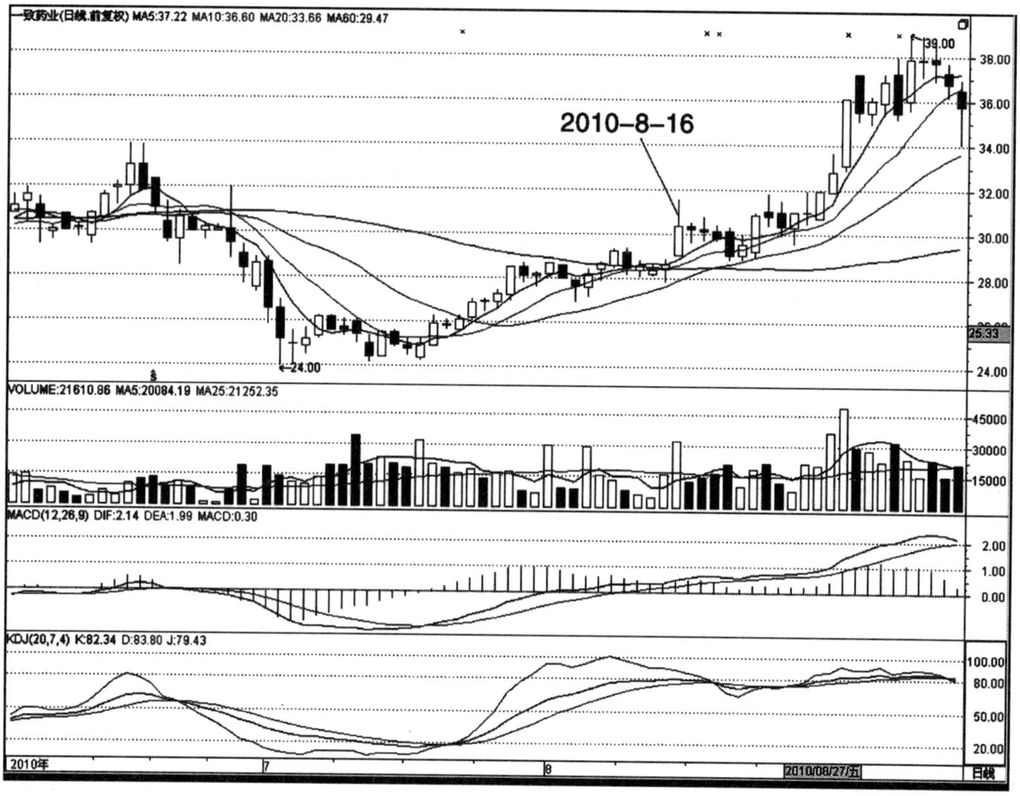

图1-36　一致药业　000028

如图1-37所示，这张图里的K线走势大部分处于上升趋势中。在这波涨势中，我们发现有不少的长上影线。如果要说有什么规律，那就是大部分上影线都带来了或多或少的震荡或者回调。这也反映了上影线的本质属性，那就是空头现身，打击力度不小。后市能不能继续上升还要看是否能克服上影线的压力，也就是股价能否创出新高。

图 1－37　莫高股份　600543

下面我们来看一下 2010 年 10 月 11 日的长上影线。当日小幅收阴，即小阴线。在上升趋势中出现这样一根带长上影线的小阴线有什么意义呢？当日的内在含义就是多头曾经大幅拉升股价，但遭到空头的猛烈打击，股价大幅回落，甚至收阴，空头占据一定的优势。从整体位置来看，该股虽然没有快速拉升，但这一段上升幅度也不小，因此要小心股价见顶，如果股价能创出新高则可以继续跟进。

很多投资者认为股价没快速拉升就不太可能会见大顶，这个说法有一定的道理，但往往也害死人。因为很多股票没有主力做局，基本上是跟随大盘起落，无所谓快速拉升。而这一根带有很长的上影线的小阴线在一定程度上提示了阶段性顶部的形成。

细节5：下降趋势中的上影线

下降趋势中的上影线说明多头的进攻遭到空头猛烈反击，反弹很可能就此结束，因此下跌趋势中的上影线是一个危险的信号，预示着股价将会继续下跌，投资者还是趁早出局为妙。如果股价已经跌幅巨大，则上影线也有可能是多头的尝试性反攻，后市略微乐观。

如图1－38所示，禾嘉股份自高位反转下行，股价跌破60日平均线，平均线系统也成空头排列，我们可以基本判断进入下跌趋势中。当然下跌趋势也不排除有反弹，涨涨跌跌是再正常不过的事。2010年12月7日该股就冲高回落，收出一根带有较长上影线的小阳线。这根上影线有什么市场含义呢？应该说比较简单，当时该股处于短线反弹中，上影线说明上方压力比较大，

图1－38　禾嘉股份　600093

多头拉升受阻。而我们发现受阻的地方恰好是 60 日平均线处。该平均线是比较重要的中期平均线，跌破后反弹到这里受阻是很常见的。这也再次证明 60 日平均线的压力，做反弹的投资者见此受阻的上影线即可以短线出局。该股此后果然继续回落。

如图 1－39 所示，深赛格自相对高位反转下跌，股价逐浪下行。2010 年 11 月 19 日该股在前日小阳线基础上再次收出小阳线，不过这天的小阳线带有较长上影线，说明在反弹过程中空头压力显现。当日空头虽然冒头，但最终还是多头实力略胜一筹，因此以小阳线收盘。另外该股当日是跳空上行，说明多头还是有一定实力。不过如果你有大局观就知道多头这种实力也非常有限，因为股价中长期都呈下降趋势，这种小阳线根本无法扭转局势。如此说来，我们该明白如何操作。短线多头暂时有些许优势，可以继续持股，但一

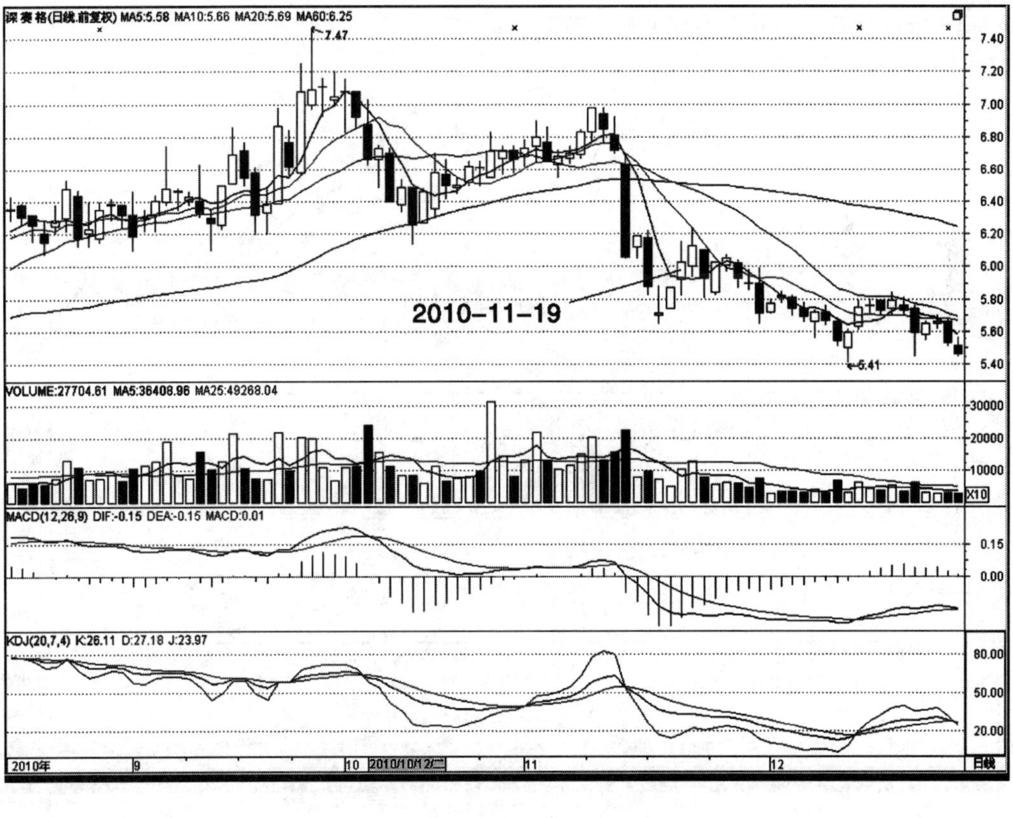

图 1－39 深赛格 000058

旦多头无法继续维持优势则应第一时间清仓出局。做反弹的目标不能太大，小有收获就可以出局了。

如图 1－40 所示，张裕 A 整体处于下降趋势中，因为一个高点比一个高点低，可以画出下降趋势线。2010 年 11 月 17 日该股收出一根带有上影线的大阴线。这根 K 线有何市场含义呢？当日低开留下缺口，虽然盘中多头努力回补缺口，但最后还是空头占据绝对优势，导致收出大阴线，留下的上影线反而说明多空对决后多头惨败，后市不容乐观。既然空头再次占据绝对优势，我们还是忍痛割肉出局。也许你根据后面的走势说应该等反弹再出局，问题是我们不能马后炮，当时多空已经表态，此时不走更待何时？唯一的侥幸是因为缺口的存在，那个缺口迟早会回补，但我们根本不知道何时回补，因此只能第一时间做出止损，避免更大损失。

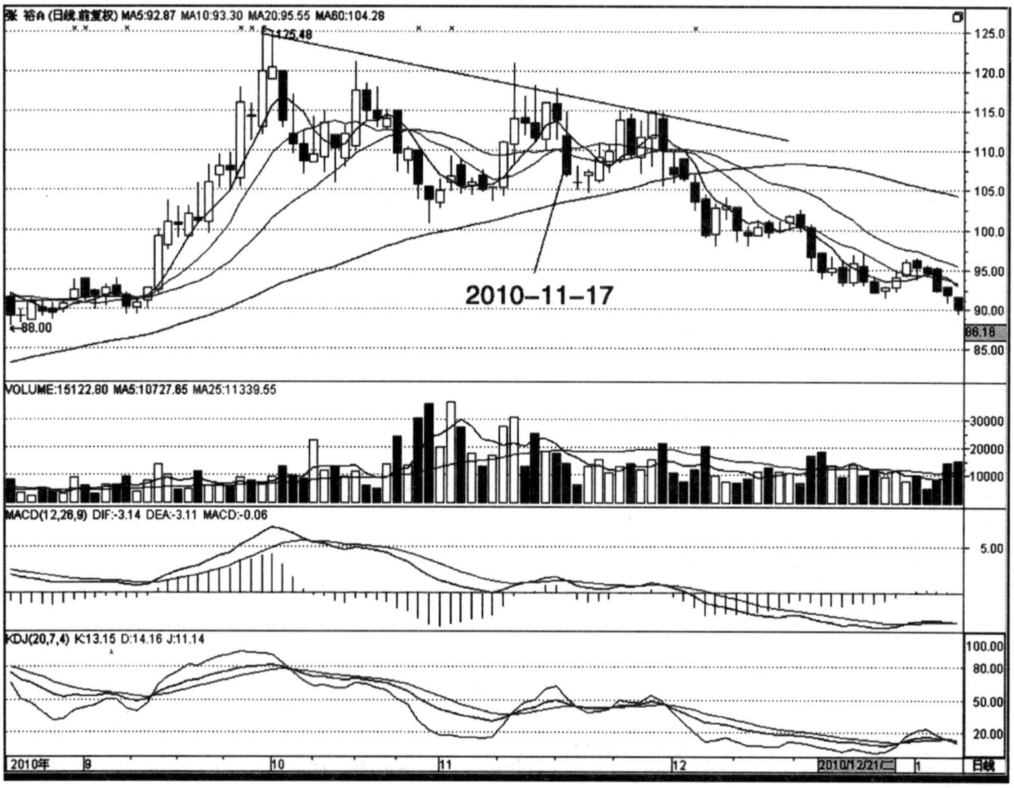

图 1－40　张裕 A　000869

第四节 下影线

下影线的形态跟上影线相反，表示的含义也基本相反。下影线说明盘中空头曾经大幅打压股价，但是遭到多头的有力反击，最后把收盘价大幅拉高。单纯一根下影线很难说是多头占优还是空头占优，要看实体是阴线还是阳线，也要看实体的长度。另外不同位置的下影线其市场含义也是大不相同，我们不能刻板地统一评判。

细节1：周期

不同周期的K线分析价值不一样，因为周期不同稳定性就不同。周期长就意味着更真实，其分析价值也就随之提高。下影线的分析也同样要遵循这样的规律，周线、月线上的下影线分析价值更高，日线则经常有人为制造的痕迹。

如图1－41所示，这是栢中建设的日线图。该股在2010年4月30日、5月18日、7月2日等几天收出带有较长下影线的阴线。其实还有不少下影线，我们这里不一一列举。这些下影线具有什么市场含义？该股当时处于明显的下降趋势，因此下影线是空头向下突击的表现，但遭到了多头一定力度的反击，因此下影线往往会带来反弹，但整体仍是向下的趋势。下影线在下降趋势中基本具有向下牵引的作用。这里不具体分析。

日线的下影线比较容易被主力做出来，因此可信度不高，我们更关注的是自然形成的下影线，如果是刻意制造出来的则需要做反方向的研判。

如图1－42所示，这是腾达建设的周线图。该股于2008年1月25日、2008年3月21日和2008年4月25日这3天所在周收出3根带有较长下影线的K线。周线比较稳定，因此可信度比较高。

刚才我们说过下降趋势中的下影线具有向下牵引的作用，虽然可能带来

图 1-41　柘中建设　002346

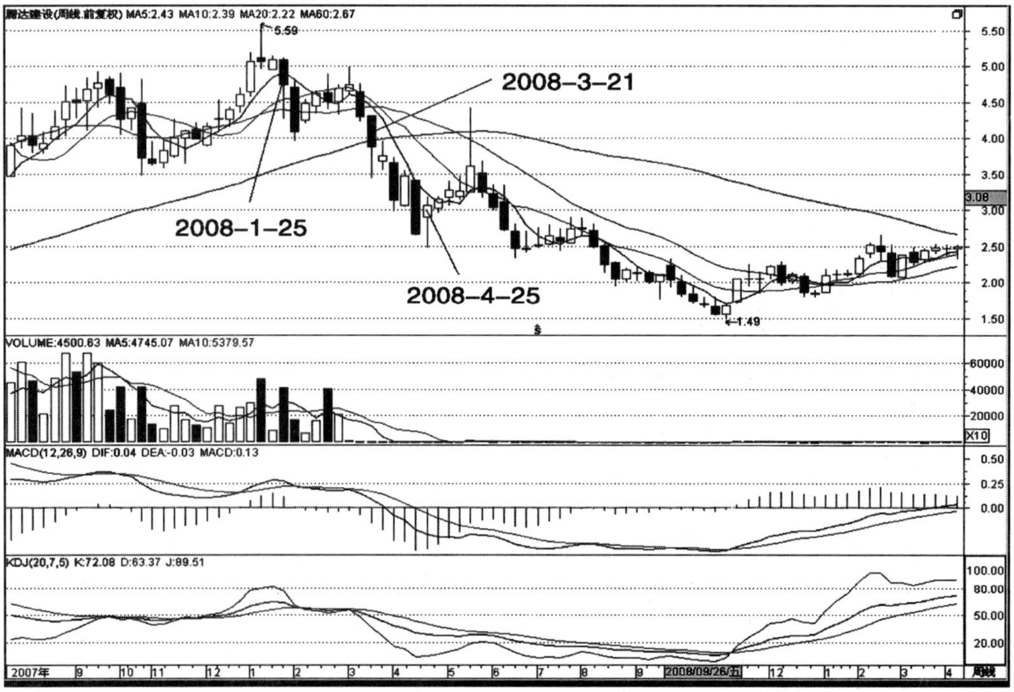

图 1-42　腾达建设　600512

一定的反弹，但期望不能太高，因为整体的趋势还是下降，除非股价已经严重超跌，具有反转的可能性。这里我们先不具体展开，下面我们会一一分析。

月线是无论如何都难以作假的，因此月线上的下影线也具备很重要的参考价值。月线上的下影线有什么市场含义？这说明当月股价曾经大幅下探，但多头有一定的反击力度。

如图1－43所示，腾达建设2008年4月股价曾经大幅下挫，但多头的反击力度也不小，最后月线上收出带有长下影线的小阴线。多头有力反击并不代表能扭转大势，当时中长期的下跌趋势已经形成，因此多头的反击只能算是反弹性质，投资者最好逢高出局。从长期趋势来说，下跌趋势的下影线有向下牵引的作用，除非是股价严重超跌有反转的可能。该股此后也只是继续反弹，最后还是延续长期下跌趋势，股价跌幅甚大。

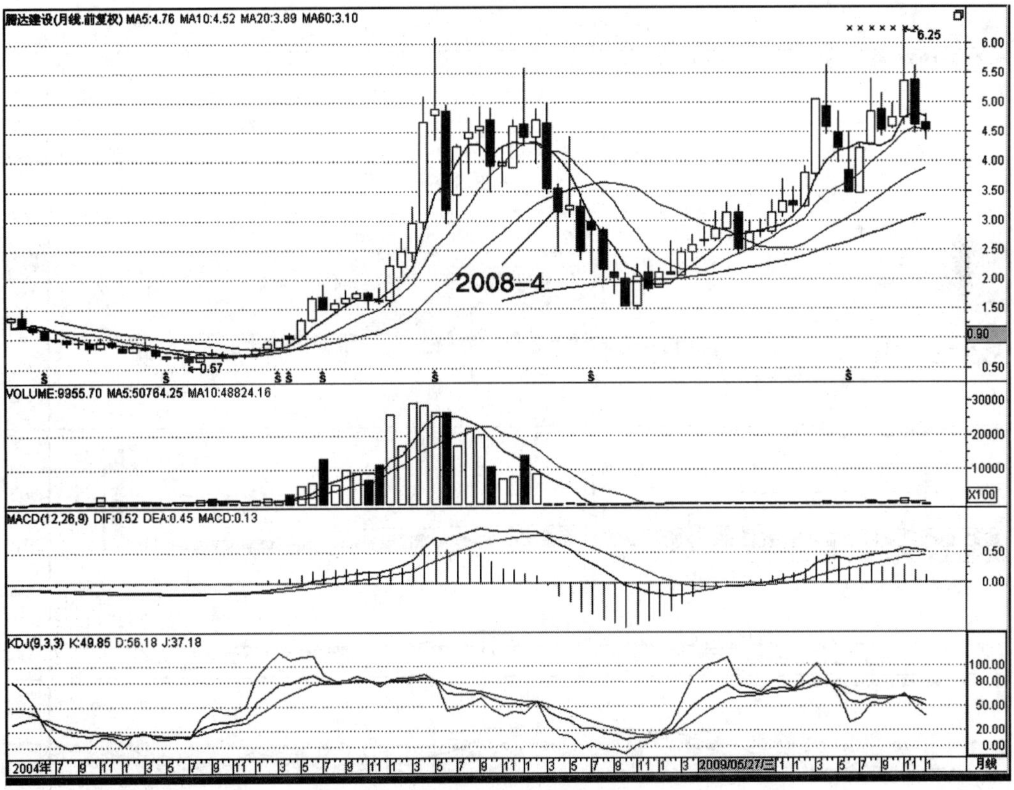

图1－43　腾达建设　600512

细节2：多空力度

多空力度体现在K线实体和影线的长短上，阳线实体的下影线K线自然是多头胜过一筹，如果实体较长则更说明多头压倒了空头；反过来阴线实体则是空头占优，下影线说明空头向下攻击，下影线越长说明空头在盘中的攻击力度越大。

如图1－44所示，银鸽投资在2010年11月9日收出一根小阳线，带有很长的下影线。这说明什么呢？这根下影线说明空头曾经大力打压股价，而且因为前面有一个跳空缺口，这根下影线也有回补缺口的作用。另外该股短线的涨幅不小，获利盘出逃也导致股价大幅下探，只是最后多头略胜一筹，以小阳线收盘，多空基本处于平衡状态。从下影线的长度看，

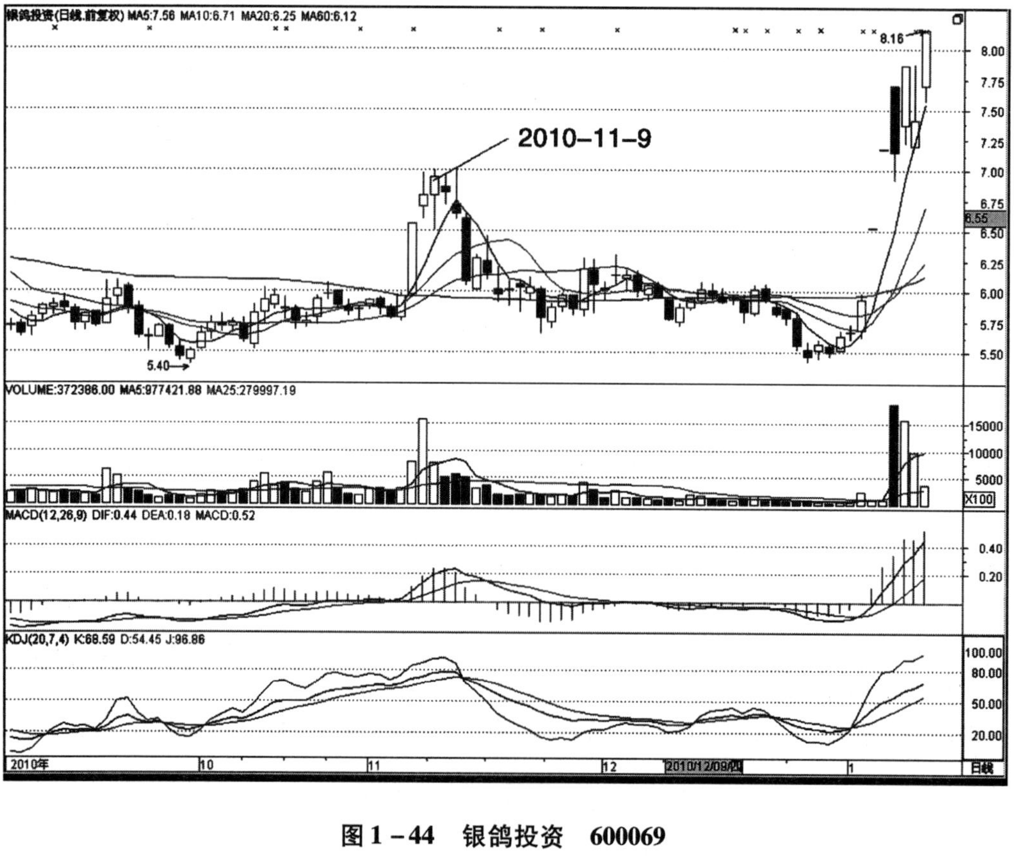

图1－44　银鸽投资　600069

这根下影线下探的幅度比较深，说明空头的实力不弱，后市应该注意空头的反扑。

如图1－45所示，古井贡酒2010年10月18日收出一根带有长下影线的小阳线。这根带下影线的小阳线有什么市场含义？你又该如何操作？撇开大环境不谈，这根小阳线代表当日股价曾经大幅下探，但最后多头发力，不仅收复了失地，而且吞没了前日的小阴线，这说明多头占据明显的优势，后市应该看多。从整体来看，该股处于中长期的上升趋势中，经过前面多日小阴线回调后，我们有理由相信回调快结束了。当股价短暂试探60日平均线之后，我们更相信回调结束，此时应该是较好的介入机会。该股此后的走势也证明这根下影线有回调探底的作用，后市继续上升是大势所趋。

图1－45　古井贡酒　000596

如图 1 -46 所示，云南锗业 2010 年 11 月 30 日收出一根带有长下影线的小阴线。这根小阴线有什么市场含义呢？长下影线说明股价曾经大幅下探，但是多头也不是不堪一击，多头强力反击几乎要把失地夺回。最后收出小阴线说明空头还是略胜一筹。因此从盘面看空头暂时占优，如果加上整体走势向下的力量，我们对这样的带有长下影线的小阴线保持看空的态度，后市继续下跌的可能性极大，投资者只能暂时出局。

图 1 -46　云南锗业　002428

如图 1 -47 所示，特力 A 在 2010 年 11 月 12 日收出一根十字线，下影线非常长，这应该是受当日大盘暴跌的影响所致。撇开大盘的因素，这根带长下影线的十字线有什么市场含义呢？多空在这里进行了怎样的争夺？长下影线说明空头曾经在此猛烈攻击，以致下跌幅度较大，最后收出十字线则说明结果不分胜负。但是有一点要明确，那就是长下影线有较强的向下牵引力，这是一个隐患，后市值得注意。虽然当时该股的趋势还没完全变坏，但是一旦趋势走弱，其向下的动力不容小觑。该股此后的走势也证明了空头的意图。

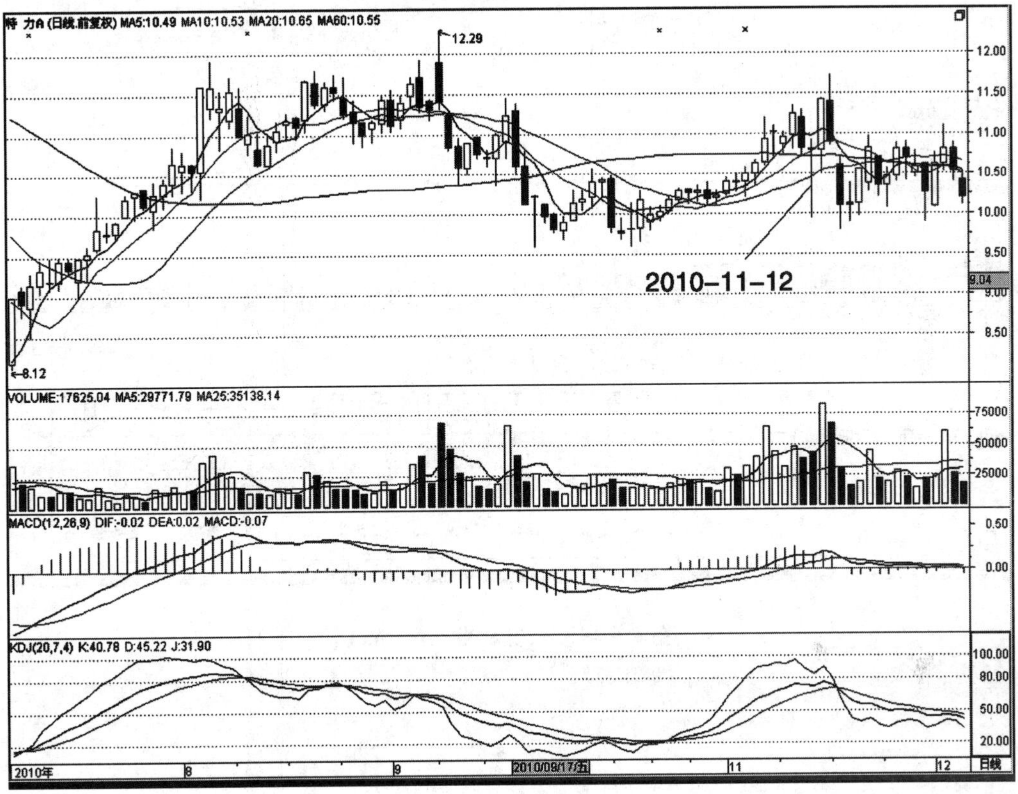

图1-47 特力A 000025

如图1-48所示，永安林业2010年11月23日收出一根带有较长下影线的中阴线。从力度来看，大家都知道当日肯定是空头占优，当日股价大幅下探，虽然多头顽强抵抗，但最后跌幅还是不小，说明空头明显压倒了多头。对于多头而言唯一的表现就是还没完全放弃抵抗，后市有可能反弹，但整体还是以下跌为主，特别是下影线具有强烈的向下牵引力。从整体来看，该股也是处于下跌趋势中，因此后市继续下跌的可能性极大。

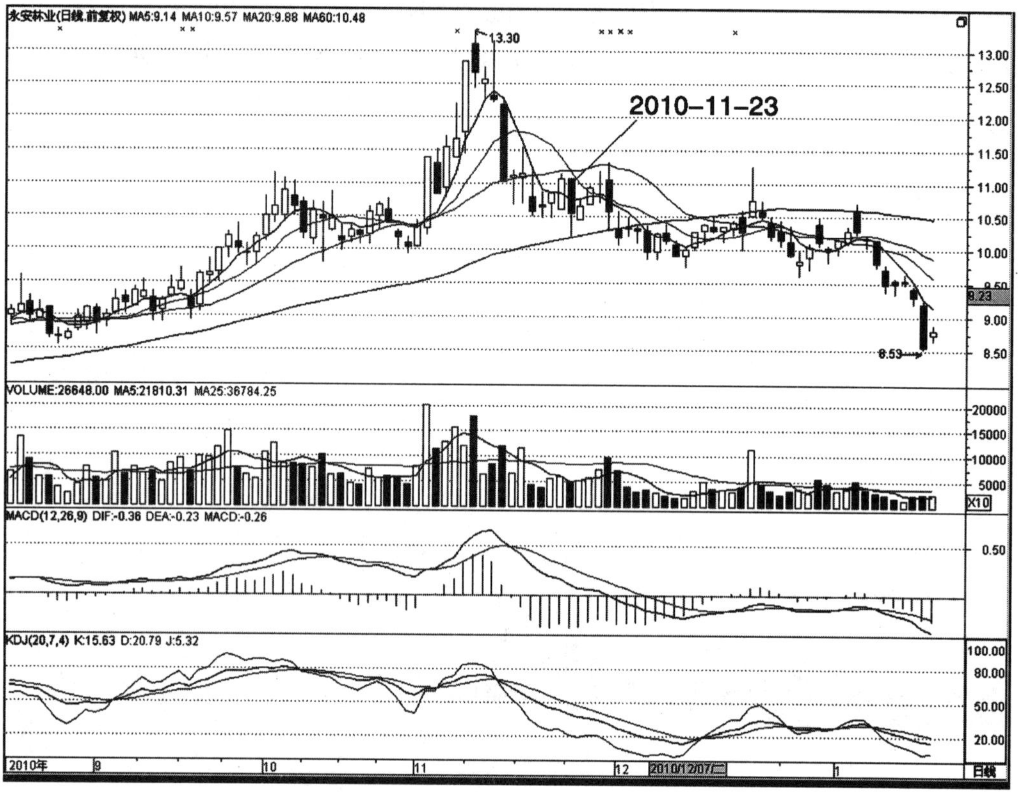

图1-48 永安林业 000663

细节3：位置与成交量

股价的整体位置永远是分析K线不可或缺的重要因素，离开整体背景谈K线的市场含义没有多少说服力。要分析下影线也是一样的。高位的下影线是空头试探性进攻的表现，而低位的下影线则是探底的动作，两者相差十万八千里。在上升途中，下影线有盘中洗盘的作用，而在下跌途中，下影线则具有明显的向下牵引作用，即便是短暂反弹，但最后的方向还是向下。因此把握位置是分析下影线的关键所在。

成交量也是不能忽略的因素。一般来说，异常放量总是有问题，至少意味着多空分歧巨大，后市变盘在即。高位伴随着巨量的下影线通常是阶段性顶部，这一点可能性极大。低位的地量下影线有空头力竭的含义，通常意味着反弹在即。

如图1－49所示，长征电气2011年1月10日收出带有长下影线的伪阴线。这根K线是什么意思？我想大家都知道是空头出击的标志，但因为是伪阴线，说明多头还是占据一定优势。那么你到底该如何操作呢？事实上我们这里更多要关注整体位置。该股当时整体处于下行状态中，短线急速反弹，反弹的幅度已经很大。在下跌途中的大幅反弹通常都有修正的需要，因此这根下影线很可能是阶段性的顶部，加上连续几日放出巨量，多头的能量已经消耗得差不多了，此时为安全起见还是需要暂时回避。

图1－49 长征电气 600112

如图1－50所示，棱光实业在2010年9月16日收出一根跳空的伪阴线，股价小幅上涨，看起来不怎么打眼。但全天巨大的振幅可不那么简单。很长的下影线说明空头曾经猛烈打击多头，虽然最后多头收复阵地，但空头的魅影已经出现，同时明显放大的成交量也说明多空的巨大分歧，主力出逃的痕迹比较明显。谨慎的投资者可以先行减仓，避免次日形成黄昏之星。

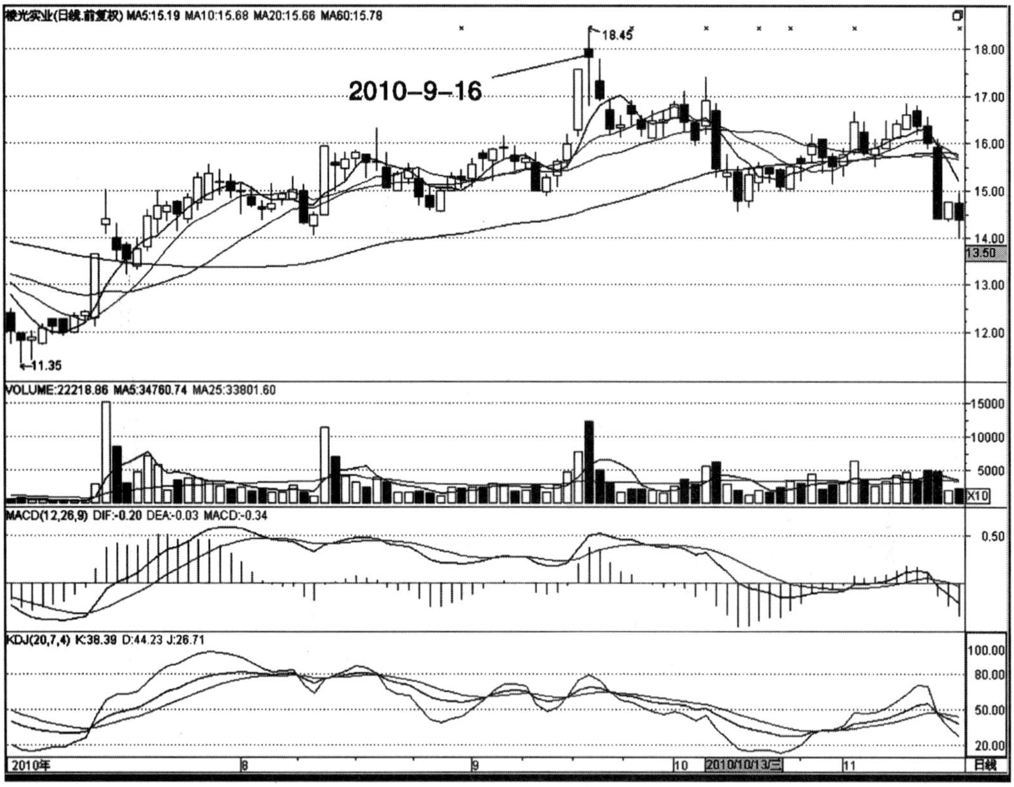

图 1－50　棱光实业　600629

从整体位置来看，该股前日跳空涨停，且突破前高，做多意图明显，实力也非常强劲，按常规后市还应该会继续上升，不过有个细节我们可能会忽略——该股前面每次巨量大涨后都成为阶段性的顶部，而大涨前成交量都无一例外非常低迷。这似乎已成为该股的规律。其实这也是长期没有主力的表现，偶尔的暴涨只能是游资短线拉升的结果，后市很难持久。因此 9 月 16 日的放量下影线应该视为阶段性的高点，而次日形成黄昏之星则确认了头部的形成，最迟这时应该出局了。

如图 1－51 所示，国恒铁路前期大幅下跌。2010 年 7 月 2 日该股收出一根带有长下影线的小阴线，股价创出新低，当日成交量继续低迷，地量特征明显。这样一根长下影线又是地量，它有什么市场含义？表面看来就是空头有力竭的迹象，股价打下去又被多头拉回去；成交稀疏说明空头能投入的兵力不多了，而多头也没有强烈的意愿要进场。总的来说多空陷入暂时的平衡，没有多大意义。但是从整体位置来看，该股前期跌幅较大，随时都可能触底反转。前天该股有一个新低，当日再度向下试探，有二次探底的意思，值得我们关注，一旦这个底部确立，很可能是一个大型的底部。此后该股缓慢回升，逐渐确立升势。这根长下影线的探底作用明显。

图1－51　国恒铁路　000594

细节4：上升趋势中的下影线

前面我们提过上升趋势中的下影线多是盘中洗盘，不改整体向上的趋势。

整体的上升趋势有助涨作用，股价即便回调，但受到中长期走势的支撑，回调完毕后还得回到原来的走势上去。下影线是空头向下攻击的表现，但实力显然不够，要不然股价不会拉回去，因此上升趋势中的下影线往往是买入机会，我们要知道把握。

如图1－52所示，中核科技前期如蜗牛般爬升，多是小阳线、小阴线，但整体趋势向上还是比较明显。2010年10月14日该股延续前日涨停突破的强大惯性，股价大幅高开，盘中股价有一段下探，但最后仍收于涨停板，因此在K线上留下了较长的下影线。这根下影线不用说大家都能明白是怎么回事。短线获利盘出逃导致了股价的短暂下滑，但更强大的买盘轻松把空头击溃，最后继续封涨停说明空头几乎彻底缴械了，后市自然继续看好。该股此后的表现也尽显牛股风范。

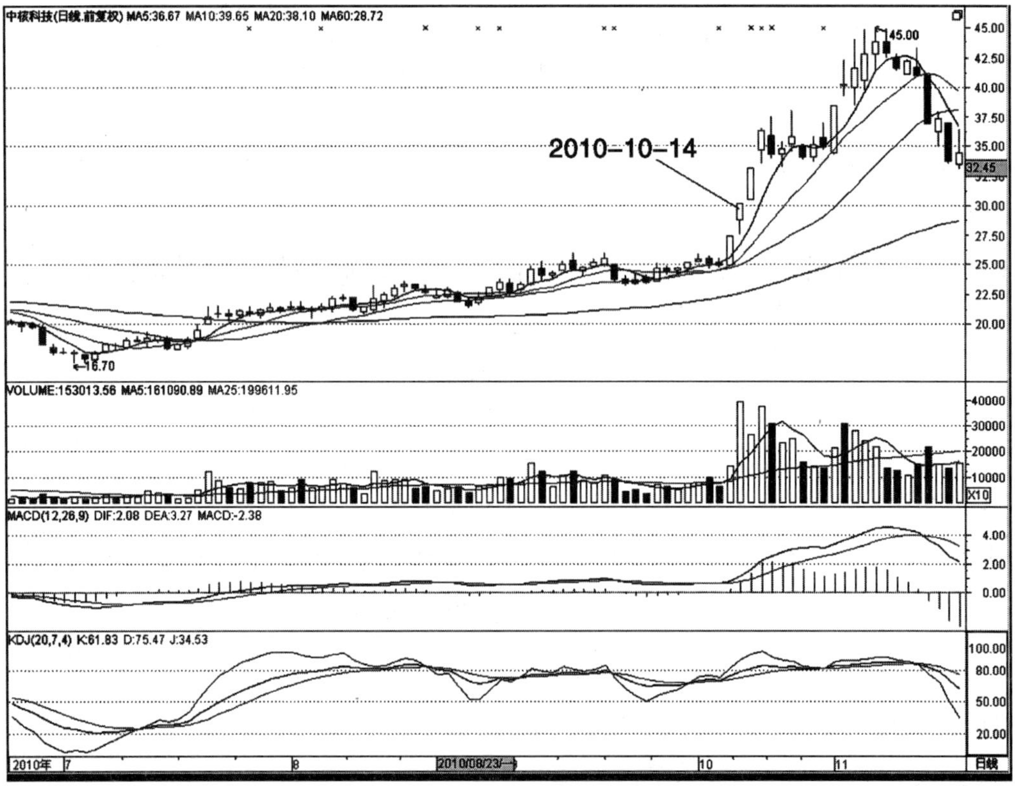

图1－52　中核科技　000777

在上升趋势中的下影线更多是主力洗盘或者短线获利盘出局的结果，因此不足为虑。当然我们也要考虑股价的整体位置，本例该股的这根下影线出现在刚刚强势突破的时候，无疑给了我们很好的买入机会，可谓千载难逢。

如图1－53所示，东北制药于2010年9月10日收出带有长下影线的中阳线。这根下影线具有什么含义呢？从整体看，该股处于较为明显的上升趋势中，平均线呈多头排列，不过前期有两个平行的高点，形成了一定的压力，因此这根下影线有向下测试底部支撑的作用；最后股价收于最高价，说明多头占据绝对优势，后市上涨的可能性更大。我们下一步要做的只是等待股价有效突破前高的压制。后市该股继续上涨了3天，但涨幅不大，这是后话。这根上升趋势中的下影线没有改变整体上升趋势，还兼有探底和洗盘作用，后市相对看好。

图1－53 东北制药 000597

如图1－54所示，焦作万方在2010年9月30日收出一根带有长下影线的小阳线。这根小阳线事实上是根伪阳线，因为该股当日跳空低开，最后虽然收阳，但实际股价仍是下跌的。这根下影线具有什么市场含义呢？从整体看，该股还是处于上升趋势中，中期在一个箱体平行发展。这根下影线再次试探箱体的下边线，即箱体底部，同时这个位置也是60日平均线的位置。最终该股收于60日平均线之上，箱体没有有效跌破。因此这根下影线带有强烈的探底作用，后市回升的可能性更大。次日该股跳空上行，形成早晨之星的形态，更说明后市上涨可期，是介入的时机。

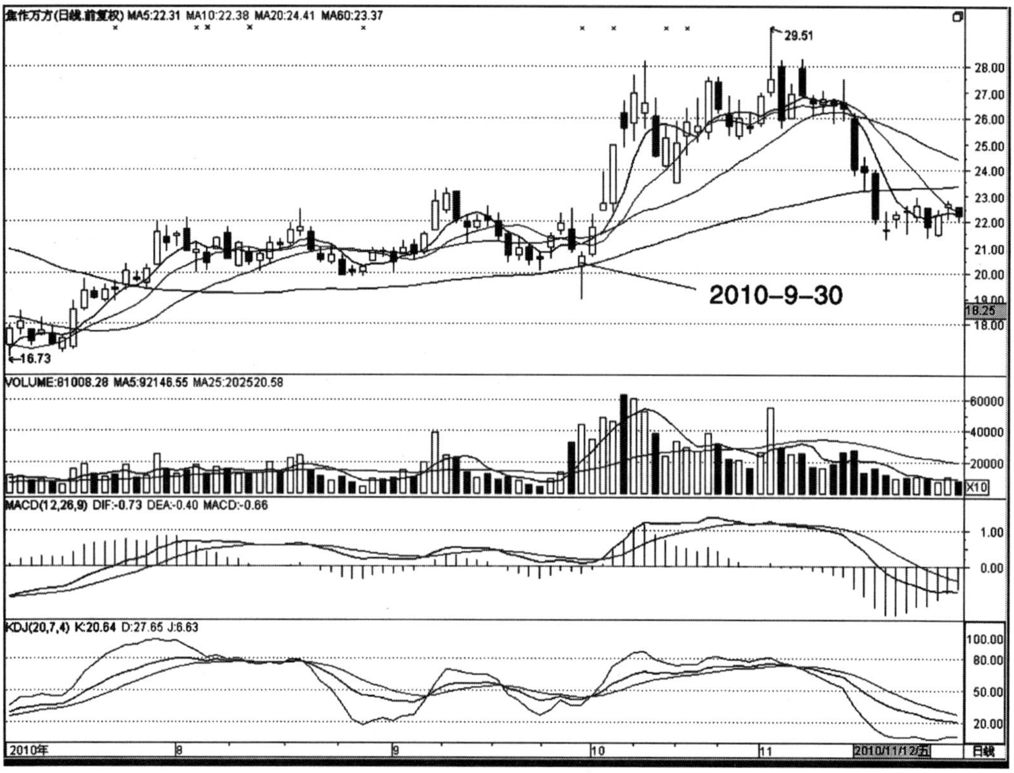

图1－54　焦作万方　000612

细节5：下降趋势中的下影线

下降趋势中的下影线也是表明空头试图向下攻击，但被多头阻击，如果后市多头继续发力，可能有一波反弹，但是难以改变整体向下的趋势。一般来说，下降趋势中的下影线有向下牵引作用，反弹结束后这根下影线就是未来的方向，并且很可能创出新低。当然在整体下跌幅度已经很大的背景下，下影线有探底作用。这需要根据几种情况做出综合的研判。

如图1－55所示，南京中北在2010年11月19日收出一根中阳线，但是下影线很长。单纯从这根K线看我们要关注下面一些要素：该股当日是跳空高开的，盘中股价大幅下探，回补缺口，甚至跌幅不小，最后股价收高，涨幅接近5个点。从表面看，该股当日无疑比较强势，毕竟涨幅较大。但是我们不能忽略一个隐患，那就是当日股价曾经大幅下探，说明空头并不是毫无作为。当日空头的失败并不表明后市就高枕无忧，这样较长的下影线是有较大的向下的牵引力的，值得我们警惕。可以说这根较长的下影线说不定就是一个埋下的定时炸弹，需要我们小心应对。

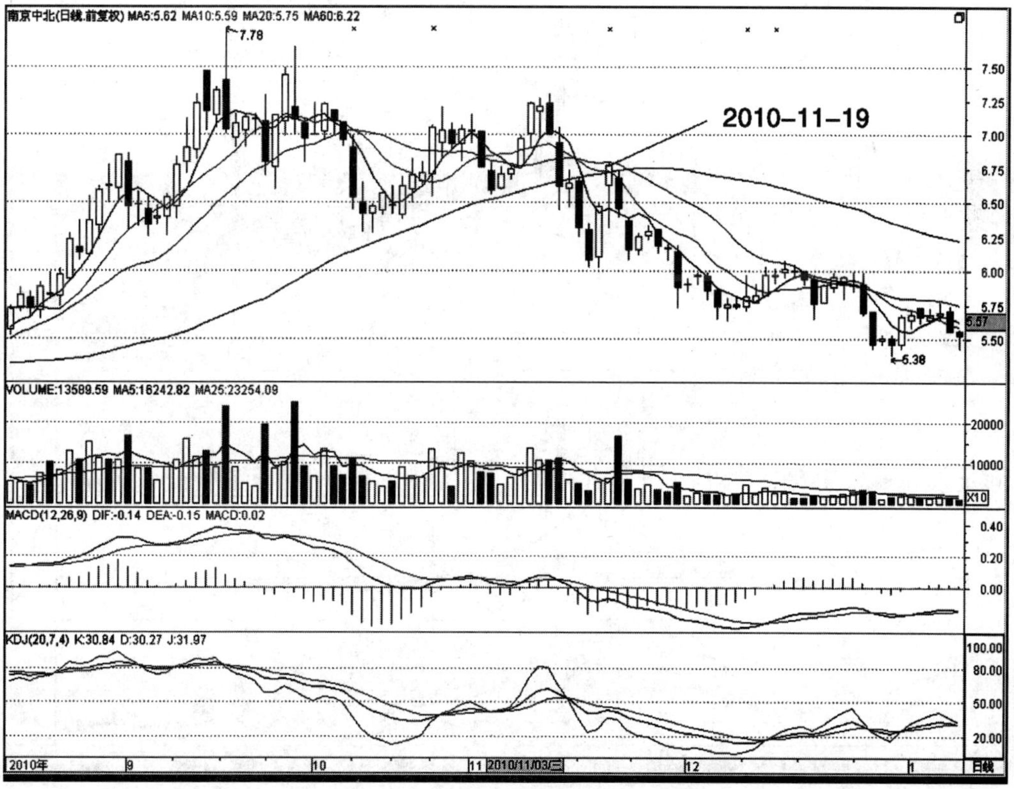

图1－55 南京中北 000421

事实上脱离整体趋势来谈这根K线没有多大意义，但是放在整体背景下来分析就可以让我们看得更为清晰。该股整体走势呈下行走势，因为我们清楚地看到高点一个比一个低，疲态尽显，我们有理由相信下行趋势已经形成。既然下行趋势已经形成，那么2010年11月19日这根带下影线的中阳线就是反弹走势。对于反弹走势我们要保持惯有的谨慎，目标不能定得太高。而当日股价曾大幅下探也说明空头始终在蠢蠢欲动，力量颇为了得。而当日的大涨则不排除是主力拉高做线的陷阱。

总之，在大势下行的背景下，长的下影线有较大的向下牵引力，投资者要小心，可以逢高出局。该股当天虽然突破60日平均线，但该平均线已经有下弯的趋势，更是要谨慎应对。当22日（星期一，次日）该股跳空低开的时候我们要意识到反弹很可能已经结束，需及时离场。

如图1－56所示，金路集团自高位反转下跌，然后在一个位置横盘震荡，

图1－56　金路集团　000510

但大部分时间股价都已经低于60日平均线，这是一个危险的信号，说明中期走势已经走坏。2010年10月20日，该股在60日平均线附近继续挣扎，最后股价大幅下挫，虽然收盘拉高不少，但带长下影线的中阴线已经告诉我们结果不妙。

如果说带长下影线的中阴线本身就代表空头占据明显优势的话，那么在下跌趋势中出现这种情况则更说明空头占据绝对优势，可以说具有叠加效应，雪上加霜。该股此后的走势也证明了这一点。这根下影线的向下牵引力非常之大，我们只能趁早割肉出局。

如图1－57所示，东方宾馆在2010年11月15日收出一根带有较长下影线的小阴线。表面看起来多头还不是那么不堪一击——虽然空头大幅打压股价，多头还能勉强收复失地，空头只是略微占优。但是放在整体背景下看则没有这么乐观。

图1－57　东方宾馆　000524

该股当时的平均线处于明显的空头发散中，是明显的下跌趋势。既然是下跌趋势，那么这样的带有长下影线的小阴线就说明多头反击的力度不强，虽然暂时收复了部分失地，但空头已经表明了它们强大的实力，后市继续下跌只是时间问题。该股后市的走势也证明了空头远远没有尽兴，杀跌力度持续而强大。那么对于这种背景下的带长下影线的小阴线，我们只能当做一个割肉的相对高点，自我安慰一下，然后爽快地止损出局。

第五节　镊顶

镊顶是一种形象的说法，就是指两根 K 线的最高价几乎相同，通常来说相差不能超过 3 分钱，最好是完全相同。相差太多就没有这个形态的特殊含义了。因为要收出相同的最高价需要人为的力量，巧合毕竟是少数。在同样的价位见顶回落很可能是主力在控制，在这个价位上堆放了大量的卖单，因此股价到此为止，难以逾越。既然主力刻意不让股价突破这个价位，那形成顶部的可能性极大。镊顶不一定是紧邻的两根 K 线，中间也可以相差几根 K 线，但市场含义是相同的，那就是此处是一个“顶部”，我们见到此信号可以考虑离场，当然也要看具体的股价位置和整体的趋势等，下面我们会具体展开。

如图 1－58 所示，云南白药在 2010 年 10 月 8 日收出一根大阳线，次日却掉头直下，收出一根大阴线。两根 K 线的最高价相差无几，我们称之为镊顶。最高价相同说明在这个位置遇到了相同的阻力，很可能就此反转下行。特别是在股价高高在上的时候，这种镊顶的顶部预示作用很明显。因为只有主力才能把股价控制得那么精确，所以一旦形成镊顶就意味着空头在此设置了强有力的障碍，后市如果不能很快突破这层压力，股价极可能就此见顶回落。

本例该股的走势正是如此，镊顶形成头部，此后股价走势转变为跌势，如果能在镊顶的时候出逃无疑做了一件非常正确的事。

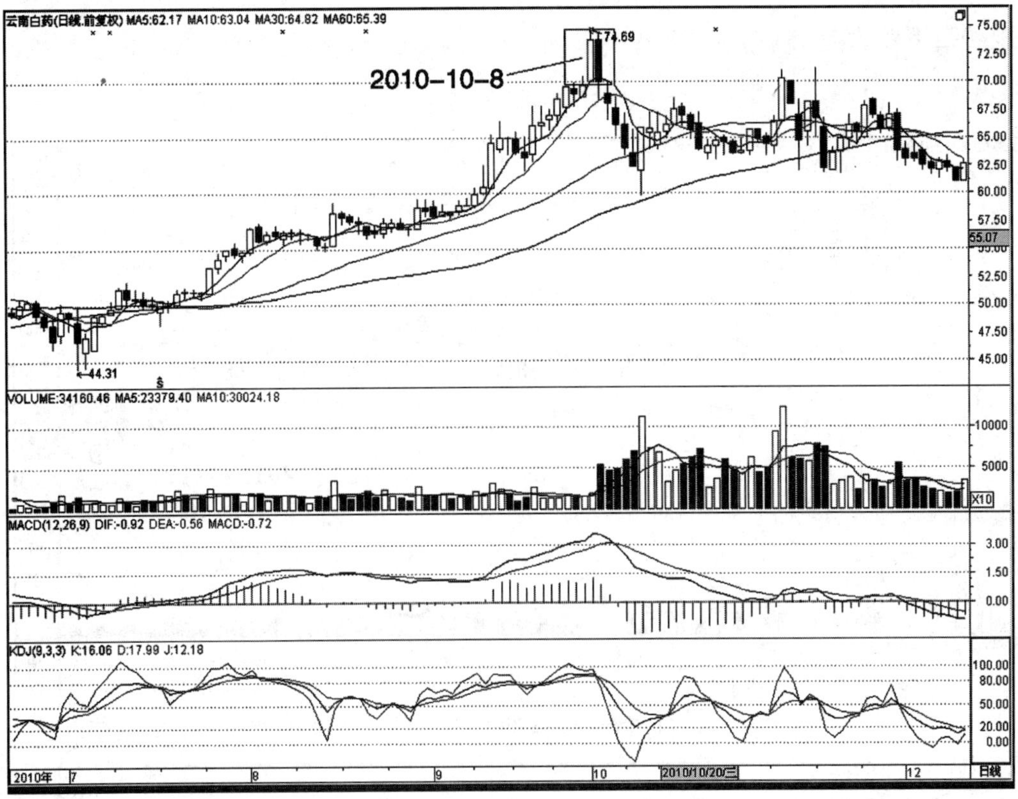

图1－58　云南白药　000538

细节1：位置

研判镊顶也需要放在整体的背景下才有意义。股价大幅上涨后出现镊顶很可能就是一个大的顶部，如果涨幅不大则可能只是一个小波段的顶部，回调结束后还会继续上涨。在下跌途中出现镊顶说明反弹结束，后市将回到下跌走势中去。

如图1－59所示，章源钨业自高位反转，股价逐浪下跌，下跌趋势非常清楚。2011年1月19日该股小幅反弹，次日平开低走，收出大阴线，两根K线最高价相差不多，形成镊顶形态。这表明股价反弹到此结束，后市将继续下跌。我们姑且不讨论这个镊顶还有阴包阳的特征，从整体位置看，该股处于长期下跌趋势中，此时的镊顶通常表明此处的压力明显，反弹遇阻，后市可能回归下跌大趋势。

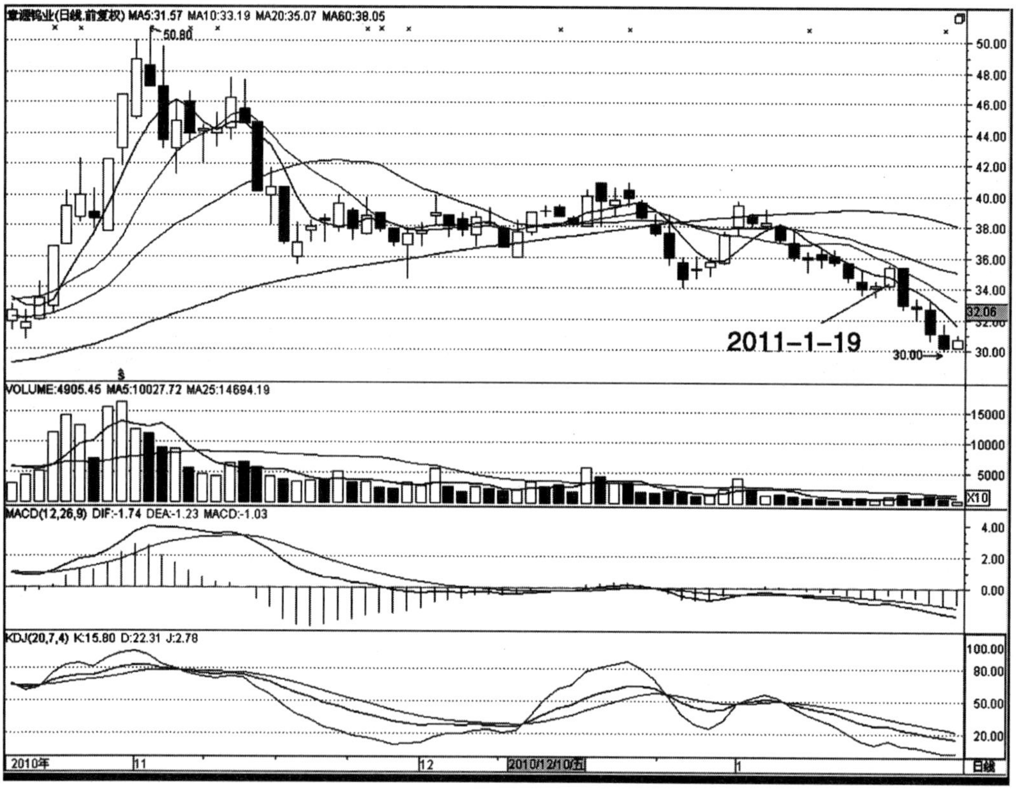

图1-59　章源钨业　002378

如图1-60所示，万科A在2010年10月27日收出一根带有长上影线的小阳线，次日继续收出一根小阳线。两根小阳线本来没什么特别地方，但是两根线的最高价几乎相同，这就形成一个镊顶的形态。这说明在此处股价受到了同样的压力，受阻回落，如果短期不能攻破则很可能形成反转下行的走势。

从整体看也许能给我们更多启示：这个地方也是前高位置，压力明显，此次再度受阻，很可能再次形成头部，因此需要我们谨慎对待。后市该股始终无法突破这个压力区，最后掉头下坠也就是自然而然的事了。本例这个镊顶出现在前高位置，比较敏感，我们要小心形成双头，当然如果能很快突破

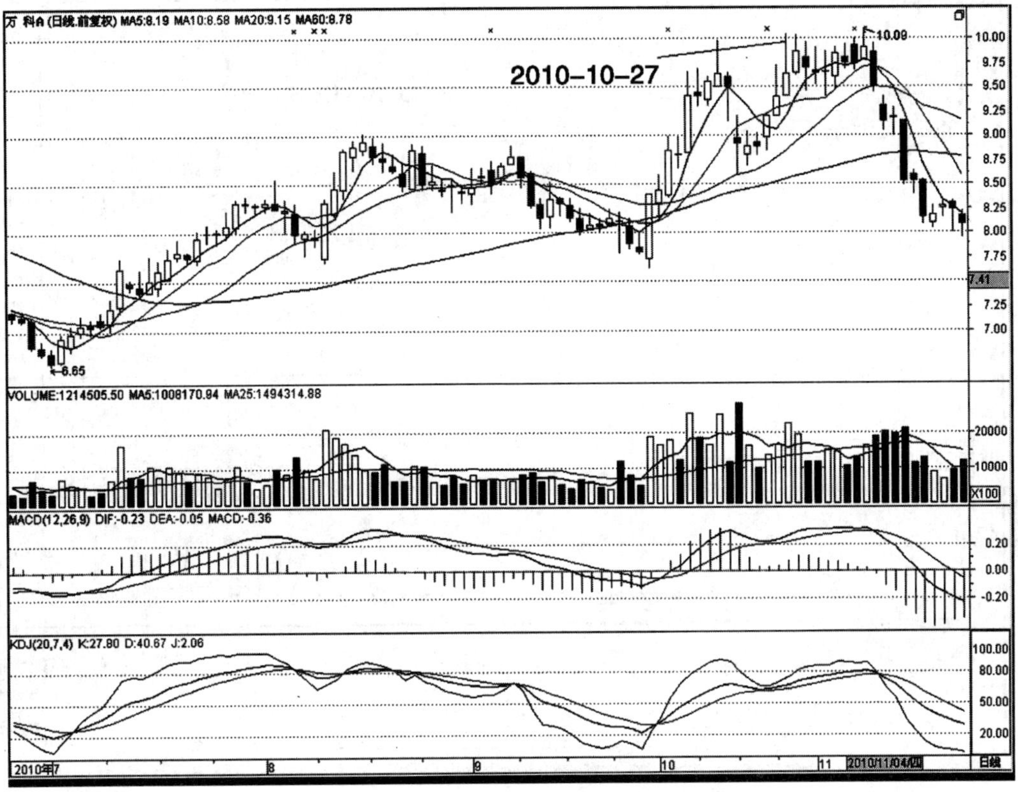

图1－60　万科A　000002

那又是另外一片天了。

如图1－61所示，深振业A整体呈下降趋势，这从一个高点比一个高点低可以看得很清楚。2010年12月初，该股走出一波强劲的反弹走势，在当时大盘低迷的背景下颇为引人注目。2010年12月7日该股大幅跳空高开后涨停，不过次日开盘该股临时停牌后快速下跌，最后收出一根大阴线。两根K线高点一致，形成镊顶形态。这个反转走势大家都看得很清楚，但是我们还是要仔细研究这个发出见顶信号的镊顶。从整体趋势和位置来说，该股整体呈下降趋势是毫无疑问的。当时该股快速反弹，涨幅非常之大。但是趋势改变了没有呢？显然没有，60日平均线依然呈现下行趋势。股价偏离平均线越远则回归的牵引力越大，因此这个镊顶是非常可靠的反弹见顶信号。后市该股很快跌回原形，甚至继续下探。

图1-61　深振业A　000006

细节2：多空力度

镜顶没有规定两根K线的阴阳和排列顺序，因此多空的力量显然很难相同。如果前阳后阴自然是空头占优，见顶的可能性很大。反之如果是前阴后阳，则是多头反击的态势，多头占有较大的优势，见顶的可能性就较小。如果都是带有较长的上影线，则空头占有优势，后市不容乐观。当然这一切都要等后市验证。

如图1-62所示，中福实业2010年11月11日收出大阳线，次日却急转直下收出一根大阴线，两根K线的高点几乎一致，我们称之为镊顶。镊顶经常成为反转的信号，这里形成反转的可能性也很大，因为该股此前的涨幅已经非常大。我们这里要关注的是镊顶的多空力度。这个镊顶是多头占优还是空头占优？11 月 11 日该股涨幅将近 8 个点，次日跌幅则只有 6 个点，这说明空头还不是很疯狂，多头为了保护胜利果实还没完全放弃抵抗。后市还可能有一定的波折，多空将进一步厮杀。

图 1－62　中福实业　000592

该股此后两日果然大幅震荡，证实了多空交战的激烈。但是股价再无法创出新高，说明空头掌控局势，投资者应该趁机出局。本例的镊顶虽然不是空头完全占优，但因为股价前期涨幅很大，见顶的可能性极大，投资者应该冷静点，落袋为安。

如图 1－63 所示，商业城在 2010 年 11 月 11 日收出小阳线，次日掉头直下，收出大阴线，但两根 K 线的最高价几乎相同，我们称之为镊顶。这个镊顶的多空实力不言而喻，大家一眼就能看得很清楚。小阳线上涨本身就显示多头不怎么给力，其次还带有上影线，空头已经现身，而次日的大阴线则明确告诉你空头完全掌控局势，后市下跌是大概率事件，此时我们只能选择离场了。

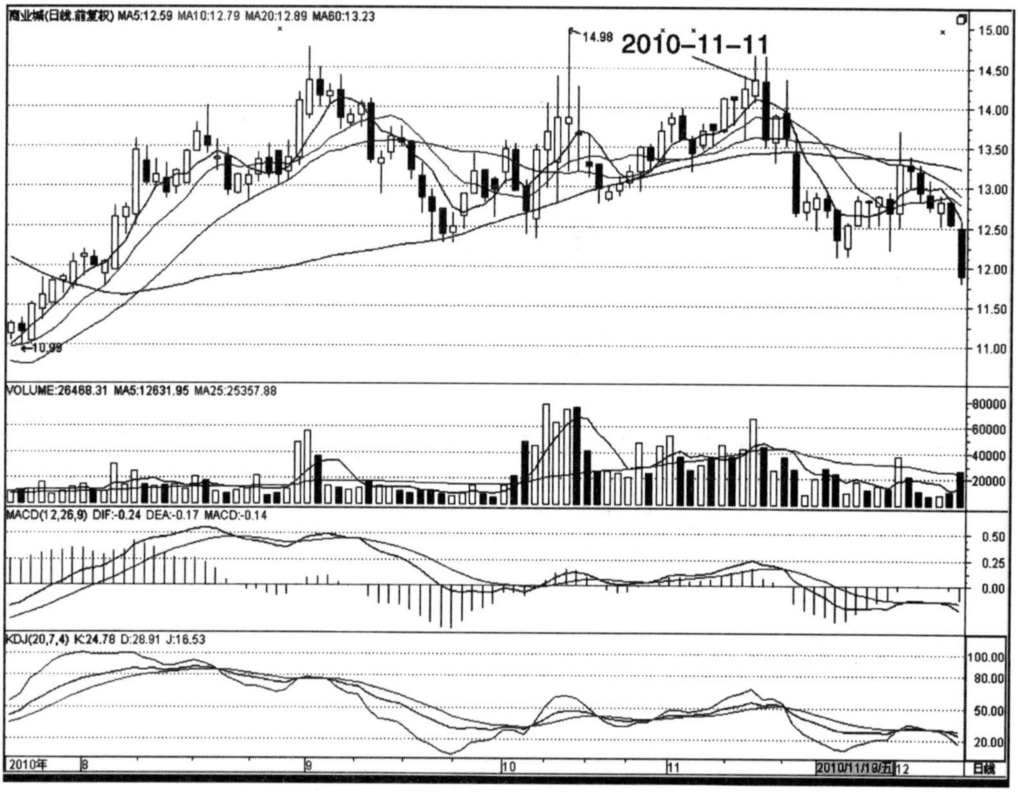

图 1-63 商业城 600306

细节3：后续走势

后续走势是对镊顶的进一步确认。如果镊顶后几天的最高价都没有超过镊顶的最高价，则见顶基本成了定局。如果3天内股价创出新高，则镊顶反而转换成为支撑，后市看好。当然后续走势也可以看得更远些，有些镊顶只是小波段的顶部，回调结束后还会重归升势，那么突破镊顶的时候就是加仓的时候。

如图1-64所示，方大炭素在2010年11月8日收阳，次日收阴，最高价几乎相同，形成镊顶形态。这个镊顶是否有效还需要后市继续观察。此后两天该股横盘震荡，股价始终难以逾越镊顶的高度；第三天股价破位下跌，镊顶完全成立。也许等到镊顶确认时才卖出已错过了卖出时机，这也是难免的。警觉的投资者可能会在镊顶后两天难以创出新高时就逃之夭夭了。这需要根据股价的整体位置和量能等来研判。

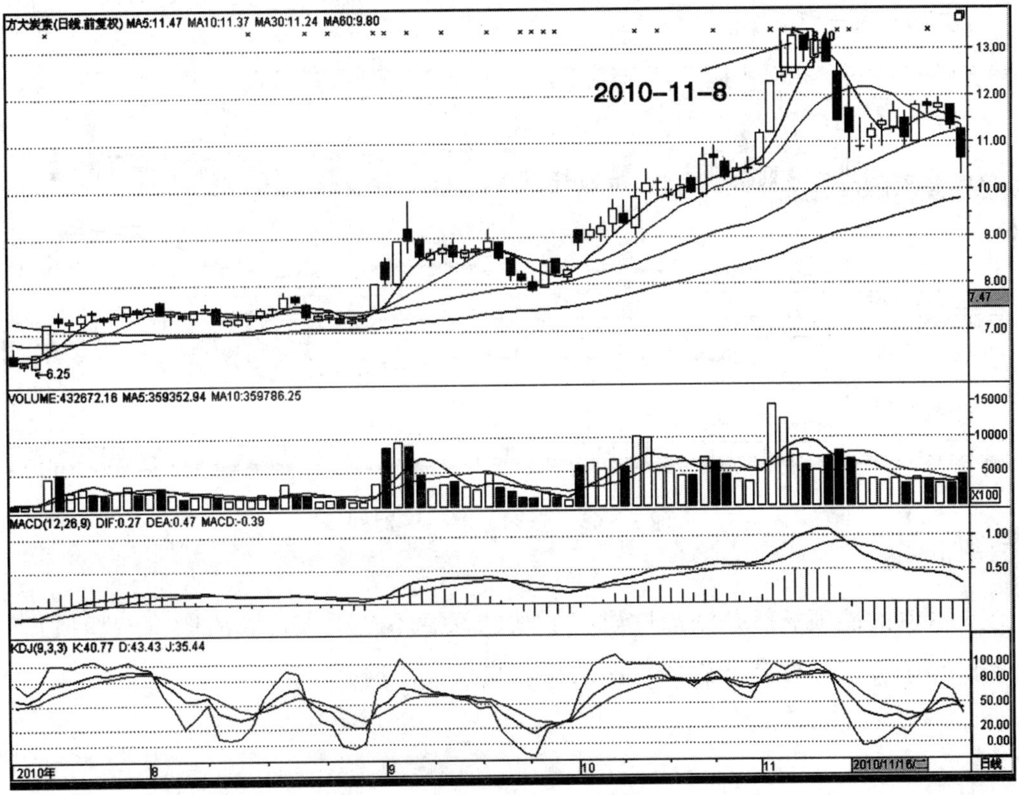

图1-64 方大炭素 600516

镊顶后很可能形成阶段性顶部，但是顶部也有大小。小型的顶部可能只是主力的一个洗盘动作，过后不久会重归升势。如图1-65所示，沃尔核材在2010年9月14日收出中阳线，次日收出中阴线，两根K线的最高价一致，形成镊顶形态，预示着股价即将回调。该股此后也果然下跌，但是下跌的幅度非常有限，在20日平均线附近就站稳了，接着横盘，然后进入快速拉升的主升浪。如果不看整体走势，你很可能被主力震仓出局，与后面巨大的涨幅就失之交臂了。

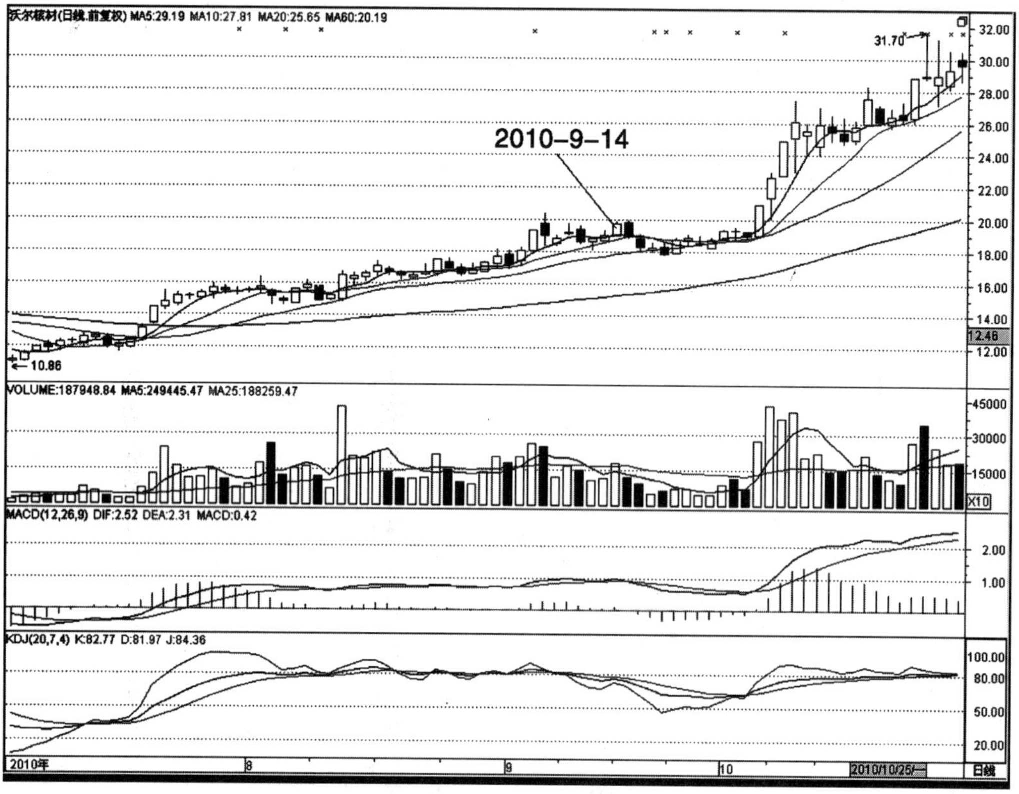

图 1－65　沃尔核材　002130

本例的镊顶显然是洗盘性质，下跌的幅度不是很大，随后股价站稳横盘，平均线黏合，一旦再度启动，相信是一只短线牛股。

第六节　镊底

所谓镊底，跟镊顶恰好相反，要点在两根 K 线的最低价几乎相同。这里特别强调镊底的最低价也最好是同一个价格，不能超过 3 分钱，否则分析的意义就不大。镊底既然是最低价几乎相同，说明在这个最低价处有强有力的支撑，不让股价轻易跌破这个价位。除了巧合的因素外，这种情况通常是主力行为，因为散户是不可能约定在此接盘。镊底能不能成为真正的底部也受很多其他因素的影响，比如多头反击的力度等。

如图1－66所示，盐湖集团2010年9月20日收出一根中阴线，次日收出一根大阳线，两根K线的最低价几乎相同，这就是所谓的镊底。镊底说明在最低价附近暂时有较强的支撑，后市有望逆转走势。该股此后的走势也果然转跌为升，回到原来的上升趋势之中。镊底是做短线经常用来抄底的一个信号，但具体运用时还有很多附加条件，并不是所有的镊底都是真正的底，需要综合研判。

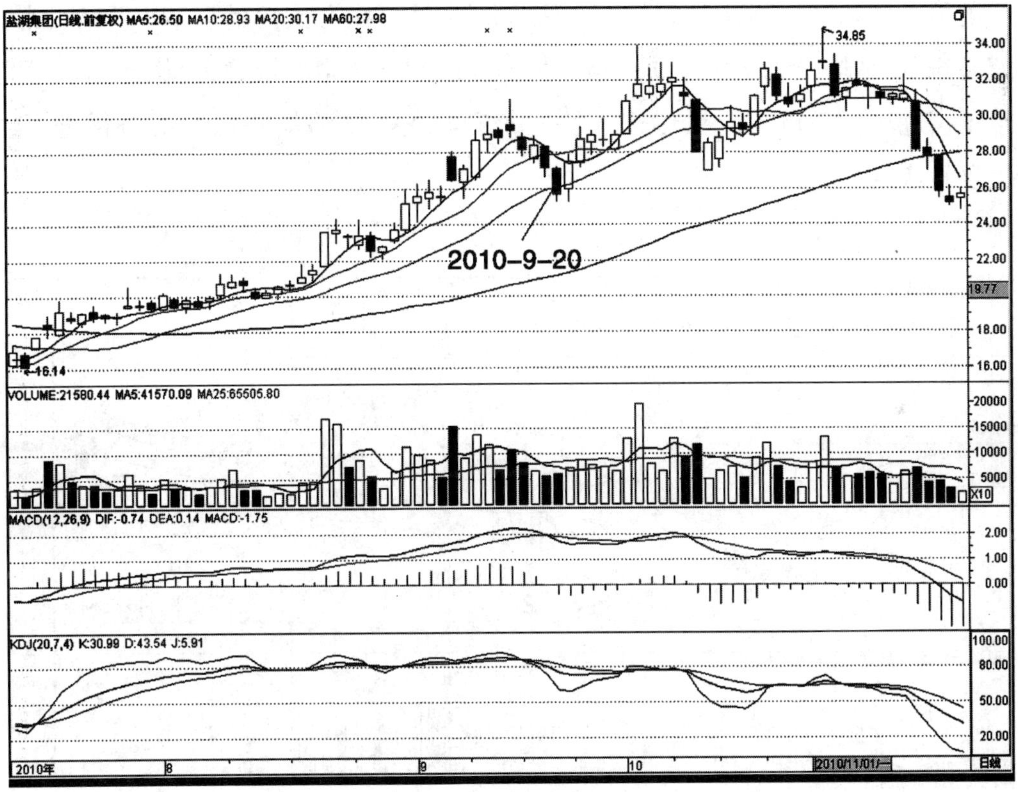

图1－66　盐湖集团　000578

细节1：位置

我们一再强调位置非常重要，不管分析什么技术形态都离不开位置。任何脱离大环境的技术分析都是伪分析，镊底也不能例外。如果股价已经大幅下跌，镊底形成大底的可能性很大。如果在下跌途中，下跌动能还没释放干净，则镊底很可能只是一个阶段性反弹的底部，不能盲目追进。在上升途中的回调阶段也经常出现镊底，同样是买入的良机。

如图1－67所示，深华发A自低位反转向上，股价突破60日平均线，然后在该平均线之上横盘震荡，震荡的区间比较狭窄。此时60日平均线也逐渐走平，这是中线股价走强的表现。我们有理由相信这样的横盘是主力吸筹的表现。2010年8月12日该股收出一根小阴线，次日收出一根小阳线，两根K线的最低价几乎相同，我们称之为镊底。这是短线有支撑的表现，下方也恰好是60日平均线的支撑，支撑相当可靠。既然出现双重支撑的信号，我们可以试探进场。后市该股果然进入快速拉升状态。如果能在镊底的时候进场，无疑收获巨大。

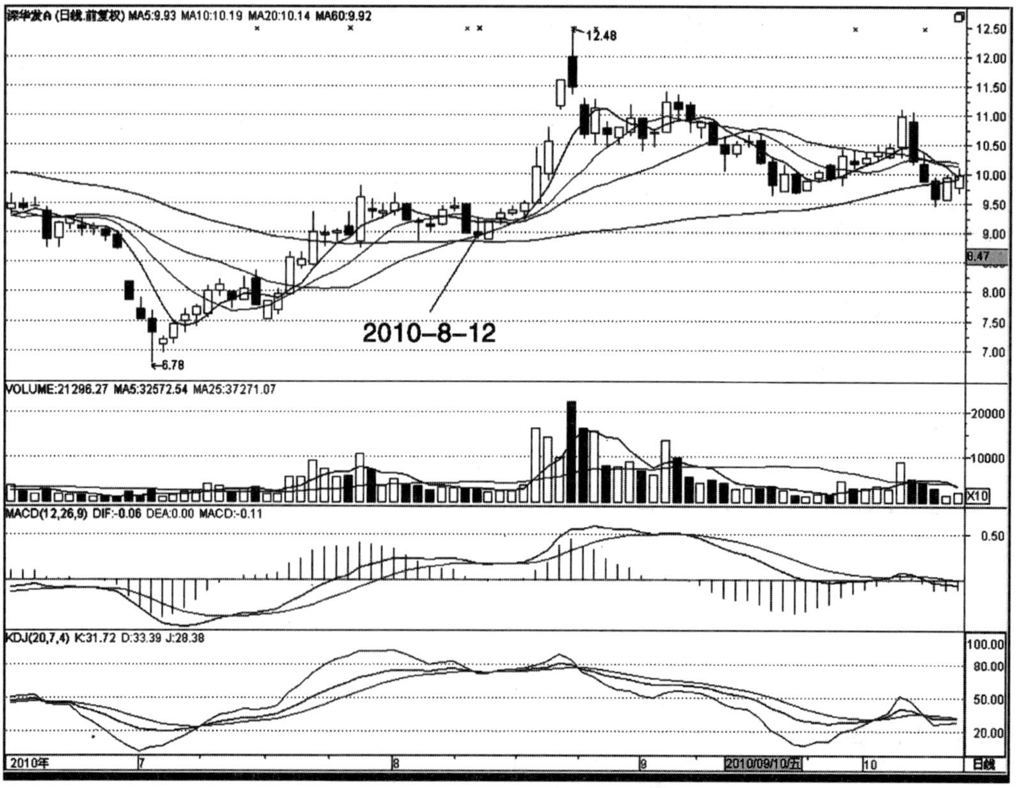

图1－67　深华发A　000020

本例的镊底出现在上升途中的横盘震荡阶段，是比较可靠的买入信号。

如图1－68所示，上海电气自高位反转后快速下跌，在60日平均线下方有站稳迹象。2010年11月23日该股收出中阴线，次日收阳，两根K线的最低价几乎相同，形成镊底形态。这个镊底有什么市场含义，是不是可以进场？通常来说镊底说明股价暂时见底，但有没有操作价值还需要看股价处于什么位置。从图中我们可以基本判断该股处于中长线下跌趋势中，短线暂时站稳，那么未来即使上涨也属于反弹性质，不能期望过大。

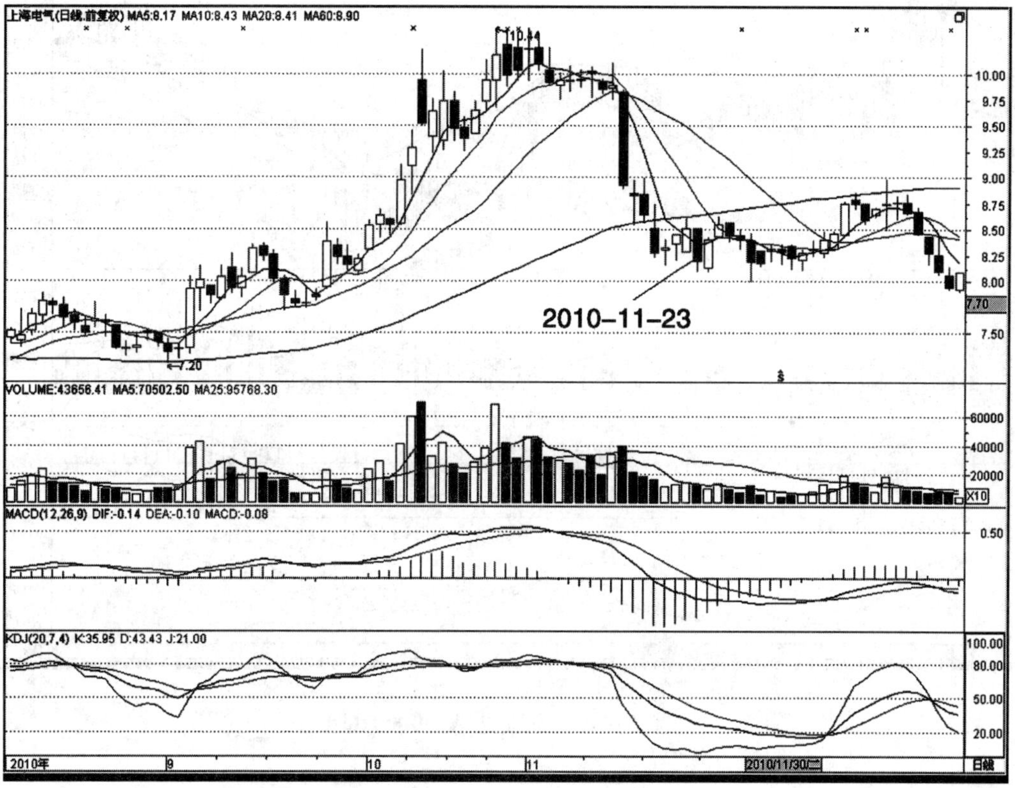

图1－68 上海电气 601727

本例的镊底出现在高位反转的第一浪末尾，股价已经跌破60日平均线，中长期趋势看空，这时候最好不要盲目进场。如果已经进场，则需要在滞涨的第一时间出局。

如图1－69所示，飞亚达A前期大幅下跌。2010年7月5日该股继续跳水收出大阴线，次日却反转向上收出大阳线，两根 K 线的最低价几乎相同，形成镊底。这个位置的镊底形成大底部的可能性极大，因为股价前期已经大幅超跌。在镊底反转的过程中，成交量也很配合，量能明显放大，说明有抄底资金积极介入。该股此后果然逐步上升，成交量也跟随温和放大，反转正式成立。如果能在镊底的时候介入，那无疑捡了一个大便宜。

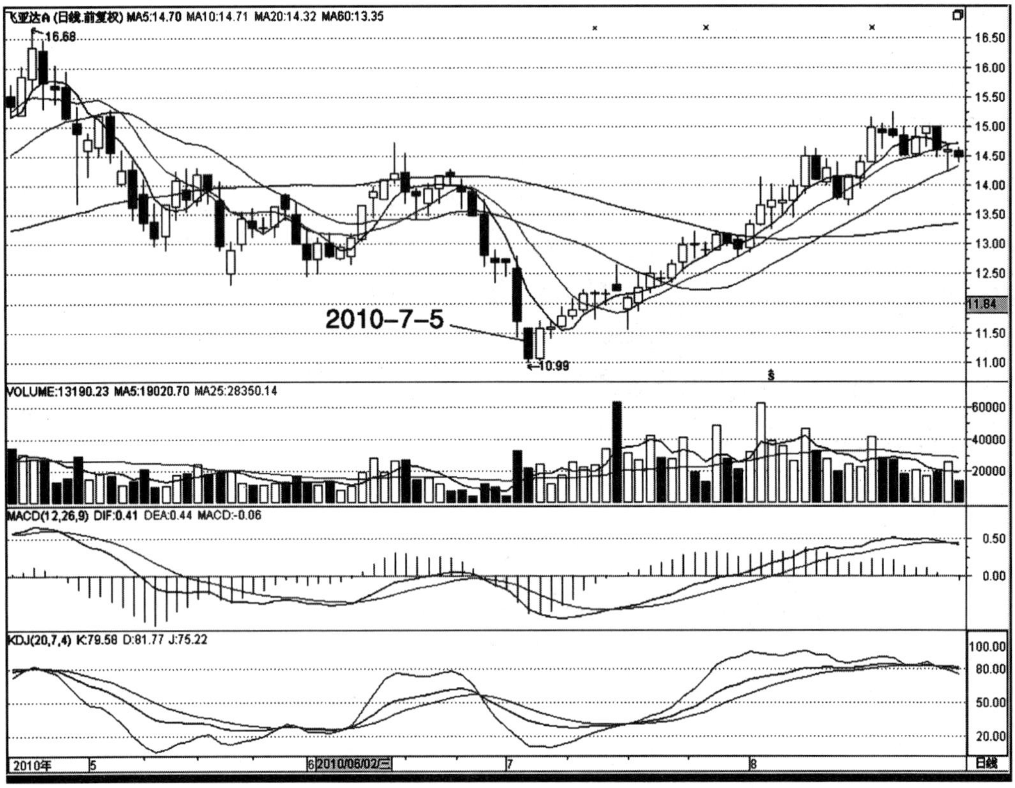

图 1－69　飞亚达 A　000026

如图 1－70 所示，招商地产 2010 年 9 月 29 日收出小阴线，次日出人意料地收出一根大阳线，两根 K 线的最低价相同。虽然两根 K 线极不对称，但只要最低价相同就是镊底。从股价的整体位置来看，该股此前连续下跌，跌幅已经很大，此时出现镊底很可能是反弹甚至反转的信号。另外第二根阳线上涨的力度很大，走势逆转的可能性更大，此时适当参与安全度应该比较高。该股此后果然大幅上涨，股价一直拉升到前高位置。

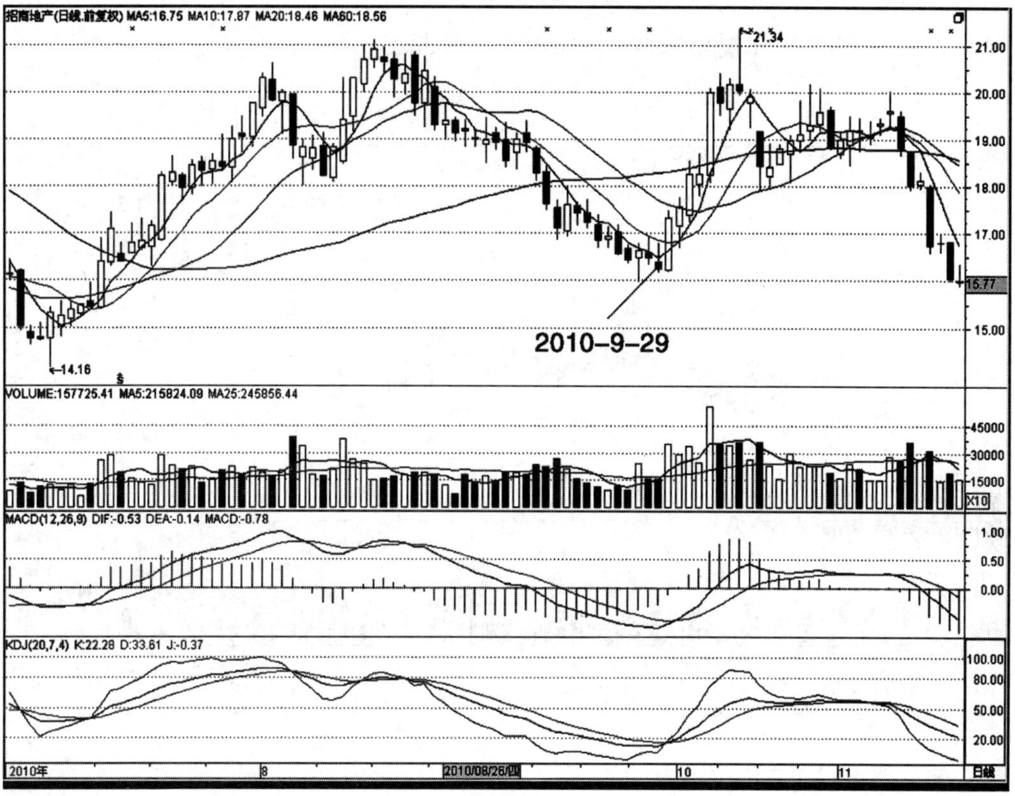

图1-70 招商地产 000024

细节2：多空力度

镊底的多空力度同样需要根据K线的阴阳和排列顺序来看。如果是前阴后阳，则镊底的可靠性比较高，前阳后阴则是空头攻击的态势，后市继续下跌的可能性更大。如果都带有较长的下影线，则探底的意味很足，形成底部的可能性比较大。

如图1-71所示，深圳能源在2010年9月29日收出一根小阴线，次日收出一根并列的小阳线，形成镊底。镊底之前该股整体上升幅度不大，如今回调到60日平均线附近有洗盘整理的意味。这里我们要关注的是镊底本身的多空力度。虽然第二根K线只是小阳线，但看得出多头能够收复前日失地，实力略微占优，后市继续看好。次日该股重新攀上 60 日平均线，走势得到明显修复，后市继续上升就顺理成章了。

图 1－71　深圳能源　000027

本例的镊底显示的多头力度还不是很强劲，但阶段性底部已经初步形成，我们可以试探性介入，如果后市继续走强可以伺机加码。

如图 1－72 所示，中粮地产 2010 年 12 月 24、25 日两根 K 线形成的镊底比较独特，那就是第一根是阳线，第二根是阴线。我想不用怎么解释就能看清楚这个形态的多空力度——第一根阳线上升，但随后一根阴线把胜利果实全部吞噬，这当然是空头占优。从整体看，该股处于中长期的下跌趋势中，短暂企稳不代表走势已经变好。而这个奇怪的镊底倒证明空头意犹未尽，小心破位下跌。该股此后果然跌破横盘平台，破位下行，跌幅不小。由此可见，这样的镊底不是企稳的标志，反而是空头发动再次攻击的标志，我们要尽量避免。当然，如果这种类型的镊底出现在其他位置又当别论。

图1-72　中粮地产　000031

如图1-73所示，盐田港自低位反转向上，但整体走势呈现散户主导的行情特征，成交量始终无法有效放大，这也制约了股价的拉升。在一波回落后股价竟然回到60日平均线之下，走势低迷。2010年9月29日该股收出一根小阴线，次日收阳，最低价很接近，可以称之为镊底。那么这个镊底的多空力度如何呢？看上去还真不好判断。阳线实体把前日阴线实体全部吞没，这当然是多头占据明显优势，但阳线对应的成交量比阴线对应的成交量还低，显得很低迷，这只能说明场内并没有多少主力做多，较大的反弹也只是惜售的结果，后市如何还需要进一步观察。该股镊底出现后应重点关注后市量能能否放大，且注意60日平均线的压制。

图 1-73 盐田港 000088

如图 1-74 所示，广聚能源自 8.59 元的高位下挫，走势比较低迷。2010 年 12 月 28 日该股破位下跌，收出一根中阴线。这里要顺便说一下这次破位，该股此前在下跌途中的一个区间横盘震荡，当股价跌破横盘区间的下边线时，我们就可以称之为破位。破位意味着新一轮下跌的开始，通常也是止损的信号。按常规，破位后的跌幅至少是前面震荡区间的高度，可是该股此后并没有继续下跌，次日平开高走，收出一根小阴线。一阴一阳两根 K 线构成镊底。这个“底”是不是底值得怀疑，因为没有达到下跌目标。这个姑且不论，镊底的第二根阳线也太小了，足见反弹力度不够，这样的走势我们不做也罢，风险与收益不成比例。

该股此后虽然继续反弹，但明显受制于前面的破位点，最后只能反转继续寻底。我们这里关注的是镊底的上涨力度，第二根阳线的力度显然不够，这也影响到后市反弹的高度。

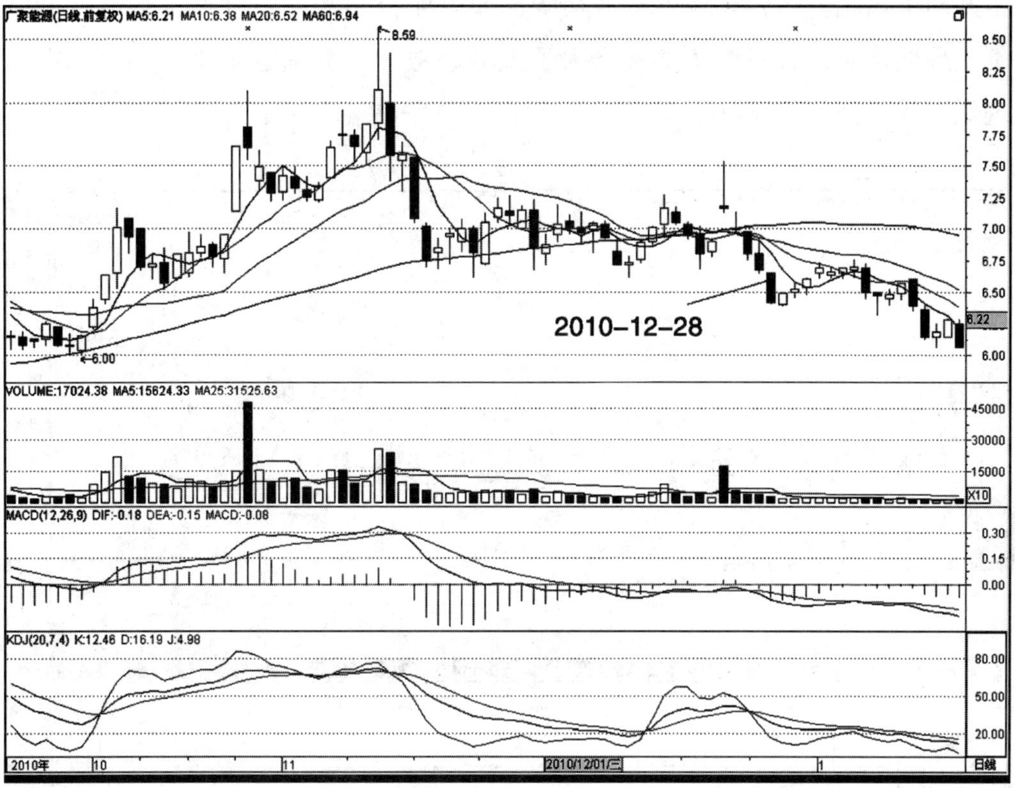

图1－74　广聚能源　000096

第七节　红三兵

红三兵指连续的3根阳线，但并不是所有的连续3根阳线都是红三兵。红三兵要求每日的K线收盘价和最高价都比前日高，最低价也要比前日高，而开盘价则不一定比前日收盘价高。红三兵通常表示多头稳健拉升，但是不同位置的红三兵市场含义还是有很大不同，另外阳线的形态也会影响到红三兵的市场含义。

如图1－75所示，中国一重自2010年9月30日开始连续3天收阳，形成比较标准的红三兵形态。这里的3根小阳线虽然每根上涨幅度不大，但合起来的力度就不小了，可以相当于一根大阳线的价值。这个红三兵起始于横盘区间的下边线，然后穿越多根平均线，如果你合起来看就有种气势如虹的感觉。果然该股此后稍作休整就进入了上升趋势中，涨幅也不小，如果能在出现红三兵时介入，收获不菲。

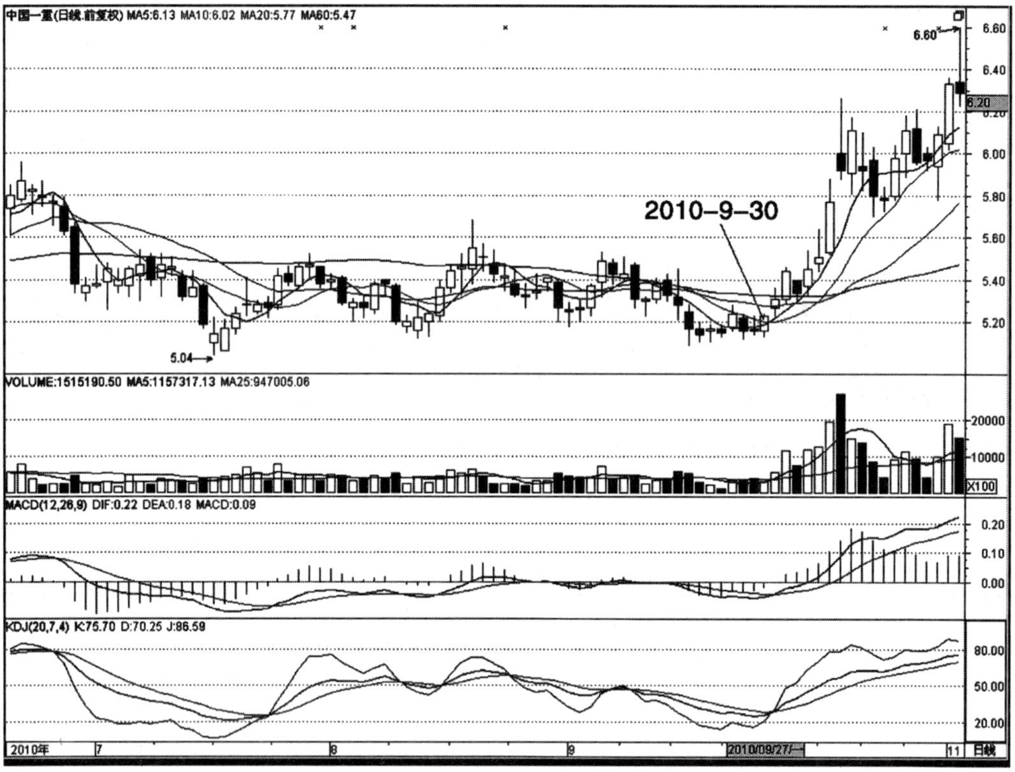

图1-75　中国一重　601106

如图1-76所示，中天科技整体处于上升趋势中，在一波下跌后于60日平均线上方有企稳迹象。2010年10月18日该股收出小阳线，此后再收出2根小阳线，貌似红三兵。但细心的投资者可能观察到第三根小阳线实际是伪阳线，股价当日是下跌的，也就是说当日的收盘价没有高过前日的收盘价，不符合红三兵的特征。这根伪阳线也说明多头做多力度不足，走势处于犹疑中，后市如何还有待进一步确认，暂时不宜进场。该股两天后跳空上升时，我们才能确认多头重新发力，此时再进场不迟。有时候为了确认某种趋势，我们的买价确实高了很多，但为了安全牺牲一点利润是应该的。这就是炒股的法则，安全永远放在第一位。

图1－76　中天科技　600522

细节1：整体趋势和位置

红三兵出现在起涨初期是持续上涨的信号。上涨途中是最经常出现红三兵的地方，没有什么特别的含义。高位出现红三兵是股价滞涨的表现，说明做多动能在衰竭中，小心见顶。在下跌途中出现红三兵只是普通的反弹，行情走不了多远，不宜追涨。

如图1－77所示，广东榕泰在2010年11月5日收阳，此后连续两天收阳，走出红三兵形态，这个红三兵的涨幅有点大，但也完全符合要求，虽然它可能更应该叫红三将。

这个红三兵比较有意思，首先是涨幅不小，其次是每天都留有较长的上影线，这样的走势足以让部分投资者逢高出局。如果你心理素质这么差，可

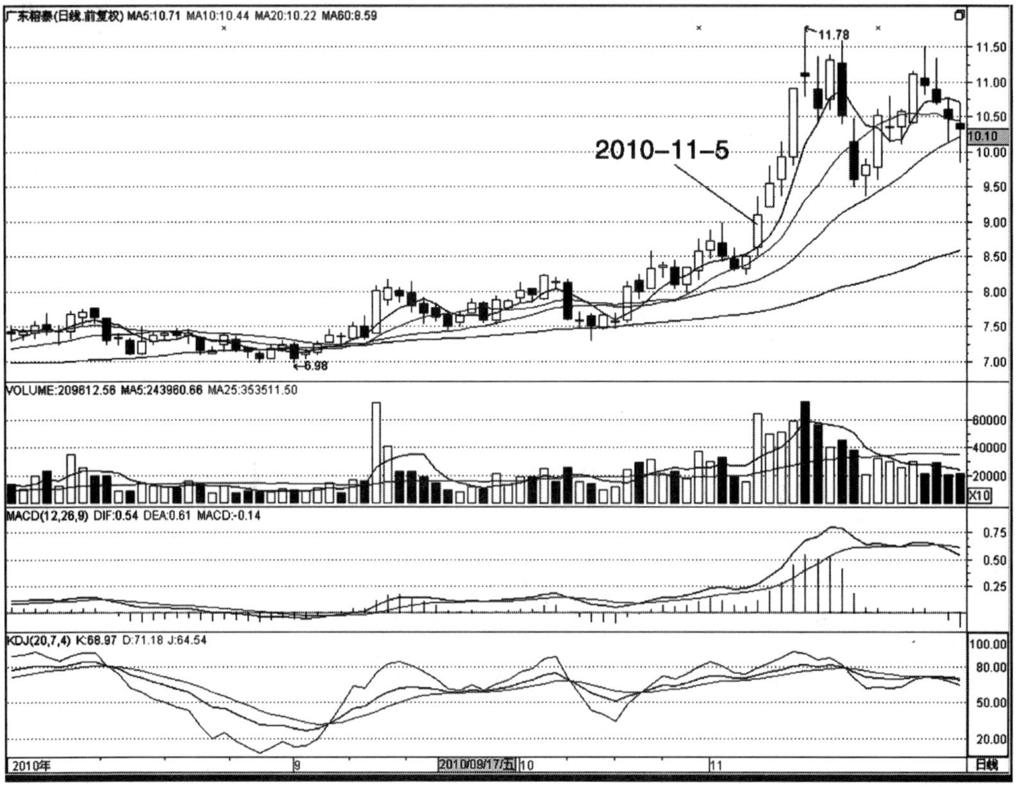

图 1－77　广东榕泰　600589

能还真是只能赚小钱的命。我们研判形态首先要看股价处于一个什么位置。一眼望去，我们知道当时股价处于上升趋势；再细一点就是该股刚经历了短暂的回调，然后继续上行，股价在红三兵第一根阳线后突破前高。这通常是加速上行的开始，千万要握紧了。当时的主力也确实比较阴险，每天震荡幅度那么大，自然会让很多散户朋友有获利出局的冲动。若你明白回调后的上涨不太可能很快停下脚步的道理，就会由它震荡。

该股出现红三兵后果然加速上行，第四天涨停，但量能正常，还可以持股，第五天收出放量的阴十字星，此时应该是多空激烈绞杀的时候，我们这个时候出局最恰当。

如图 1－78 所示，上海机电于 2010 年 8 月 16 日开始连续 3 天收阳，走出红三兵形态。这个红三兵也很有特点，每天稍稍跳空高开，但涨幅都极小，有点矛盾，而且量能不太配合，成交量大部分低于 25 日平均量，可见多头不怎么使劲。第3根阳线虽然过了前高，但力度显然不够，第四天跌回横盘区间则说明突破无效。那么这个红三兵完全不是攻势的开始，万不可盲目介入。

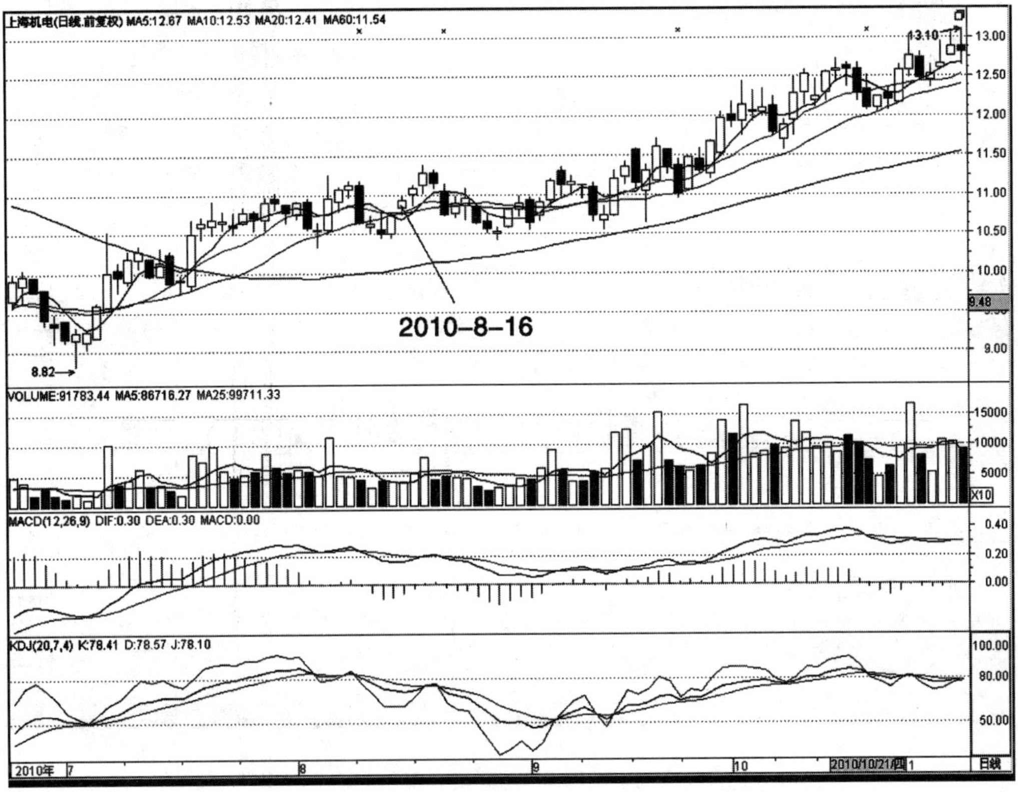

图1-78 上海机电 600835

本例的这个红三兵如果放在整体背景之下看，那也不过是前期横盘震荡的延续。既然还基本处于横盘震荡期，那上探到横盘区间的上边线时，我们要小心短线见顶。当然，如果能有效突破，那又是另外一种操作程序。

如图1-79所示，石油济柴2010年11月4日开始走出连续的小阳线，形成红三兵的形态。这个红三兵有什么市场含义？你该如何操作呢？从K线走势很难做出正确的判断，那就放在大背景下来审视一下。当日股价显然已经高高在上，前期的涨幅巨大。如今红三兵的走势有拉升乏力的感觉，这从成交量上也可以看得出来。连续3天的成交量低于5日和25日平均量，说明场内交易比较冷淡，股价虽然还在继续上升，我们要小心股价即将见顶。该股此后不久冲高回落，开始了股价回归之旅。

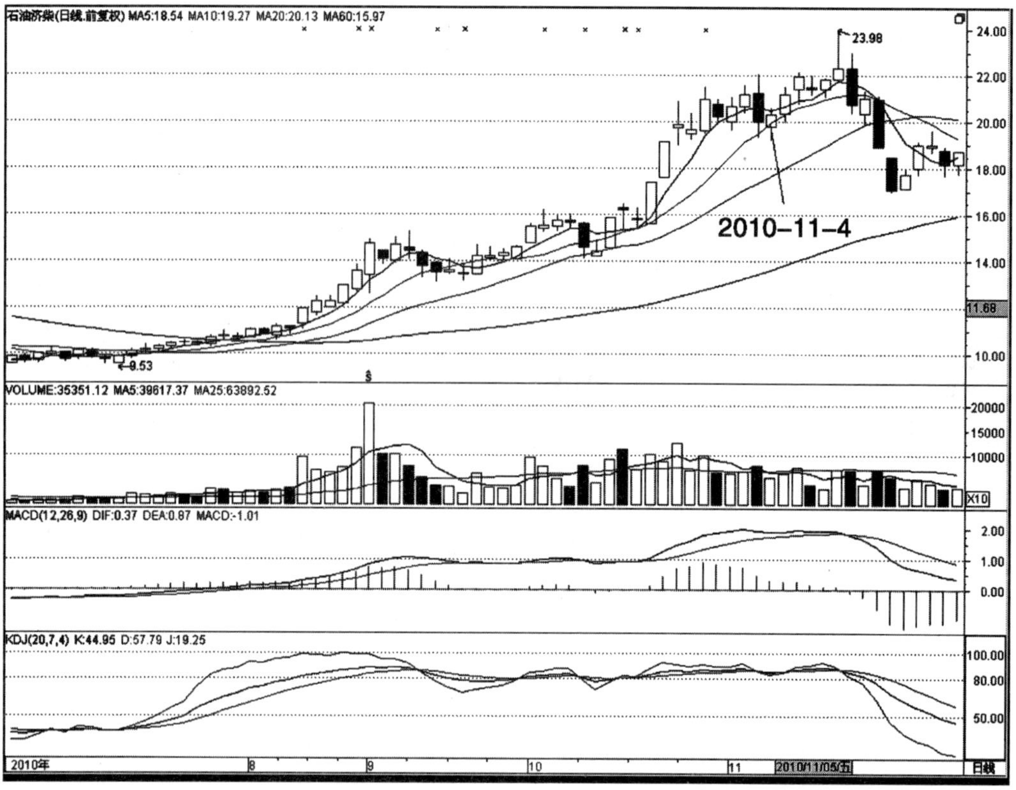

图1－79　石油济柴　000617

本例的红三兵出现在股价已经很高的时候，我们要关注此后的见顶信号。红三兵成为见顶的先兆，值得我们体味。

细节2：多头力度

红三兵整体是上攻形态，但是攻击的力度也是有差别的。光头光脚K线构成的红三兵是最干净有力的形态，带有上影线则攻击力度要差很多。另外3根K线的长短也能显示力度的变化，实体长度越来越长说明攻击力度在加强，越来越短则是攻击力度在减弱。

如图1－80所示，御银股份在2010年12月9日后走出红三兵走势。这个红三兵出现在前面有一波快速上涨之后，能不能维持前一波的上攻强度值得怀疑。从攻击力度看，显然越来越差，因为K线的实体越来越短，且前面两根K线带有明显的上影线，说明上涨过程中空头的压力越来越大。种种迹象表明这一波上升的动能值得怀疑，很可能上涨幅度有限，要小心股价见顶。后市该股略微冲高后即见顶回落，这个红三兵已经对见顶有一定的提示了。

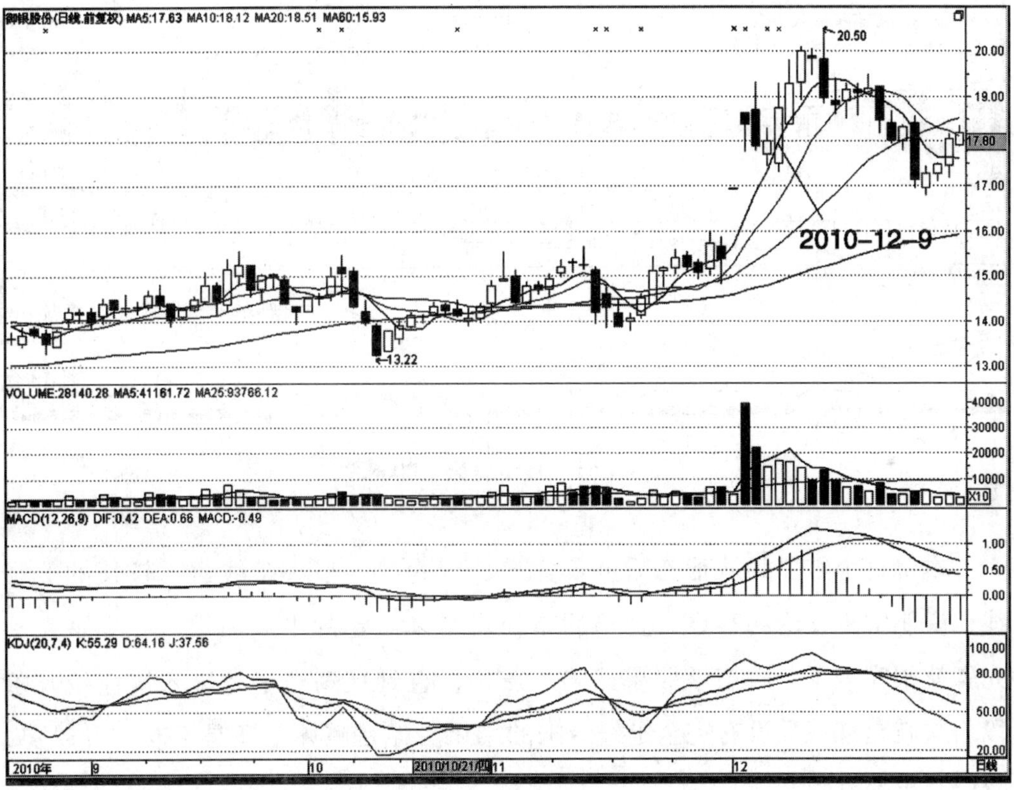

图1－80 御银股份 002177

如图1－81所示，秦川发展2010年8月13日后走出一个红三兵形态。从整体看，该股刚突破前高后回调，股价恰好在前高位置止跌回升，然后走出红三兵，这是一个非常好的发起攻击形态，同时成交量温和放大，配合比较好。我们这里是分析多空的力度，重点关注的是具体的走势体现出来的多头力度，这关系到后市走势的强弱。

图 1－81　秦川发展　000837

本例这个红三兵从形态看并不完美，因为第 3 根小阳线留下较长的上影线，说明空头还隐约存在，这给后市拉升带来一定的不利因素。如果是光头光脚就很完美了。后市该股果然陷入震荡，直到震荡完毕才进入快速拉升阶段。这就是红三兵没有完全走好带来的结果。但是整体上还是不改上升趋势，我们心里要有数。

第八节　黑三兵

黑三兵指连续出现的 3 根阴线。和红三兵一样，标准的黑三兵有一些要求。黑三兵要求每日收盘价和最高价比前日低，开盘价则不一定要比前日收盘价低。黑三兵是空头攻击的形态，通常不是一个好兆头。当然不同位置的黑三兵市场含义并不相同，另外K线的形态也会影响到其市场表现。

细节1：整体趋势和位置

在股价跌势初期和途中，黑三兵是空头攻击的表现，后市很可能继续下跌甚至加速下跌。如果是下跌尾声黑三兵则是空头力竭的表现，股价很可能即将触底。在上升途中的回调中也经常出现黑三兵，这说明空头力量不足，回调结束就是一个很好的买入时机。

如图1－82所示，上海物贸2010年8月18日收出小阴线，此后再跌2天，股价连续创出低点，这3根K线形成黑三兵的走势形态。这个黑三兵在当时的走势中起到一个什么作用？有什么市场含义呢？从股价的整体涨幅来

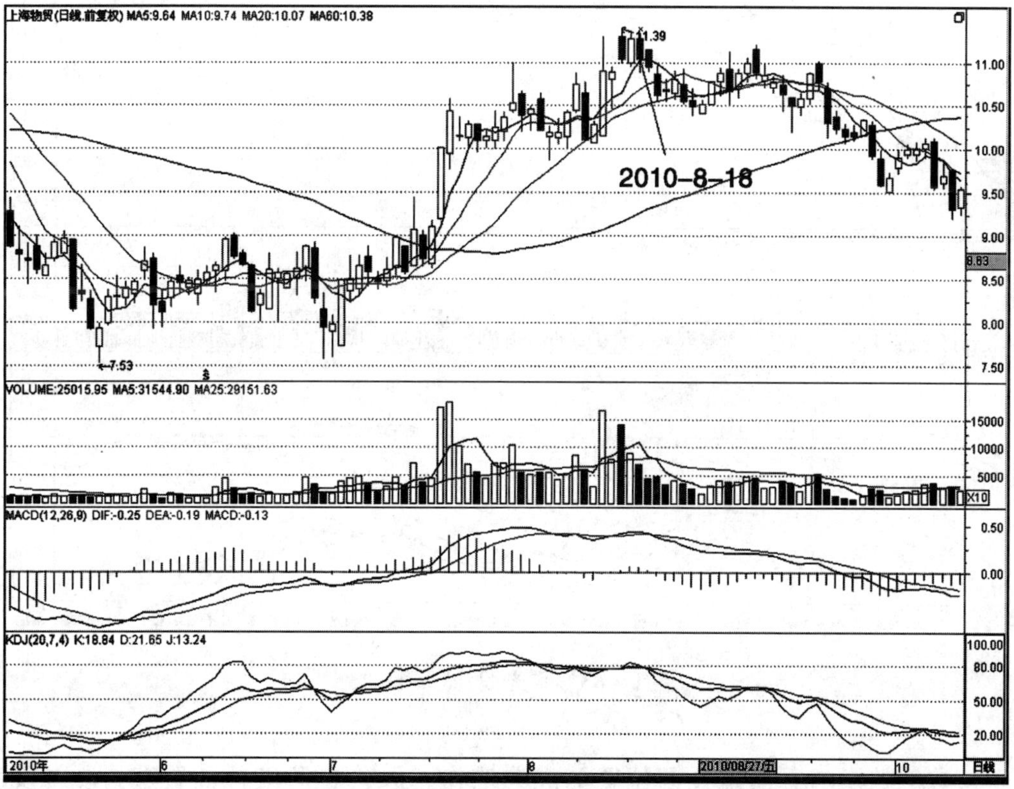

图1－82 上海物贸 600822

看此时也不算高。具体来看呢，该股刚突破此前的横盘区间，但一个黑三兵把股价打回横盘区间，这说明此前的突破为假突破。既然主力制造假突破的陷阱，那问题就比较严重，因为这意味着主力趁机脱逃了，后市可不是回到箱体震荡这么简单。后市该股逐浪下跌，跌幅巨大。

本例的黑三兵在一个特殊的位置，有重要的提示意义，值得我们关注。

如图 1－83 所示，曙光股份 2010 年 12 月 22 日开始走出黑三兵走势。这个黑三兵有什么市场含义呢？黑三兵的实体越来越长，说明跌势在加速。这还不是最重要的，最重要的是这个黑三兵跌破了此前的下跌趋势中的三角形整理区域，说明新一轮下跌已经开始，后市应该还有较大跌幅。

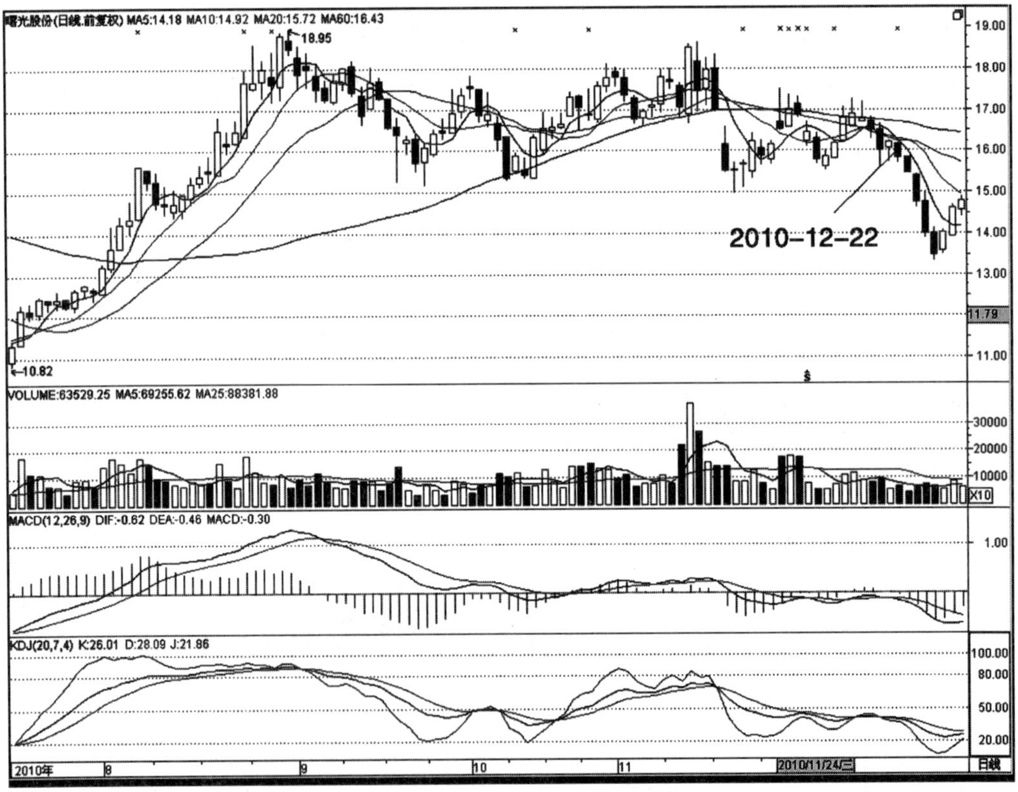

图 1－83　曙光股份　600303

本例的黑三兵也是关键位置的经典之作，股价自此破位，后市下跌幅度必定不小。

如图1－84所示，辽通化工2010年6月29日开始走出黑三兵走势。这个黑三兵看起来不是我们熟悉的黑三兵，因为第一根阴线跌幅有点大。这已经不是“兵”而是“将”了。这里拿来分析，只因为它有一定的典型意义，具有很强的启发作用。

图1－84　辽通化工　000059

从整体位置来说，这个黑三兵出现在股价已经大幅下跌的背景下，股价超跌明显。但是这个黑三兵为什么还能延续强劲的跌势呢？我们不要因为跌幅巨大就盲目进场抄底，而这里的黑三兵倒是提供了一个很好的抄底机会。表面看起来跌势依然很猛，但事实上跌幅在缩减，说明空头已经越来越力竭了。加上整体的超跌状态，我们或能预感底部就在眼前。当然我们不能先入为主，没有进场信号就不要冲动。进场信号很多，我们可以找自己熟悉的使用，比如KDJ指标低位金叉等。

如图 1 - 85 所示，煤气化在 2010 年 9 月 14 日后走出一个黑三兵的形态。这个黑三兵该如何判定？单从 K 线形态上只能看出股价小幅下挫。如果放在整体背景下看，我们或许有些收获。当时该股刚突破 60 日平均线，上涨幅度不大。这不合常理，因为中长期走势刚走好，无论如何也该有一定的涨幅，可是该股偏偏反转下挫，因此我们怀疑这是主力的洗盘动作。当然我们不能先入为主，是不是洗盘还需要后市继续观察。后市该股在 60 日平均线上方止跌横盘，整体走势并没有破坏，此时我们基本可以判断前面的黑三兵是洗盘了。

图 1 - 85　煤气化　000968

如图 1 - 86 所示，永新股份在 2010 年 11 月 2 日后走出黑三兵的形态。这个黑三兵的背景是什么？也就是说该股当时的整体走势是什么？不用我多说大家都知道这是箱体走势，而且是高位的箱体。高位的箱体有一定的风险，如果股价跌破下边支撑则下跌幅度比较大。当时股价还处于箱体之中，那么这个黑三兵没有多少参考价值，只能说明其在箱体内运动，只要没有破位就不算坏事。

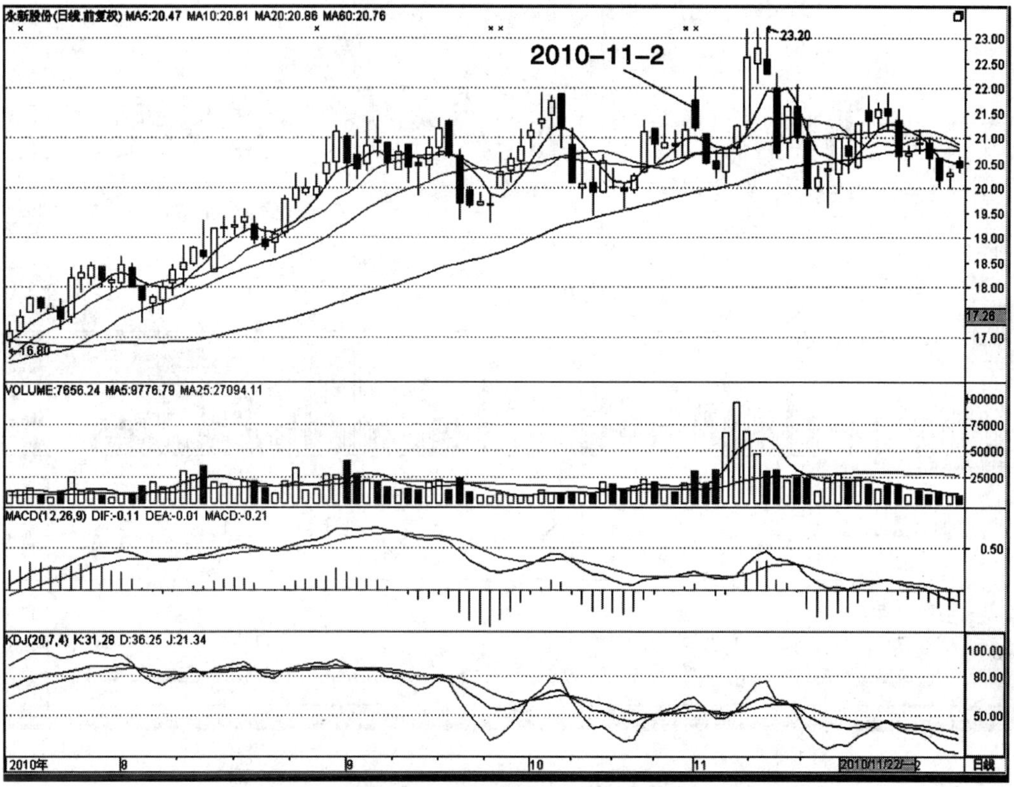

图1－86　永新股份　002014

细节2：空头力度

黑三兵显然是空头占据主动，但是下跌的力度也有不同。这主要体现在K线的形态上。如果是光头光脚K线构成的黑三兵则下跌动能比较充足。如果带有明显的影线则说明多空争夺厉害，下跌动能则受到很大消耗。如果K线实体越来越长则说明空头杀跌力度增加，反之则是空头逐渐力竭。

如图1－87所示，中兴通讯在2011年1月12日后走出一个黑三兵走势。

从整体看，当时该股正在走出一个大型的收敛三角形，后市变盘在即，但方向却很难判断。这个黑三兵则给了我们很好的方向提示。

图 1-87　中兴通讯　000063

我们这里的分析重点是黑三兵的空头力度。这个黑三兵的力度从 K 线的实体上可以看出端倪。该黑三兵的阴线一根比一根长，说明下跌的力度越来越大。空头出击的力量一再加大，这可不是好兆头。此后该股果然加速下跌，跌幅不小。

如图 1-88 所示，中成股份自 2010 年 10 月 14 日开始连续下跌，走出黑三兵的形态。这个黑三兵个头有点大，但分析的价值是相同的。从整体看刚好跌破前期的双头颈线，头部明确形成，后市继续下行是肯定的。从空头的力度看，我们可以看出一些细微的东西。第一天跌停，第二天、第三天都是大阴线，短期空头的力度巨大，杀跌动能得到较大释放。再具体一点，后两天的跌幅有所收窄，也反映空头的力度越来越小。我们知道短线快速大幅下跌后通常有一个反弹，该股此后果然进入反弹。当然这仅仅是反弹，因为前面双头形成后头部确立，反弹反而成为我们出逃的机会。

图1-88　中成股份　000151

如图1-89所示，中联重科2010年8月23日后连跌3天，走出黑三兵的形态。这个黑三兵的力度一目了然，股价轻微下跌，不构成对上升趋势的威胁，我们可以理解为横盘整理。此后该股很快继续上升则是顺理成章的事。2010年9月14日后该股又走出一个类似的黑三兵形态，还是整理走势，之后再度进入上升走势中。这两组黑三兵的下跌力度都不够，我们要注意这是洗盘特征，一旦止跌就是进场的好机会。

顺便提一下这只牛股，大家可能发现这股票的走势非常优美，没有上蹿下跳的特征，也没有多少上下影线，这是主力高度控盘的表现，这样的股票

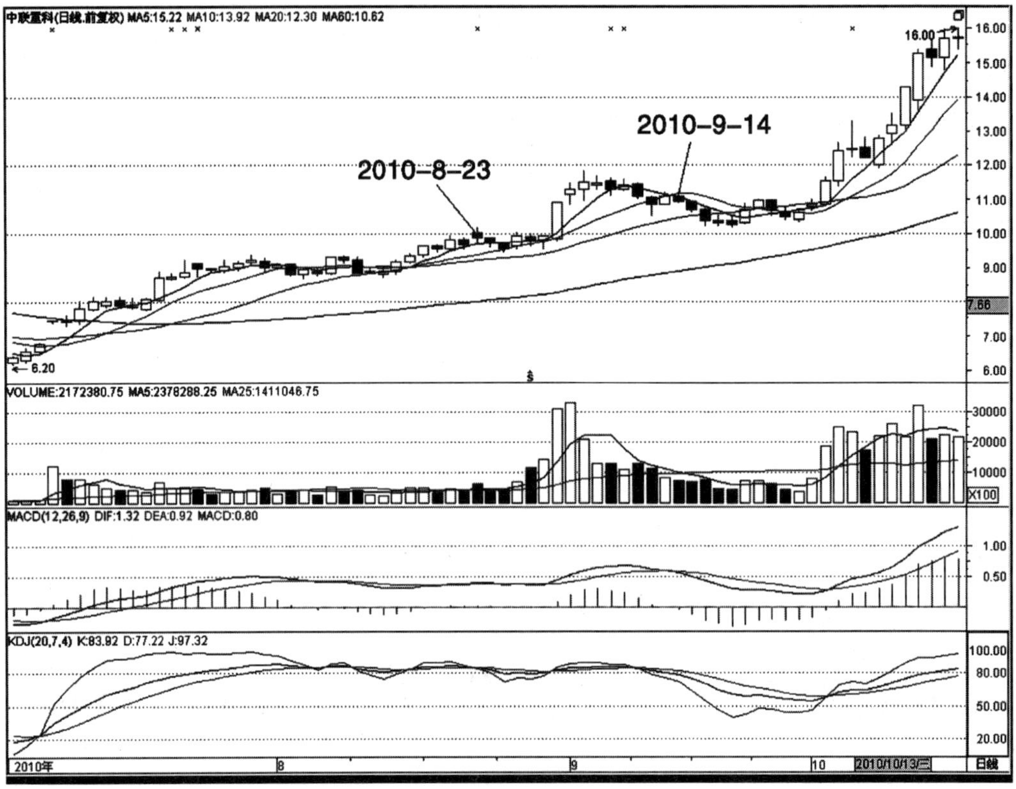

图 1－89　中联重科　000157

值得我们特别关注。呈现同样特征的股票还有 2010 年的牛股成飞集成、时代新材等。

第九节　早晨之星

早晨之星我们以前反复讲过，这里再简单复述一遍。早晨之星指 3 根连续的 K 线，第一根是阴线，中间是跳空下跌的小阴线，也可以是小阳线、十字线等，第三根是跳空上行的阳线。早晨之星是向上反转的形态，通常是买入信号。当然这也要根据股价的整体位置和反转的力度来具体操作。下面我们会具体阐述。

如图1－90所示，福星股份在2010年5月6日收出一根大阴线，第二天跳空低开，最后收出一根小阳线，缺口仍在。鉴于该股前期跌幅巨大，这样的低开高走的小阳线也许是一个触底的信号。当然这还需要后市继续验证。第三天该股跳空上行，收出一根大阳线，反转之势形成。这3根K线的组合也就是我们所说的早晨之星。既然是早晨之星，那就意味着希望来临，投资者可以适当介入。可惜后市因为大盘的原因和国家政策的影响，该股有一个二次探底的过程。不过最后该股还是进入了上升通道，整体涨幅较大。这个早晨之星带来的就是底部的信号，值得我们关注。

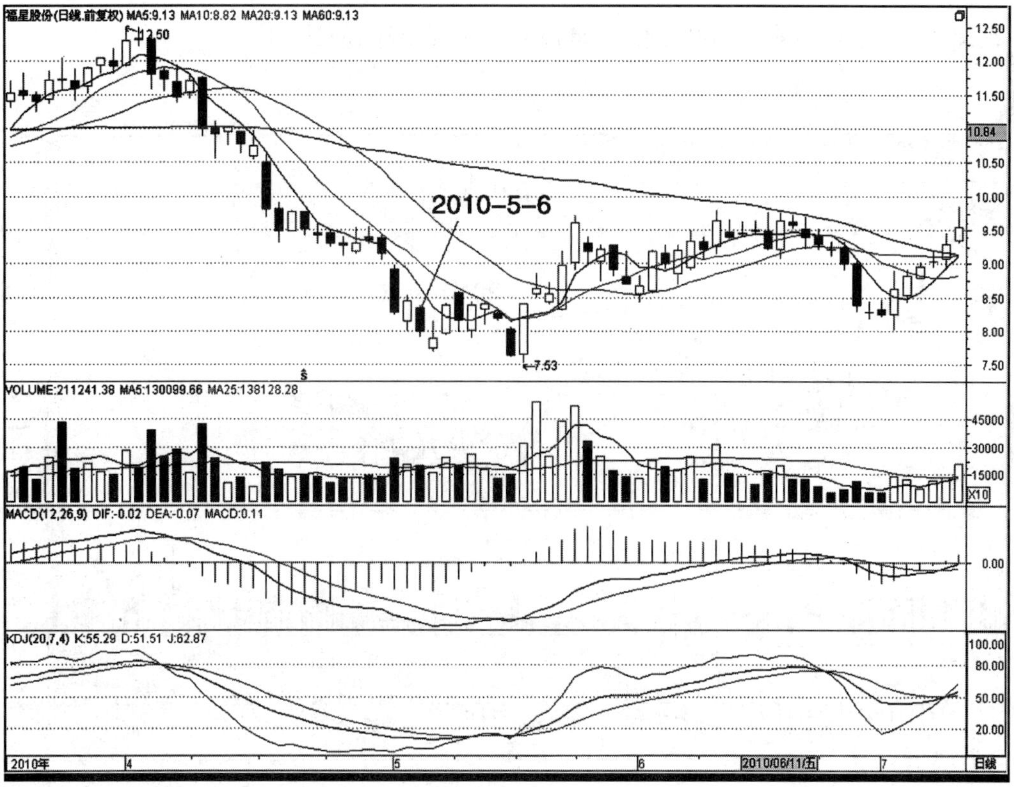

图1－90　福星股份　000926

细节1：位置

评价K线或者组合形态离不开整体位置，在不同的股价位置有不同的市场含义，操作方法也不尽相同，甚至相反。在股价已经大幅下跌的低位，早晨之星是股价反转的标志，可以跟进做多。如果股价是在下跌途中，下跌幅度尚小，早晨之星则只是反弹的开始，我们可以逢高出局。在上升途中的回调过程里也经常出现早晨之星，同样是进场的信号，不可错过机会。

如图1－91所示，上风高科在2010年7月2日收出一根小阴线，次日跳空低开收出一根十字线，第三天则略微高开后收出小阳线。3根K线组成早晨之星的形态。这个早晨之星出现在股价大幅下跌的背景之下，是底部信号的可能性比较大。后市该股果然逐浪攀升，进入上升通道。这个早晨之星是股价的转折点，如果能把握好无疑获利颇丰。只是这个早晨之星的力度有点小，成交量也严重不够，这也是该股难以有卓越表现的原因。

图1－91　上风高科　000967

如图1－92所示，精艺股份在2010年11月16日后走出一个早晨之星的形态。这个早晨之星有何市场含义，操作的价值有多大？从这3根K线本身的力度来说，多头攻击的力量一般，因为第三根阳线未能收复第一根阴线，特别是成交量极度萎缩，做多的热情并不高。我们这里重点关注的是股价位置。该股虽然前期涨幅并不大，但前不久刚做出一个头肩顶的形态，股价已经跌破颈线，中期跌势明确。因此，此后的走势以做空为主，多头最多也就是采取反弹性质的操作。在整体走势明确的背景下，这个早晨之星则很可能只是反弹的开始，期望不能太高，稍有获利即可全身而退。该股此后的走势也证明了这一点。

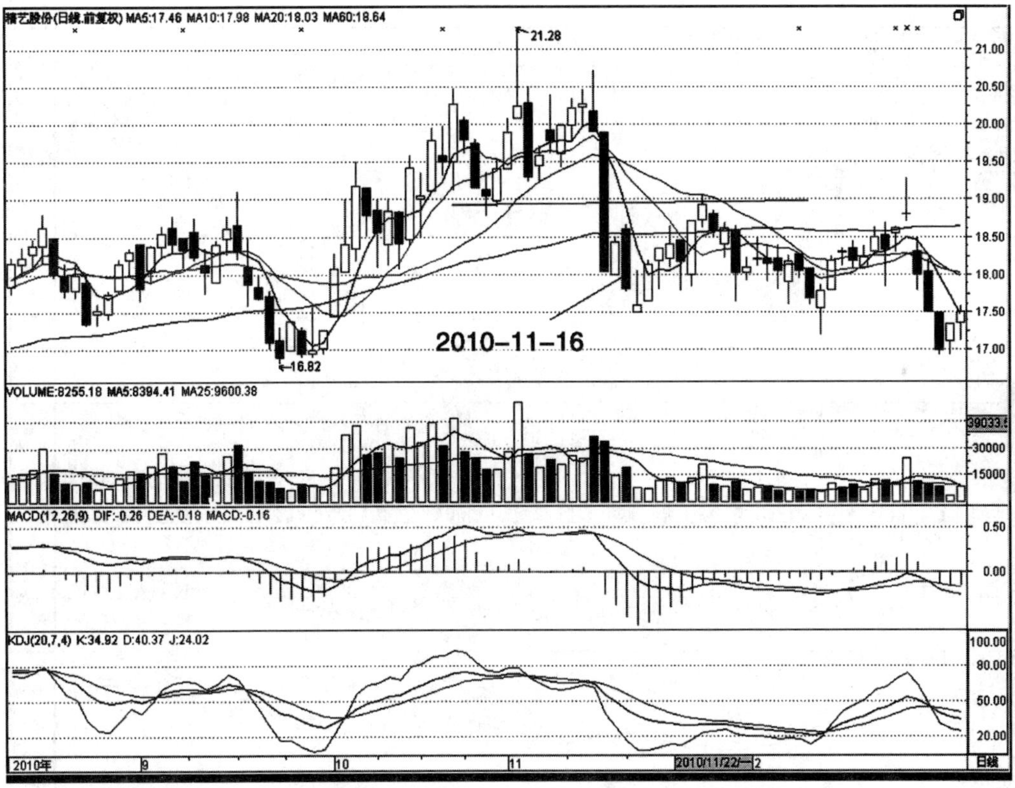

图1-92　精艺股份　002295

细节2：量能和后续走势

量能并非越大越好，短线急速放量未必是好事，因为巨大的量能意味着很快衰竭。当然也不是没量好，早晨之星的第三根量如果比星线时的量还小则说明反弹无力，多头参与不积极。最佳的量能应该是明显放大，但又不是很夸张的巨量。后续走势则是对形态的确认，这里就不多展开，投资者可以自行研判，也可以参考笔者之前所著的《看盘快速入门》系列书籍。

如图 1 – 93 所示，柳化股份在 2010 年 7 月 2 日后走出一个早晨之星的形态。该股此前经历过两次探底，如今是第三次探底，我们认为整体上形成阶段性底部的可能性极大。筑底的时间越长，其底部也就越厚实，后市的涨幅也越值得期待。

图 1 – 93　柳化股份　600423

这里我们要关注的是这个早晨之星的量能情况。从图上我们可以明确看到第三根阳线伴随着明显放大的成交量，比前日的成交量足足放大了一倍，这说明场内做多热情高涨，后市走势应该说相对乐观。因此这个早晨之星的可靠程度也比较高，投资者可以放心介入。该股此后果然逐浪上升，涨幅不小。

如图1－94所示，河北宣工前期跌幅巨大。2010年7月2日该股收出中阴线，次日收出小阳线，留下一个向下跳空的缺口，第三天跳空上行收出一根小阳线。3根K线组成一个早晨之星的形态。鉴于该股前期跌幅巨大，形成阶段性底部的可能性很大。我们这里要关注的是这个早晨之星的量能情况。3天的成交量极度低迷，可谓地量。这说明多空双方都无意过多参与。空头不参与是杀跌动能已经接近衰竭，多头则还处于观望状态，参与的热情不高。因此后市要有作为还需要有成交量的配合，不放量是很难上行的。该股此后成交量温和放大，股价进入上升通道。

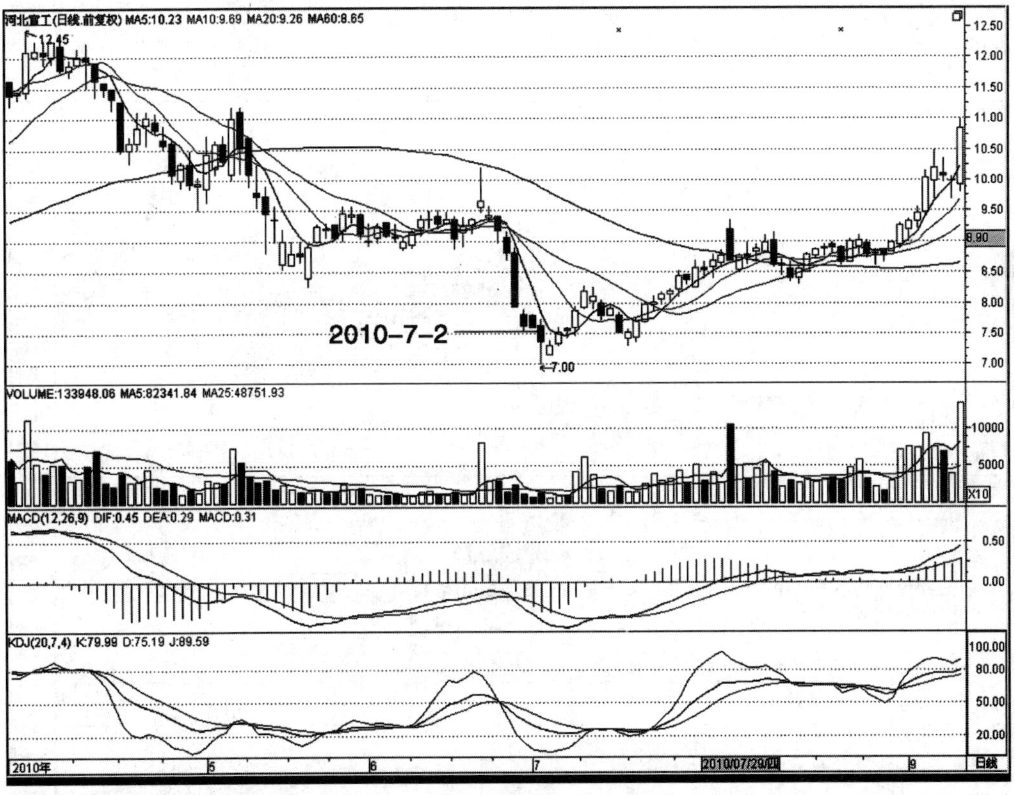

图1－94 河北宣工 000923

第十节　黄昏之星

黄昏之星与早晨之星相反，就是把早晨之星形态倒转过来就行，不过 K 线的阴阳顺序也随之要改变：第一根是阳线，第二根是星，第三根则是阴线，且都是跳空形成的。黄昏之星是顶部反转的信号，通常都需要止损出局。当然不同位置的黄昏之星也不一定都是顶部标志，需要具体分析。

如图 1－95 所示，海欣股份在 2010 年 11 月 29 日涨停，次日该股跳空高开，但全天巨幅震荡，最后收出带有很长下影线的小阴线，股价实际稍有上涨，实体缺口仍在。第三天该股大幅跳空低开，全天跌幅较大。这 3 根 K 线

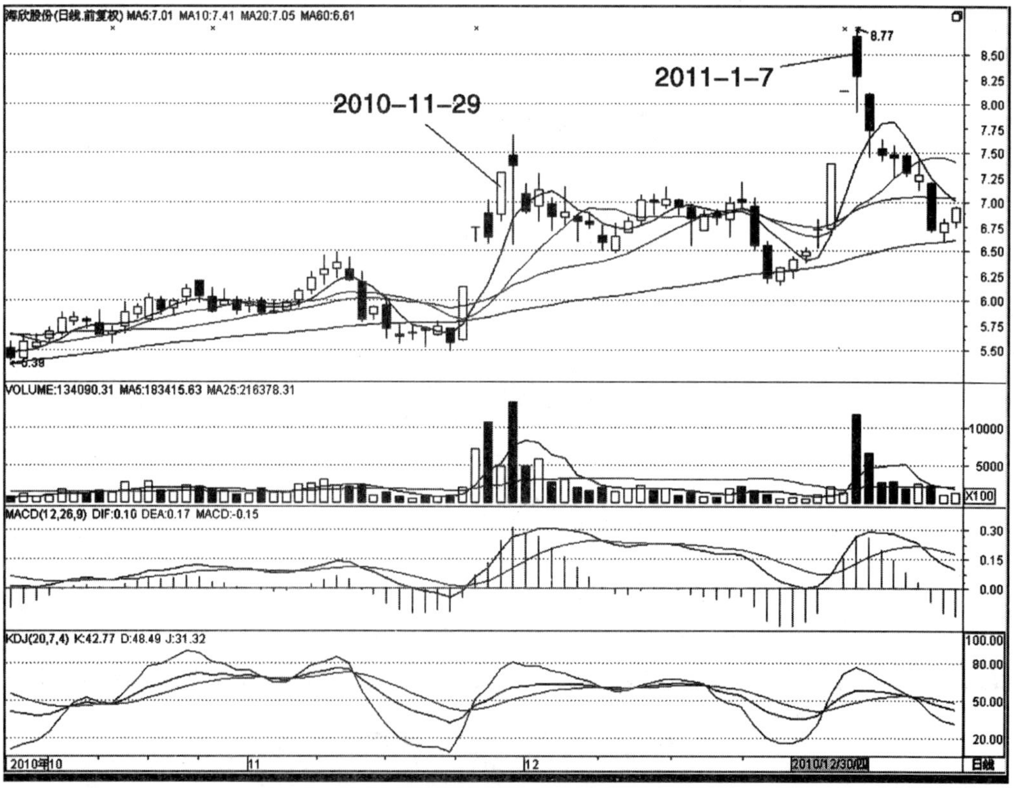

图 1－95　海欣股份　600851

形成黄昏之星的形态。很显然这个黄昏之星是阶段性顶部的标志，股价走势就此形成反转，后市继续下跌的可能性极大。

本例该股在2011年1月7日前后3天再度走出一个黄昏之星的反转形态，后市股价也如期大幅下跌。如此看来，黄昏之星是比较可靠的反转信号，投资者最好回避此类走势的个股。

细节1：位置

黄昏之星出现在高位肯定是反转下跌的信号，但如果股价整体涨幅不大，上升趋势没改变，则黄昏之星很可能只是短线主力洗盘的动作，回调结束后我们要注意回补。在下跌途中的反弹过程中出现黄昏之星则需要立刻离场。

如图1－96所示，深天健2010年11月8日大阳涨停，走势非常凌厉，次

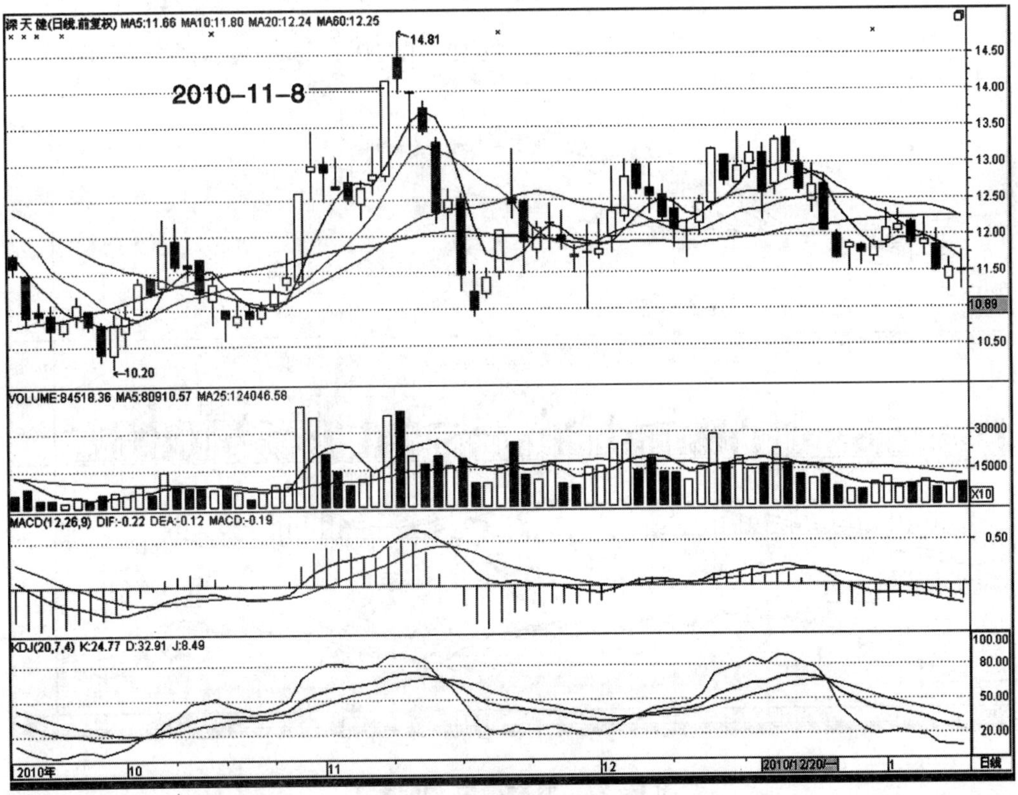

图1－96 深天健 000090

日继续跳空上行，但冲高回落，收出小阴线，实际股价仍小幅上涨，第三天大幅跳空低开，当日收平。至此一个黄昏之星已经形成。这个黄昏之星出现在股价短线涨幅较大的情况下，因此反转向下的可能性很大，为安全起见还是要暂时出局观望。该股此后快速回落，股价被打回原形，着实非常凶险。如果能在黄昏之星出现时出局还算逃跑及时。

如图1－97所示，长春高新2010年10月29日后走出一个黄昏之星的形态，这是不是股价见顶的信号，值得怀疑。因为该股刚突破前期的横盘平台，不太可能立刻就反转下跌，所以我们认为很可能是主力的洗盘动作。当然我们还要关注后续走势，如果股价跌回前高之下则可以确认前面的突破是假突破，这就需要及时止损出局了。该股在黄昏之星次日即反转上行，证明该形态是诱空陷阱，后市还应该有一定涨幅。

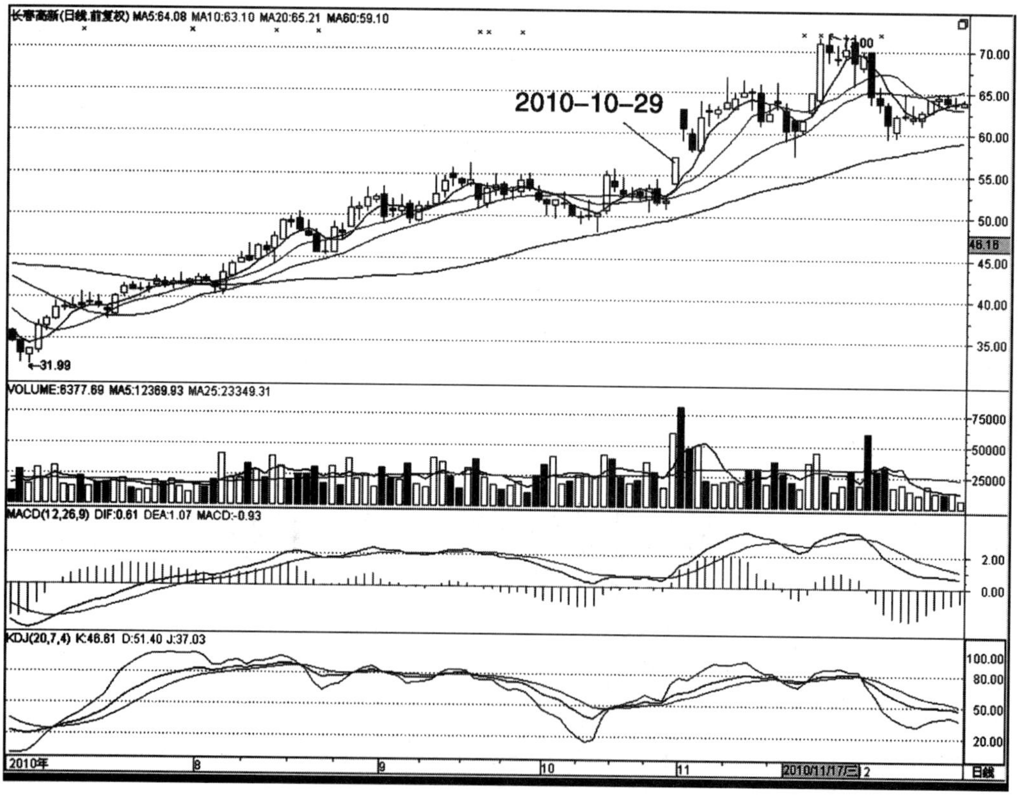

图1－97　长春高新　000661

如图1－98所示，西南合成2010年10月27日前后都留下跳空缺口，不过方向是相反的，形成黄昏之星的形态。这个黄昏之星出现在股价已经大幅上涨的背景下，几乎毫无疑问是反转信号，投资者只能趁早出局。特别是星线这天放出巨大的成交量，基本可以判定是主力出逃，后市不容乐观，而次日一旦向下跳空开盘，就差不多可以确认反转了。

图1－98 西南合成 000788

细节2：量能和后续走势

黄昏之星的量能有一定特征，那就是前期可能会放出巨大的成交量，特别是星线伴随着巨量。巨大的成交量意味着买卖盘都相当踊跃，这是多空分歧巨大的表现。如果此后形成黄昏之星则很可能是顶部了。后续走势也是对形态的确认，这里就不多讲。

如图1－99所示，双环科技在2010年10月18日后走出一个黄昏之星的形态，这是见顶信号吗？看起来很有可能，特别是中间那个小阴星伴随着巨量，这通常都是主力出货的表现。但是该股刚突破前高，主力就此罢手？我们觉得不可思议。如果不是大盘有问题，主力这么一点涨幅就出局的可能性极小。因此这是一个矛盾的走势，后市到底如何还需要后市继续观察。此后两天该股继续震荡，然后终于重归升势。

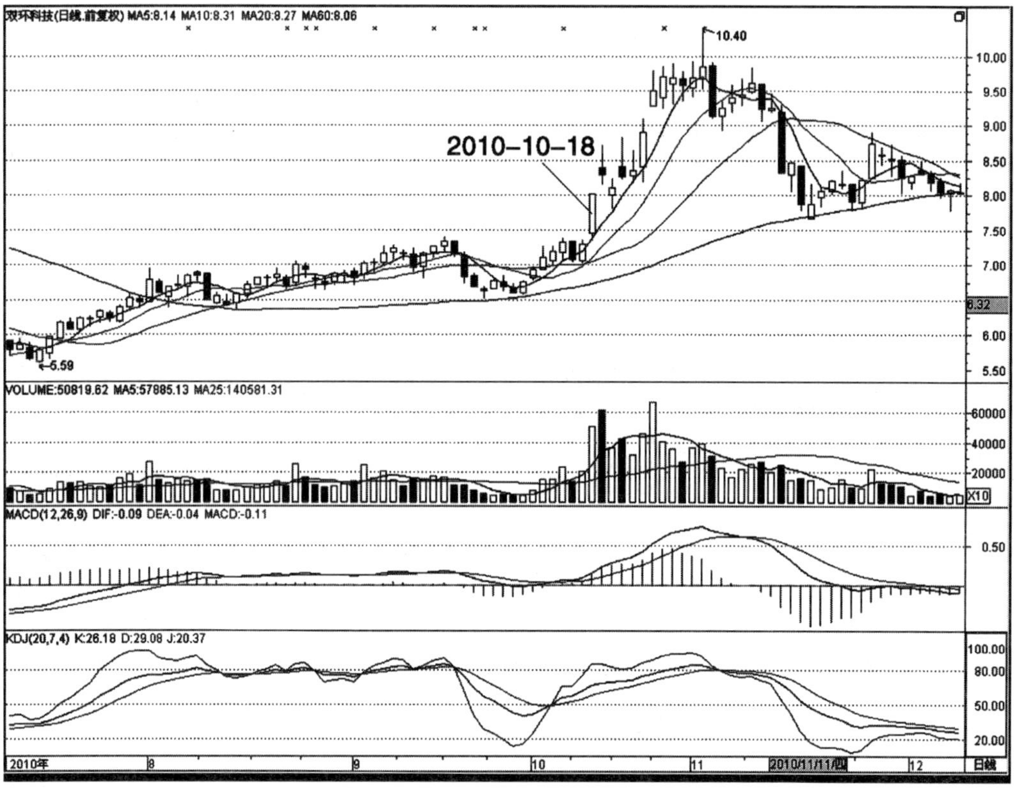

图1－99　双环科技　000707

本例这个黄昏之星只能说明主力过于狡猾，煞费苦心制造空头陷阱，然后宽幅震荡，我想大部分投资者都可能被震出局了。因此在特殊位置的黄昏之星还需要继续观察，不要过早下结论，黄昏之星并非一定是顶部。

第十一节　阳夹阴

很多投资者看到两根阳线中间夹着一根阴线就说是阳夹阴，是多头攻击形态，是买入信号。这样判断未必太简单了。事实上真正的带有明显攻击性的阳夹阴必须是第三根阳线创出新高，如果不能创出新高，其攻击性就要大打折扣了，甚至是相反的市场含义。这一点我们这里必须要强调一下。当然阳夹阴能否成为买点还跟股价的整体位置和量能等有关，下面我们会具体分析。

如图1－100所示，晋亿实业在2010年11月19日收出一根中阳线，次日低开小幅收阴，第三天又拉出一根中阳线，股价创出新高。这是一个典型的

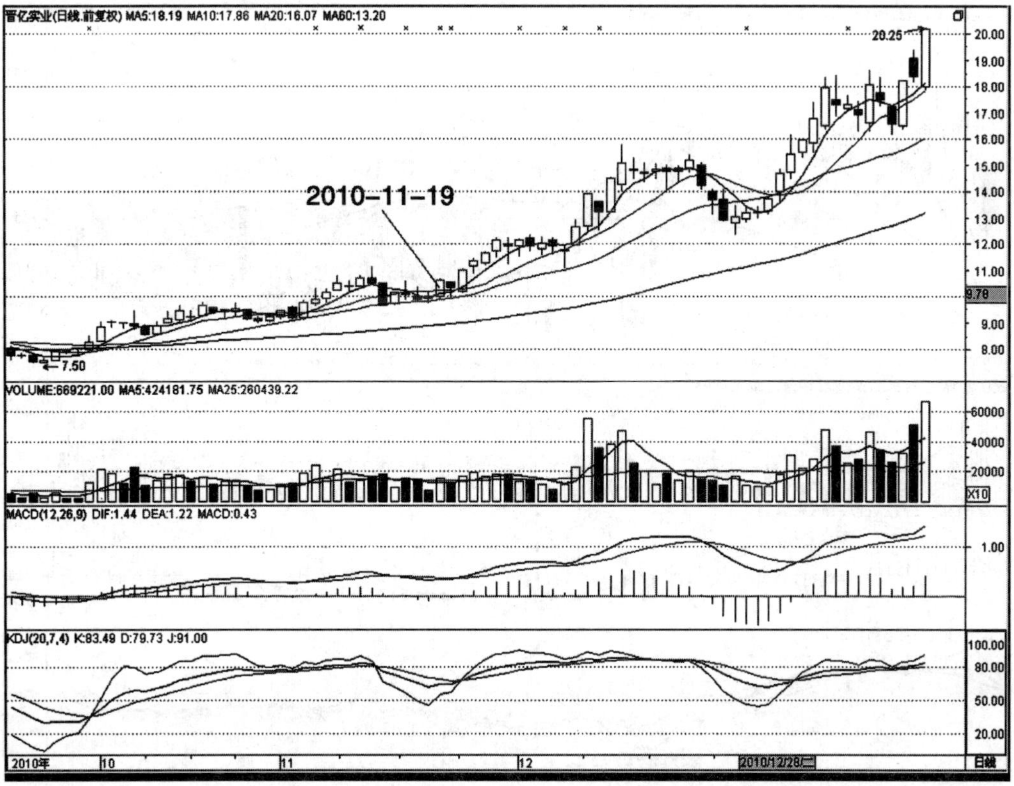

图1－100　晋亿实业　601002

阳夹阴的组合形态。这种形态具有非常强的攻击性。如果是连续 3 根大阳线的话多头可能会力竭而衰，而阳夹阴不存在这个问题，因为中间有一个短暂的休整，蓄势更为充分，后市的冲击力更强。

本例该股阳夹阴出现的位置也恰到好处，正好在前高位置，我们可以理解为强势攻关，叩关成功后自然打开了上升空间。后市巨大的涨幅也证明了这个阳夹阴的威力是如何之大，值得投资者全力以赴。

不是所有的两根阳线夹一根阴线就是阳夹阴，其实真正有操作价值的阳夹阴并不是占多数，而是少数。如图 1－101 所示，三安光电 2010 年 11 月 22 日收出一根中阳线，当日留有较长上影线，值得警惕。次日股价小幅下跌收阴，第三天收出一根平行的小阳线。这 3 根 K 线看起来像阳夹阴，但实际上跟真正的阳夹阴有很大差别。最关键的就是第三根阳线没有创出 3 天来的新高，这就不能算是能操作的阳夹阴。没有新高就意味着短期的上升趋势没有

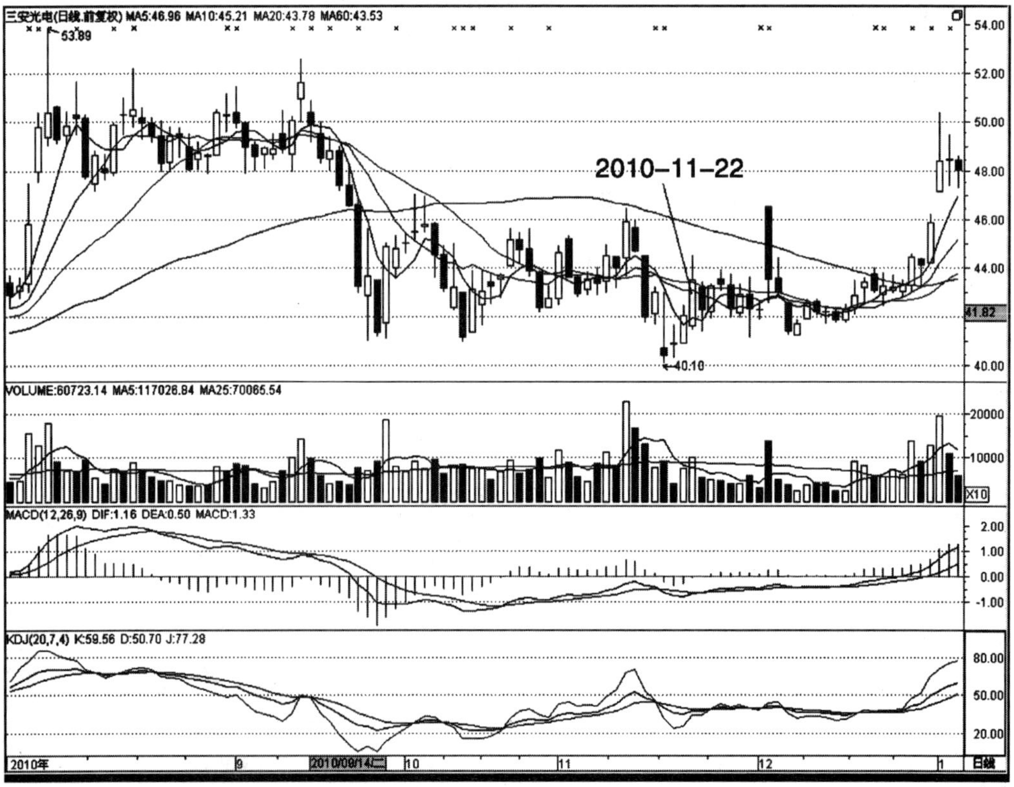

图 1－101　三安光电　600703

延续，多头的实力值得怀疑。既然这个阳夹阴不成立，我们可以暂时观望。从整体看，该股此时也确实没有多大操作价值，呈明显的下行趋势，60日平均线压着股价走，这种背景下最多能做个反弹，对普通散户没有多大意义。

细节1：整体趋势和位置

看股票必须要有位置感，要知道股价处于一个什么样的背景下。单纯一个阳夹阴其实什么也说明不了。在上升趋势中，阳夹阴是多头攻击的形态，通常是买入点，如果是突破整理形态则更有买入价值。但是如果股价已经高高在上，则需要谨慎从事。在下跌途中的反弹过程中也可能出现阳夹阴，这时候只能少量参与，预期不能太高。

如图1－102所示，格力电器2010年10月13日涨停，次日收出一根小阴

图1－102 格力电器 000651

线，第三天收出一根中阳线，3 根 K 线组合成一个阳夹阴的形态。这是一个典型的攻击形态，而且位置非常重要。这个阳夹阴正好突破前高的压力区，后市上涨空间打开，前途无量。此后该股并没有直接发起连续进攻，震荡几天后才加速上行。这个阳夹阴后没有直接攻击跟第三天的攻击减弱有关系，说明多头受到空头一定程度的压力，有震荡整固的需要。但是整个形态刚好突破前高这个关键位置，后市一切变得相当乐观，我们要坚定持股。

海通集团是一只不太显山露水的新能源股票，2010 年下半年的走势没什么打眼的地方，但总体的涨幅巨大，差不多有 300%。如图 1 - 103 所示，2010 年 12 月该股自高位反转下跌，在一波快速下跌后于 60 日平均线下方一点止跌。12 月 29 日该股收出小阳线，次日收十字星，第三天继续收阳，股价创出反弹高点。这 3 根 K 线算是合乎标准的阳夹阴，是不是具有操作价值呢？对于超级短线来说有些许价值，因为股价创出反弹新高，按常规还会延续涨

图 1 - 103　海通集团　600537

势。但整体而言，这只股票此时并没有多大操作价值。原因在于该股前期大幅上涨，然后反转快速下跌，已经初步可以判定是下跌初期，目前只是由于股价快速下跌，短线有反弹需求，对于中长线而言就没必要冒险。这时候你就不能拿60日平均线来说事，虽然该股当时回到60日平均线之上，但你看看整体的涨幅和走势就会胆怯。

如图1－104所示，青岛双星在2010年11月9日后走出一个阳夹阴的形态。阳夹阴通常是攻击形态，后市继续上升的可能性极大。可是该股此后不久即反转下行，完全转入下降通道。这说明这个阳夹阴是个不折不扣的多头陷阱。如何避免这种错误判断呢？事实上很多地方显示出这个阳夹阴有问题。从K线本身看，第三根阳线留下很长的上影线，这说明空头力量不小，也为后市的上涨留下了隐患。最重要的还是我们忽略了股价的整体位置。该股当时正在接近前高位置。前高在任何时候都是重要的压力区，不能忽视。而这

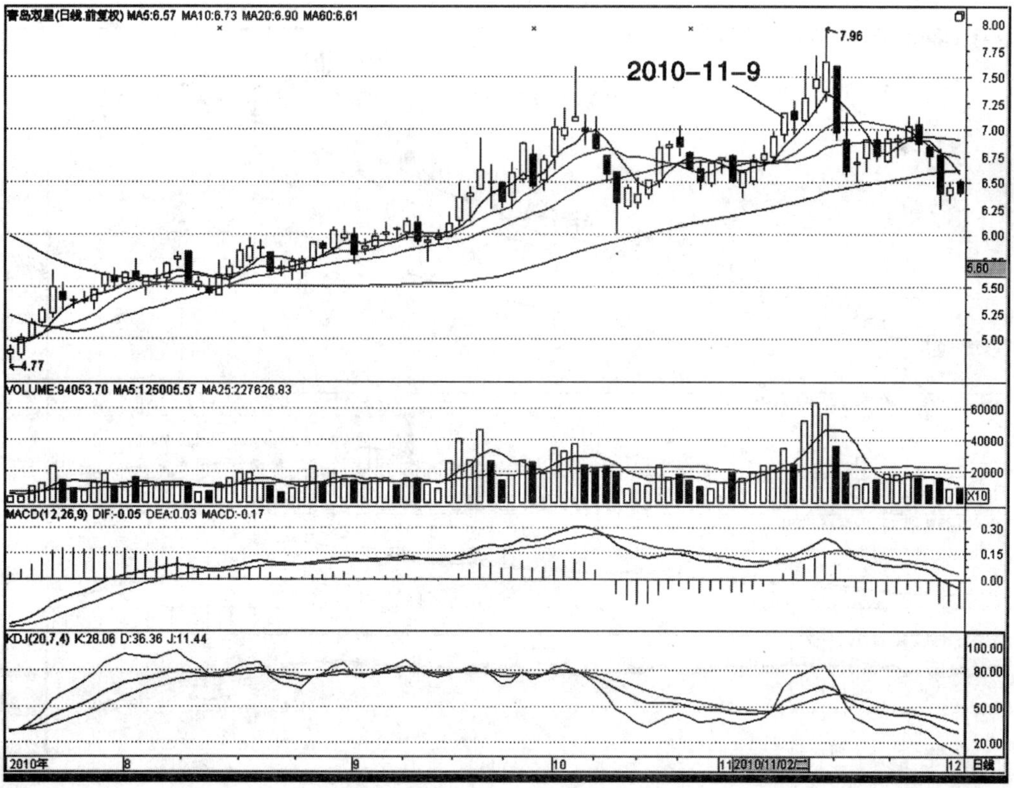

图1－104 青岛双星 000599

个阳夹阴在前高面前的犹豫也说明多头并无获胜的把握，留下上影线就是明证。此后该股勉强冲高，但已经是黔驴技穷，后市急转直下也就不可避免了。因此，即便是阳夹阴这样的攻击形态，也不能忽略股价的整体位置，特别是股价高高在上的时候。

细节2：多空力度

力度主要从K线实体长短和成交量等方面考量。如果第三根阳线实体很长，股价明显超过前两根K线，那么显示的多头攻击力度就更强。如果只是略微创出新高，则相对力度不够。另外成交量也是参考的一个方面。中间的阴线通常明显缩量，第三根阳线则需要有量能配合，虽不必是巨大的成交量，但一定要有明显的量能放大。

如图1－105所示，威孚高科在2010年11月22日收出一根大阳线，次日

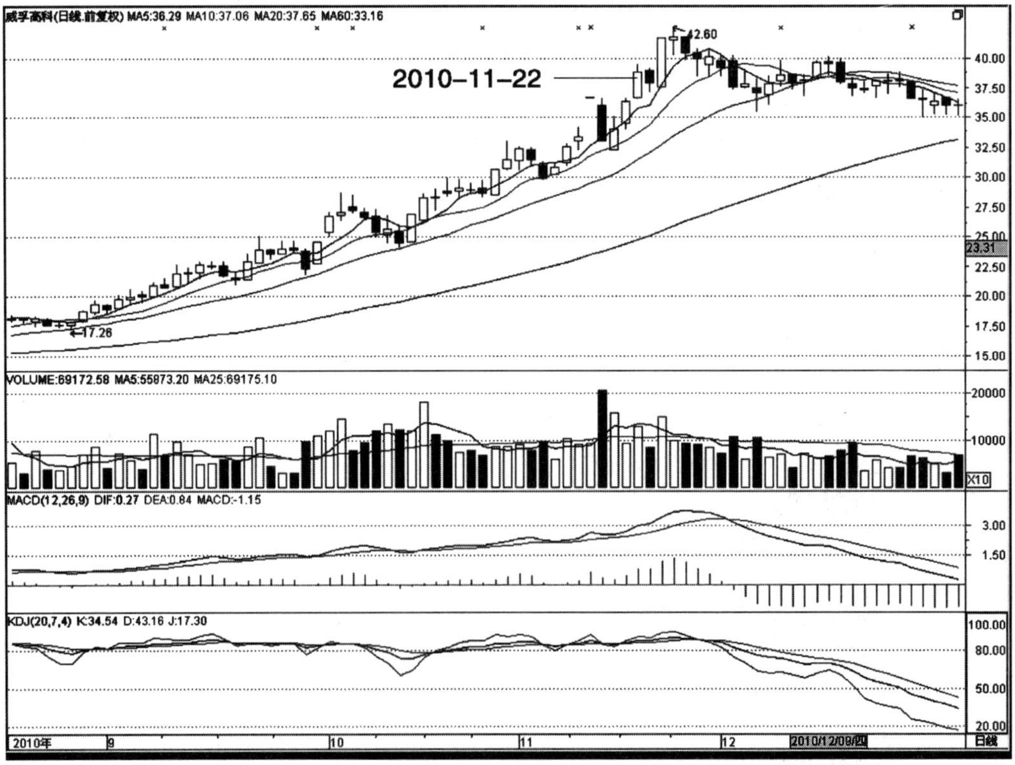

图1－105 威孚高科 000581

小幅回调，第三天涨停，形成一个阳夹阴的走势形态。这个阳夹阴的形态在攻击力度上无疑属于最强势的一种，持股者一般可以放心持股。但是该股随后即见顶回落，令人大惑不解。其实盛极而衰也是正常的事，该股前期涨幅巨大，快速拉升后见顶也符合常理。

我们这里关注的是该形态的多空力度。就本例这个阳夹阴而言，多头无疑占据绝对优势地位，攻击力度非常之强。如果这个阳夹阴出现在其他位置，也许还有更大涨幅。因此形态本身的力度并不能决定一切，这也是我们分析股票走势要注意的，任何形态都要放在整体背景下考虑，这样才不至于犯错太多。

如图1－106所示，中联重科在2010年10月20日走出阳夹阴的形态。这个形态出现在高位，我们不能过于乐观。从攻击力度来看，多头也有衰减的意味。这个阳夹阴的第一根K线是大阳线，第三根K线变成了中阳线，同时

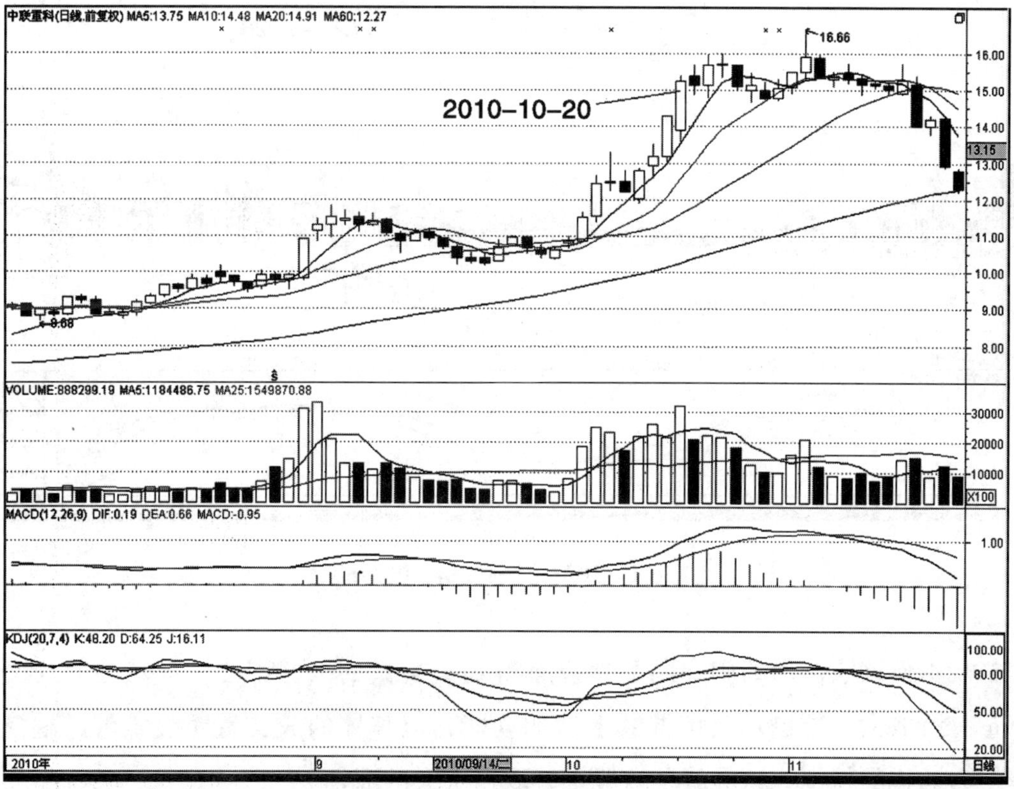

图1－106　中联重科　000157

成交量也明显萎缩，这说明多头进攻的力度在削弱，恐高情绪隐现。此时虽然不能说多头就此撤退，但也要小心股价随时见顶。一旦股价滞涨，我们需要第一时间出局，毕竟前期该股的涨幅已经非常之大。

如图 1－107 所示，常山股份在 2010 年 7 月 28 日后走出阳夹阴的走势。阳夹阴的形态当然具有攻击性，投资者介入也是无可厚非，但后市能走多远还有很多其他因素制约，成交量就是其中一个重要的因素。因为没有成交量的配合，任何股票都行不远。

图 1－107　常山股份　000158

本例该股走出的阳夹阴显然没有得到成交量的极好配合，虽然当时成交量有所放大，这也是后市继续上涨的动能，但整体的成交量明显不够，缺乏主力运作的特征，这导致了该股未能取得更大的涨幅。

第十二节 阴夹阳

与阳夹阴相反，阴夹阳是两根阴线中间夹着一根阳线。当然并不是所有的这种形态都是我们认定的具有操作价值的阴夹阳。这里我们也要强调，真正的阴夹阳必须是第三根阴线一定要创出新低，否则就不能显示出空头的攻击态势，其卖出信号就不可靠了。

如图 1－108 所示，中核科技 2010 年 11 月 12 日跟随大盘暴跌，当日封于跌停板，次日小幅反弹收出小阳线，第三天继续暴跌，收出大阴线。这是一个标准的阴夹阳形态，整个形态的下跌动能惊人，短线跌幅巨大。同时也因

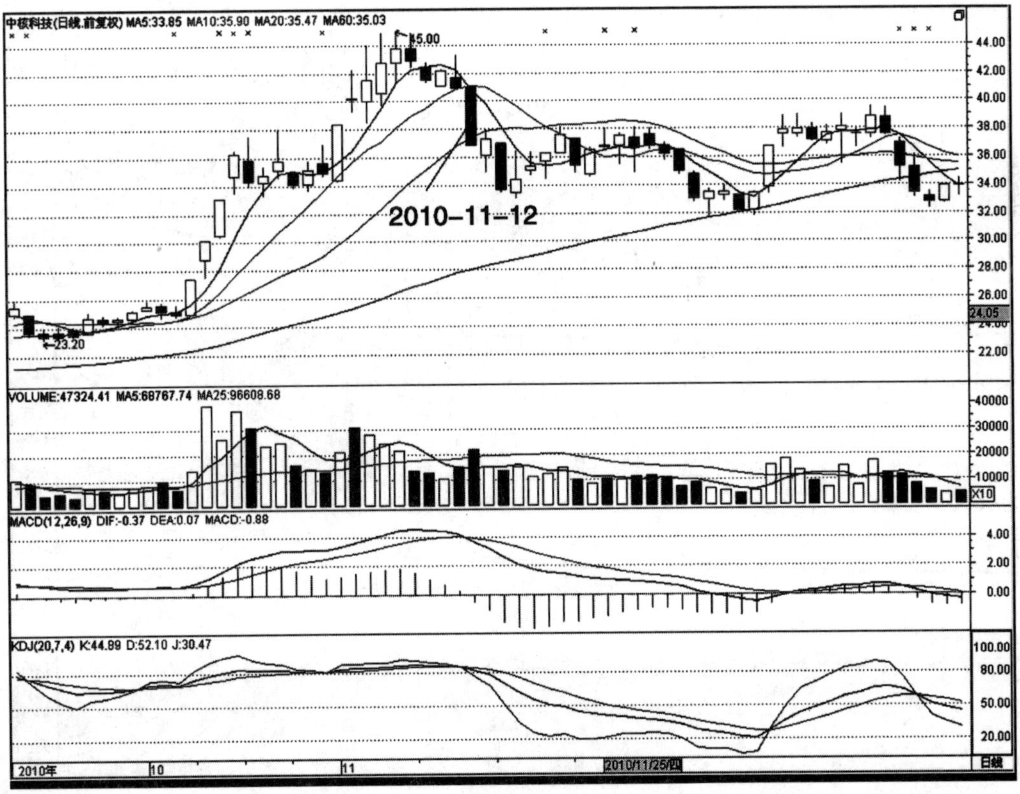

图 1－108 中核科技 000777

为这个阴夹阳的出现而改变了整个股票的走势，自此该牛股走向了下降趋势。

本例这个阴夹阳出现后该股有一个小幅反弹，但整体趋势已经变坏，后市继续走弱的可能性很大。该股阴夹阳后的反弹在一定程度是短线下跌幅度过大后的修复性走势，反弹完毕后必然重归跌势。

并不是所有的两根阴线夹一根阳线就是阴夹阳，有些貌似的 K 线组合并不具备操作价值。

如图 1－109 所示，兰太实业 2010 年 11 月 3 日收出一根带有很长上影线的小阴线，第二天收出一根阳线收复前日的小阴线实体，但第三天又高开低走收出小阴线。这 3 根 K 线合并起来貌似一个阴夹阳的组合图形。但仔细查看，我们觉得这不是阴夹阳的形态，因为第二天的阳线实体过大，最重要的是第三天的阴线没有创出 3 天来的新低。为什么要强调创新低？因为没有创新低的话就不能判断空头在杀跌过程中处于明显优势，那这个组合图形就不

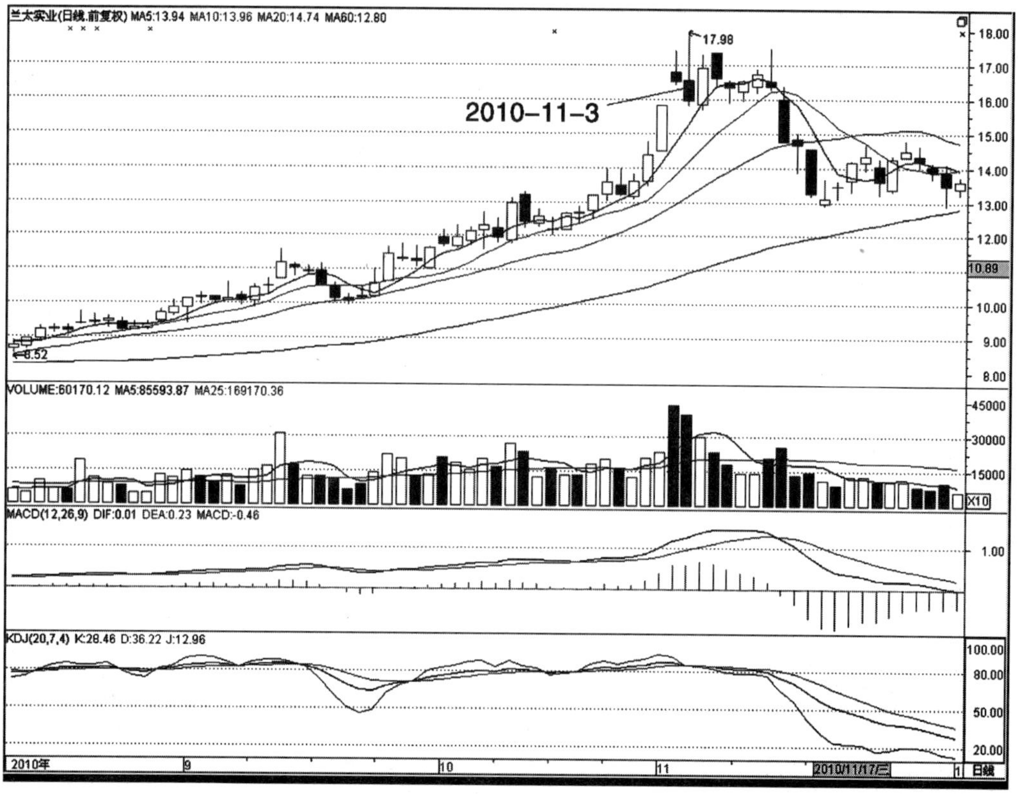

图 1－109　兰太实业　600328

能成为判断杀跌的信号。

该股此后果然继续横盘震荡，至于后市反转下跌那是后面的事，跟阴夹阳已经没有多大关系了。

细节1：整体趋势和位置

阴夹阳的位置也很重要。如果是股价处于高位，阴夹阳通常是下跌的开始。在下跌途中出现阴夹阳有助跌的作用。但是如果股价跌幅已大，阴夹阳也会说明多头开始冒头了，很可能底部就在不远处。在上升途中也有可能出现阴夹阳的洗盘形态，需要仔细分辨。

如图1－110所示，赣能股份在2010年11月12日跟随大盘暴跌，次日收阳，第三天继续暴跌，走出阴夹阳的形态。这个阴夹阳是短线回调还是阶段

图1－110　赣能股份　000899

性下跌的开始呢？这个问题很关键，如果判断不好就可能损失巨大。从整体看该股前期的上升幅度比较大，形成阶段性头部的可能性存在。

具体来说，这个阴夹阳有明显的破位表现，也就是跌破了高位横盘的下边支撑。这是一个非常不好的走势，形成阶段性头部的可能性很大，我们只能选择逢高出局。该股后市的持续下跌也证明这个判断的正确性。

这不是马后炮，因为我们抓住了两个关键的要素：一是股价前期涨幅较大，目前处于相对高位；二是股价已经明显破位，加大了继续下跌的可能性。据此我们可以基本判断该股后市会继续下跌，阶段性头部已经形成。

如图 1－111 所示，招商轮船 2010 年 11 月 12 日跟随大盘暴跌，收出大阴线，次日小幅反弹收阳，第三天又是一根大阴线，3 根 K 线组成比较标准的阴夹阳形态。其下跌的威力谁都清楚，如果能从股价整体位置来分析，就更明白这个阴夹阳组合的杀伤力。

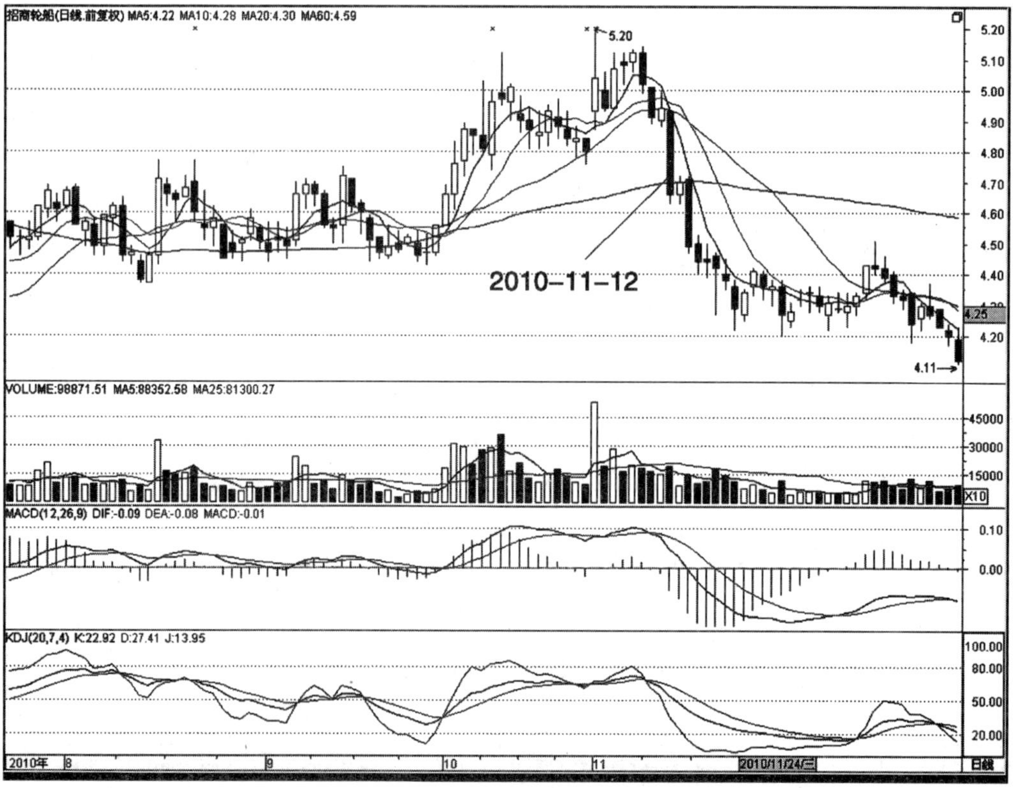

图 1－111　招商轮船　601872

11 月 12 日这根大阴线跌破形态颈线，头部就此确立，这比较明显。第三根大阴线则跌破60 日平均线，这表明中长期走势都已经变坏。因此这个阴夹阳的组合既把短线走势破坏了，也把中长线走势破坏了，所以杀伤力是属于最大的一类。后市该股持续下跌也证明了这一点。

下面我们再来看看上升走势中的阴夹阳。如图 1－112 所示，东方电气在一波拉升后股价回落。2010 年 9 月 16 日该股收出中阴线，次日小幅反弹，第三天继续下跌收出中阴线，一个阴夹阳的标准组合图形形成。按常规这是一个趋空的形态，后市继续下跌的可能性大。可是该股此后并没有如期下跌，反而反转上行，涨幅不小。这是什么原因呢？这就要考验我们对整体走势的判断能力了。

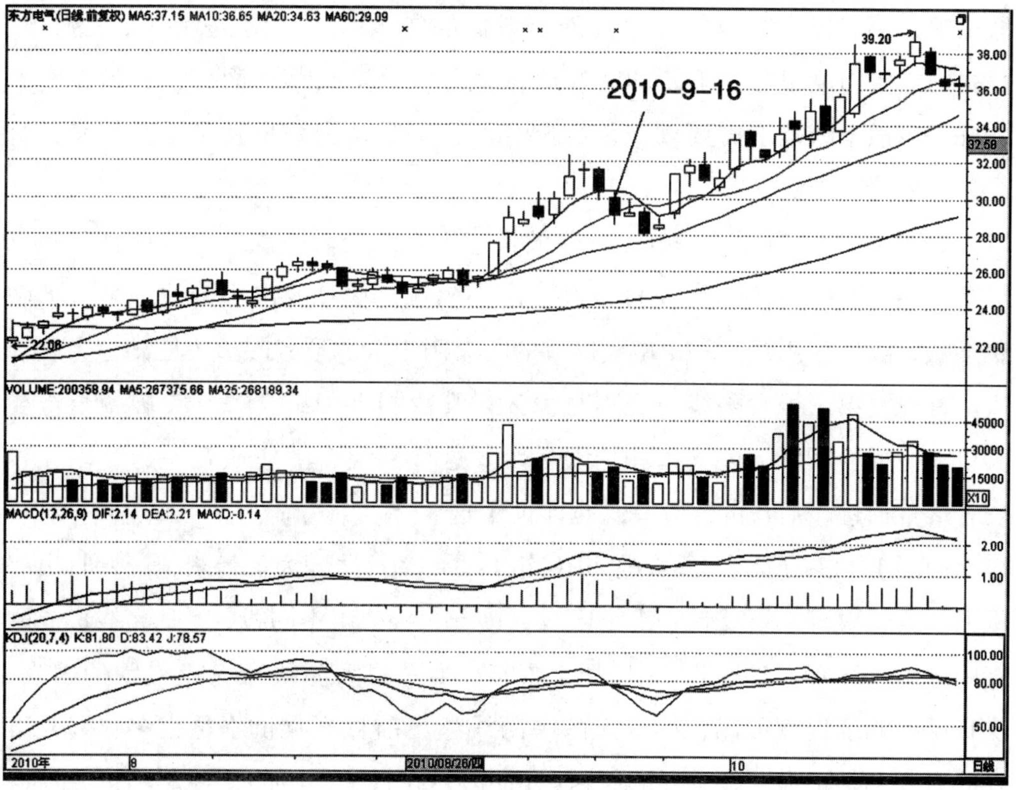

图 1－112 东方电气 600875

当时该股处于一个什么趋势和位置呢？整体显然还处于上升趋势中，而且前期的涨幅并不是很夸张。阴夹阳形成的时候股价尚处于20 日平均线之上，更不用说60日平均线还在上行。这都说明该股的上升趋势暂时保持完好。既然上升趋势没有走坏，我们就有理由相信该股目前只是处于短线的回调中，不必过于惊慌。

当然无论如何阴夹阳都不能成为我们一个买入的理由，至于该股能不能买入，还得后市继续观察。该股随后即止跌，然后继续上行，我们可以择机进场，这样可保证胜率更高。

细节2：多空力度

多空力度体现在K线实体长短上，也与成交量有一定关系。如果中间阳线很短，第三根阴线很长，股价创出新低的幅度很大，则空头力度很强势。反之则空头力度不够。下跌的时候放量很可能是空头落荒而逃，后市极度不看好。当然下跌是不需要成交量的配合的，不要认为缩量就是止跌信号，这是非常危险的看法。

如图1－113所示，华电国际一波快速上行后反转下跌，股价回到起涨点横盘震荡。2010年11月10日该股收出小阴线，次日收出小阳线，第三天破位下跌，收出大阴线。3根K线形成的阴夹阳组合图形一眼望去就知道力度惊人。首先是第三根大阴线力度本身惊人，其次阴夹阳组合一举突破两个重要关口——横盘区域下边支撑和均线系统。这样的组合效应放在一起足以让投资者落荒而逃，后市的连续暴跌也印证了这一点。

如图1－114所示，粤水电2010年11月12日跟随大盘暴跌，当日收出一根大阴线，次日小幅反弹收出小阳线，接着一根收出中阴线，3根K线形成阴夹阳的组合图形。这个阴夹阳力度如何？第一根大阴线有大盘暴跌的因素，次日反弹幅度也算可以，第三天的中阴线超出前日开盘价不是很多，因此下跌的力度不是很强。很重要的原因应该就是60日平均线的支撑。不过此后股价还是跌破了60日平均线，走势有点变坏，要小心破位下跌。至于该股后来大幅飙升，那是另外一个波段的故事，那时候市场热炒水利板块，该股成为当时的龙头之一。

如图1－115所示，江南化工2010年11月12日开始走出阴夹阳的走势形

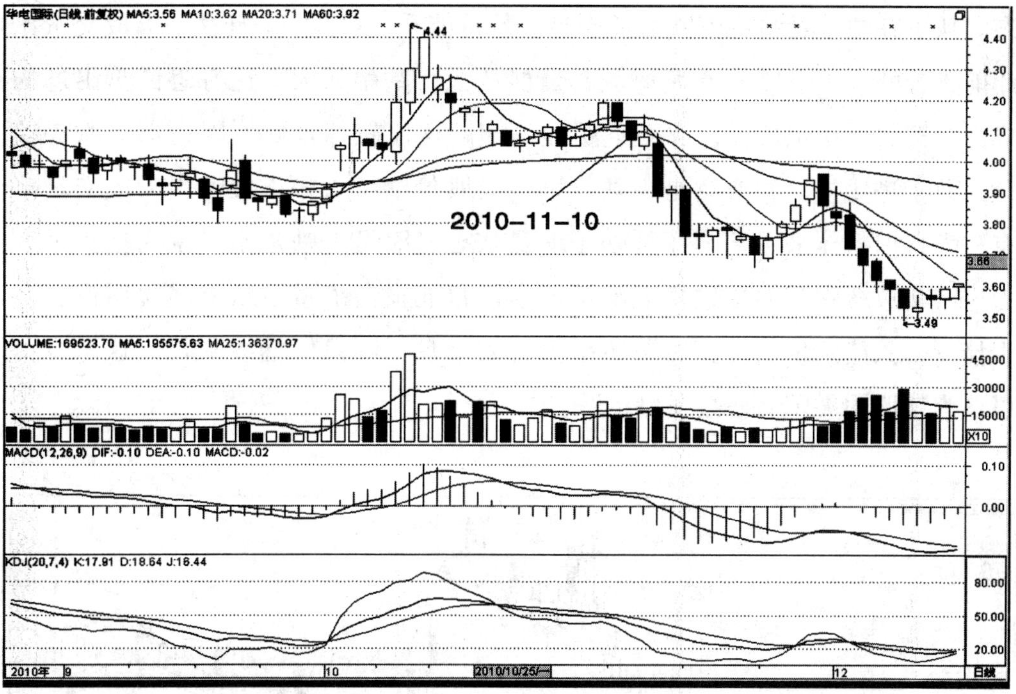

图1-113 华电国际 600027

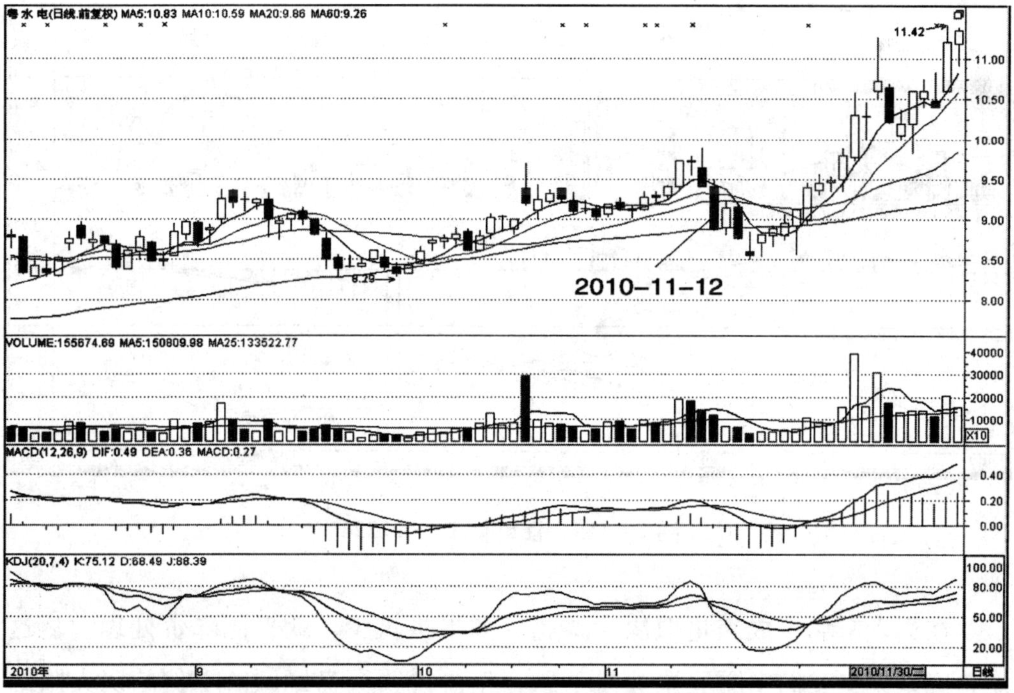

图1-114 粤水电 002060

态。从下跌幅度看空头下跌力道十足。从量能看，11 月 12 日这一天成交量比此前 3 天的小幅下跌时有所放大。量能放大，跌幅放大，这有恐慌盘出逃的成分。第二天小幅反弹，成交量明显萎缩，这比较好理解，因为那时跌势凶猛，敢于进场接盘的毕竟是少数。第三天股价继续大幅下挫，当天成交量略有放大，但整体来看基本还是处于缩量状态。缩量下跌是不是说明空头杀跌力道有所放缓呢？如果这样理解可能会南辕北辙。缩量下跌更多说明没有多少接盘，只能降价出货，如果还是少有人接盘，则只好继续降价。这里也可以认为该股阴夹阳后还会缩量下跌。

图 1－115　江南化工　002226

在买盘市场，成交量取决于买盘，如果买盘少，就只能降价处理。从这个角度来说，我们宁愿股票放量下跌，至少说明买盘踊跃。本例的阴夹阳的成交量是比较典型的，我们要深刻体会为什么成交量会出现这种状态。

第2章

平均线细节

移动平均线（MA）是以道·琼斯的“平均成本概念”为理论基础，采用统计学中“移动平均”的原理，将一段时期内的股票价格平均值连成曲线，用来显示股价的历史波动情况，进而反映股价指数未来发展趋势的技术分析方法。具体使用起来通常都是根据葛兰氏移动平均线八大法则来操作，对投资者有很好的提示作用。

移动平均线是最常见的评估股价走势的指标之一，投资者都是耳熟能详，但是未必有多少人真正懂移动平均线的使用。在实战运用时，首先要明确移动平均线的优点和缺点：优点是可以让投资者做到顺势而为，缺点是在震荡市中较难把握。充分发挥移动平均线的优点，在单边市上涨行情中可很好地把握市场机会，在单边市的下跌行情中可很好地规避市场风险。

第一节　平均线金叉

经常看到初学技术分析的股民朋友见到平均线金叉就买进，也不管它三七二十一，结果往往中招，掉进陷阱没商量。于是他们产生了对这个信号的怀疑，认为平均线理论也不靠谱，什么金叉、银叉，都是靠运气。其实不是金叉不管用，而是你分不清哪些是真正的金叉，普通交叉自然没有什么实际作用，虚假信号的可能性很大，中招也就难免的了。

如图 2－1 所示，该股在下跌途中有两次金叉，都无一例外地成为诱多的陷阱，谁买进去都可能被套。这两个金叉并不是真正的金叉，充其量也就是普通的平均线交叉，自然不是可靠的买进信号。至于为什么只是普通交叉，下面我们会具体给大家讲述。

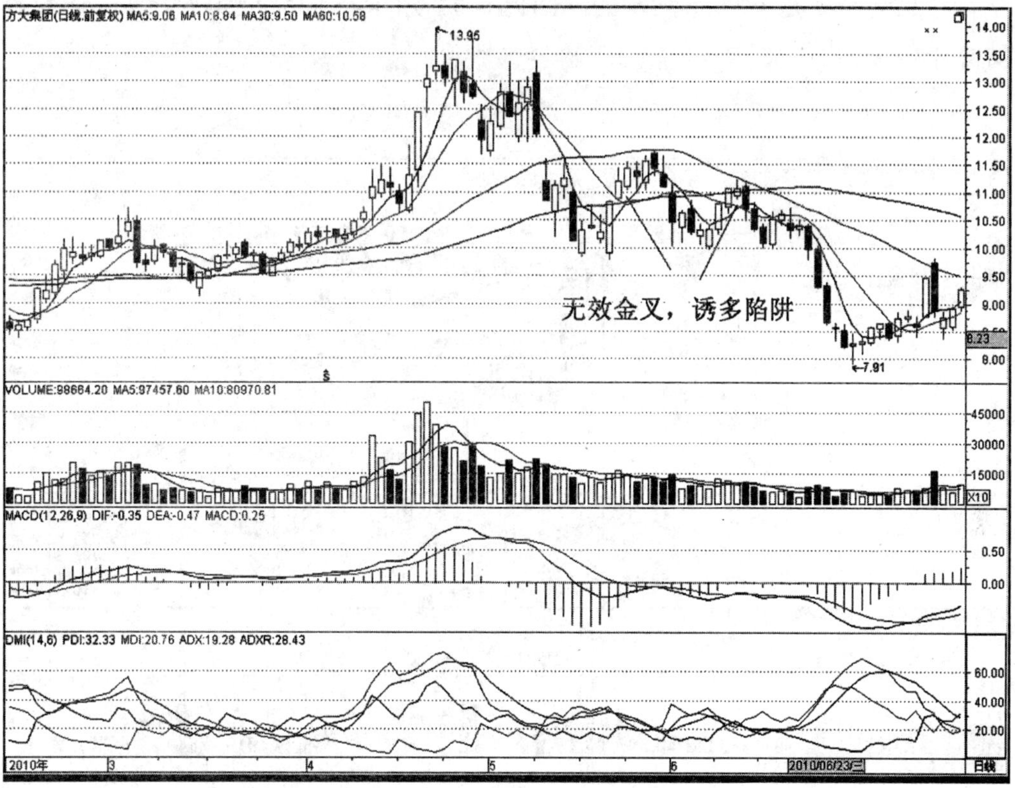

图2-1 方大集团 000055

细节1：中长期趋势

中长期趋势影响短期趋势的发展，这是毫无疑问的。如果中长期平均线仍在下行，在该平均线下方短期平均线金叉，这种平均线交叉不能算是金叉，只是普通交叉，股价上涨只是反弹性质，预期不能太高。真正的金叉应该是中长期平均线向上运行，有助涨作用，然后短期平均线在其上方或者略微下方一点交叉，这样的交叉才是真正的金叉，是买入的信号。

如图2-2所示，深发展A前期在一个下跌平台整理，然后破位下跌。在一根大阴线后股价止跌，略微有所回升，5日平均线和10日平均线产生金叉。这个金叉是不是买入时机呢？显然不是，因为中长期趋势仍处于明显的下行中。小趋势要服从大趋势，这是毫无疑问的。当时该股的中长期平均线明显下行，趋势短期是不可能反转的。因此这时候的金叉只能看做反弹，介入的风险比较大。

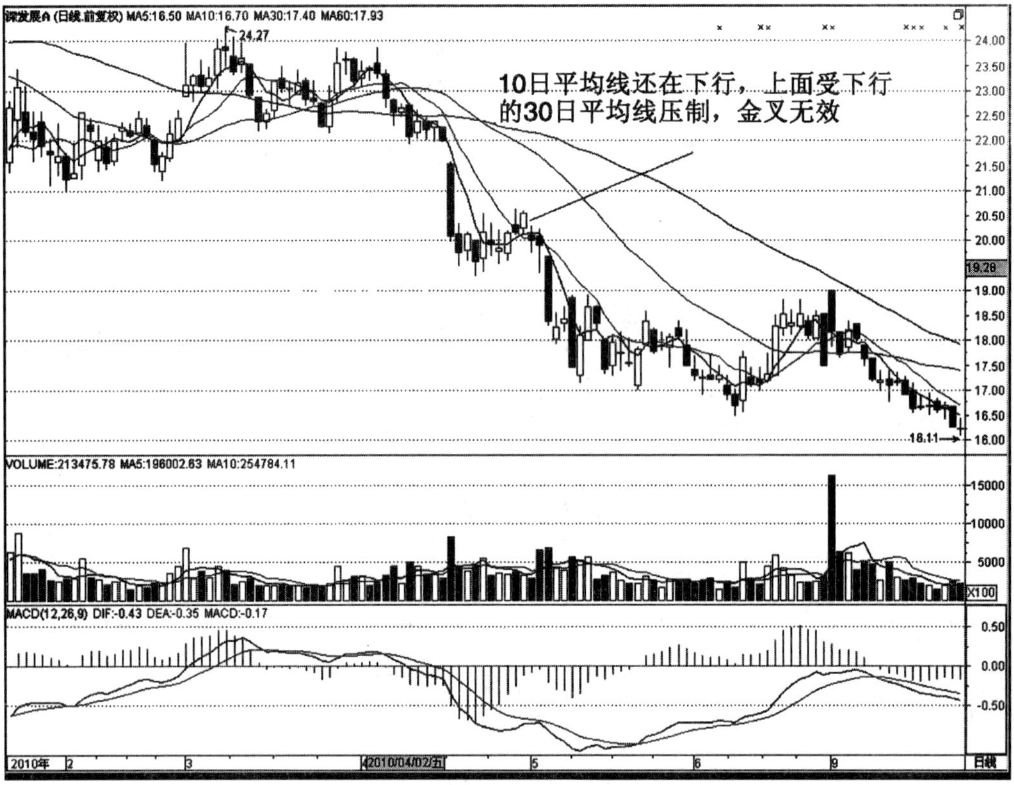

图2－2　深发展A　000001

下面我们来看一个标准金叉的例子。如图2－3所示，中国宝安2010年10月22日出现金叉，这个金叉出现的位置大家看得很清楚，下面有60日平均线支撑。60日平均线呈现缓慢上升的趋势，表明中长期趋势向好，该平均线的支撑也就有了助涨作用。在整体趋势上升的背景下，短线平均线出现金叉是一个很好的买入时点，我们可以积极跟进。

如图2－4所示，农产品在2010年7月22日收出小阳线，同时5日平均线上穿10日平均线形成金叉。按常规理解，这个金叉受到60日平均线的压制，应该不算一个很好的买点。这样理解也有一定道理，但我们从长远的角度来看，当时股价在60日平均线之下震荡，偏离该平均线并不远，因此导致

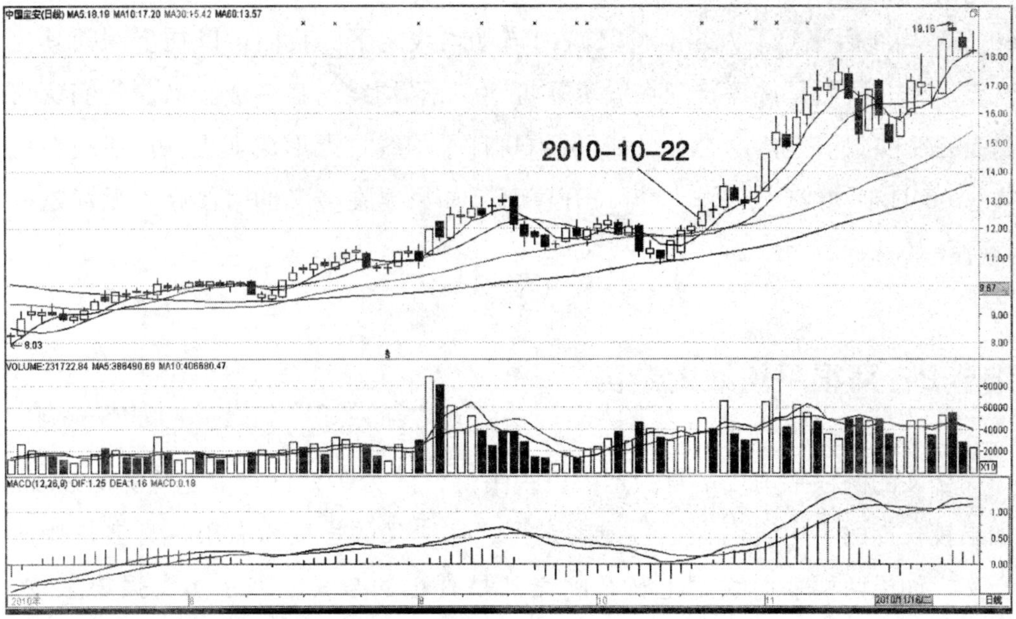

图2-3　中国宝安　000009

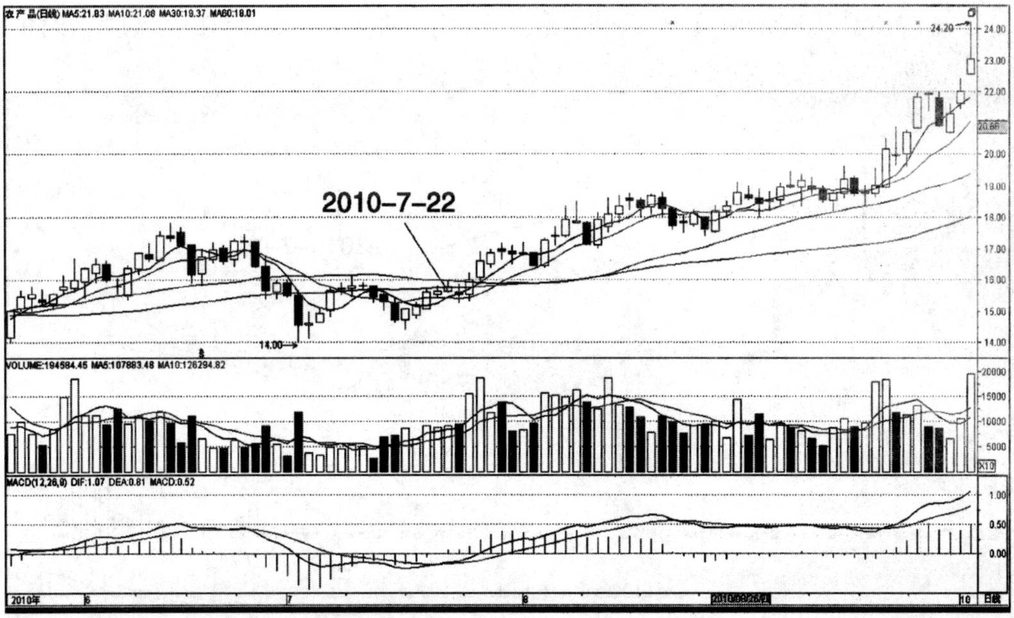

图2-4　农产品　000061

60 日平均线仍然保持了上升趋势，即上升趋势没有真正变坏。另外该股突破 60 日平均线后涨幅不大，股价又跌回该平均线之下，我们可以初步判断其为洗盘动作。既然是洗盘，现在股价靠近 60 日平均线，且形成金叉，我们认为这是一个买点。当然这个金叉如果在 60 日平均线之上形成就更好。该股随后突破 60 日平均线，新一轮上升拉开序幕。如果能在金叉的时候介入无疑是一次完美的选择。

细节 2：两根平均线的走势

交叉的两根平均线本身的走势也很关键，因为两者自身都是趋势的表现。如果较长期的平均线仍在下行或者走平，那交叉的强度就有限，大多是普通交叉。如果两根平均线都上行，则交叉是真正的金叉，表示多头强势上攻，是可靠的买入信号。

如图 2 -5 所示，深鸿基 2010 年 7 月 14 日大涨，同时 5 日平均线上穿 20 日平均线形成金叉。按常规理解，金叉是买进的时机，但是该股此后连续多日横盘震荡，从短线角度来说并不是一个很好的买点。原因在于该股当时的

图 2 -5　深鸿基　000040

金叉并不是真正的金叉，而只是一个普通的交叉。因为20日线依然呈现下行状态，说明20天来的走势仍是比较疲软，一日的大涨很难改变较长周期的走势，而较长周期的走势反而会影响短期的走势，所以该股后市进入震荡状态，反复为后市的拉升做进一步的蓄势。

如图2-6所示，2010年7月14日，深长城5日平均线上穿20日平均线，形成金叉。这个金叉价值如何？我们先来看看两根平均线的走势。20日平均线走平，5日平均线上行，这两根线的走势自然不如两线均上行那么强，信号普通。另外金叉的时候只是收出极小的阳线，上升力度太弱。从整体看，该股虽然此前经过较长时间的震荡筑底，但仍没有突破60日平均线，这说明中长期走势还没真正走好，还需后市继续努力。因此，此处的金叉不是最佳买点，我们可以继续等待更好的机会。

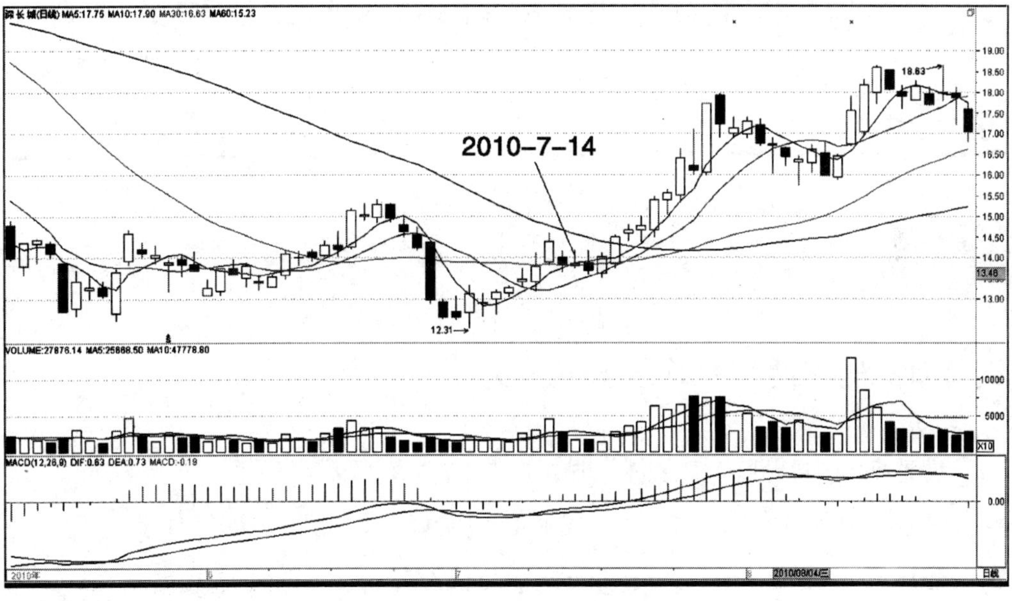

图2-6 深长城 000042

如图2-7所示，南玻A在2010年10月26日收出小阳线，当日涨幅不大，但此时的5日平均线已经上穿10日平均线形成金叉，这个金叉是真正的金叉，具有真实的行情走向提示作用，是一个很好的买点。因为这两根平均线都是呈上行状态，是比较标准的金叉。从整体看，当时该股的60日平均线也呈上行趋势，短期平均线在该平均线上方产生交叉，说明下方有依托，加上上方股价走强，短期和长期走势产生共振效应，后市继续上涨的可能性极大，自然成为极佳的买点。后市该股的表现也证明了这一点。

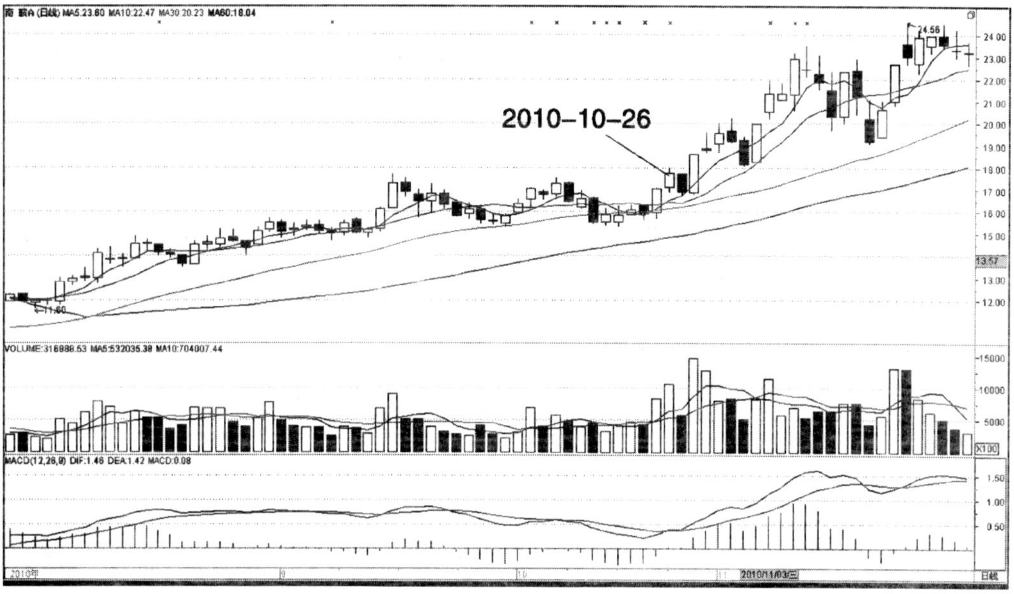

图 2-7　南玻 A　000012

细节 3：盘整期间平均线金叉无效

盘整期间中长期走势方向不明，此时的金叉都无效，都只能是普通交叉，没有多少实际操作价值，这一点我们必须明确。因此我们的操作要尽量选择在走势比较明朗的时候，盘整期间少参与或不参与。

如图 2-8 所示，沙河股份在 2010 年 6 月 22 日收出小阳线，同时 5 日线上穿 10 日线形成金叉。但是这个金叉不是真正的金叉，除了 60 日线在其上方压制外，另外一个原因是当时该股整体处于横盘震荡状态，这种状态下的平均线交叉只能是普通交叉，通常产生的频率比较快，虚假信号非常多。因此我们只要看到整体是震荡走势的个股，平均线交叉一律不能看做是金叉，也就不能称之为买点。

图2-8 沙河股份 000014

细节4：量能

金叉是多头向上攻击的信号，但是攻击本身也有强弱。此时我们就需要关注成交量的配合。金叉如果有量能放大的配合就是合理的，如果成交量萎缩则需要打个问号。当然量能不是放得越大越好，巨量通常是难以为继的，也经常就此震荡甚至回调。

如图2-9所示，中集集团2010年10月8日突破前高，同时5日平均线上穿20日线，这个金叉该做如何评价？除了前面提到的整体趋势和平均线本身的走势外，我们这里重点看一下量能。这个突破的量能显然很强劲。当然并不是量能放得越大越好，有多少买的必然有多少卖的，成交量放大说明卖盘也在增加。这里因为攻击前高，套牢盘解套带来的抛盘自然很多，成交量放大就是顺理成章的事了。而股价成功突破前高，则说明套牢盘已经完全解套，后市上涨空间打开，前途无限。

本例这个放量的金叉是做多量能的保证，但是也因为量能放得有点过大，

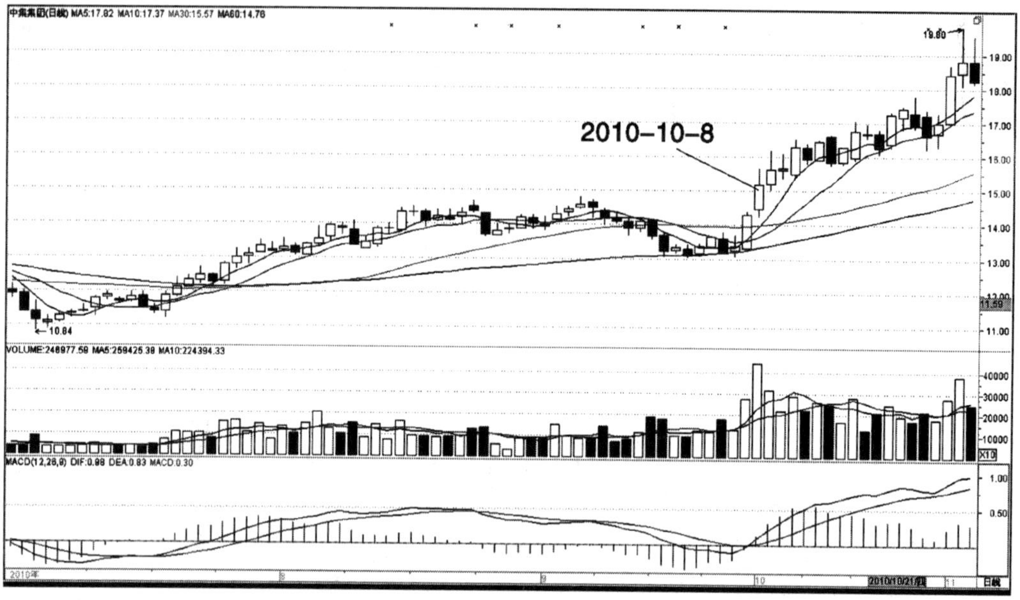

图2-9　中集集团　000039

消耗了多头大量的力量，很可能会致使后面的上涨有一定的波折，需要重新蓄势。

第二节　突破平均线

葛兰氏移动平均线八大法则第一条就是：移动平均线从下降逐渐走平且略向上方抬头，而股价从移动平均线下方向上方突破，为买进信号。

如图2-10所示，中环股份在2010年10月21日突破5日平均线、10日平均线和20日平均线，也就是坊间所说的一阳穿多线。这是一个非常好的买入信号，此时进场可以说恰到好处。当然并不是所有的突破平均线都是很好的买进信号，相反，大部分的突破平均线并不能成为买点。要成为买进信号，突破平均线时还需要有众多的条件配合，比如股价的整体趋势和位置、成交量和平均线本身的走势等，都是需要关注的条件。下面我们会作具体的讲解。

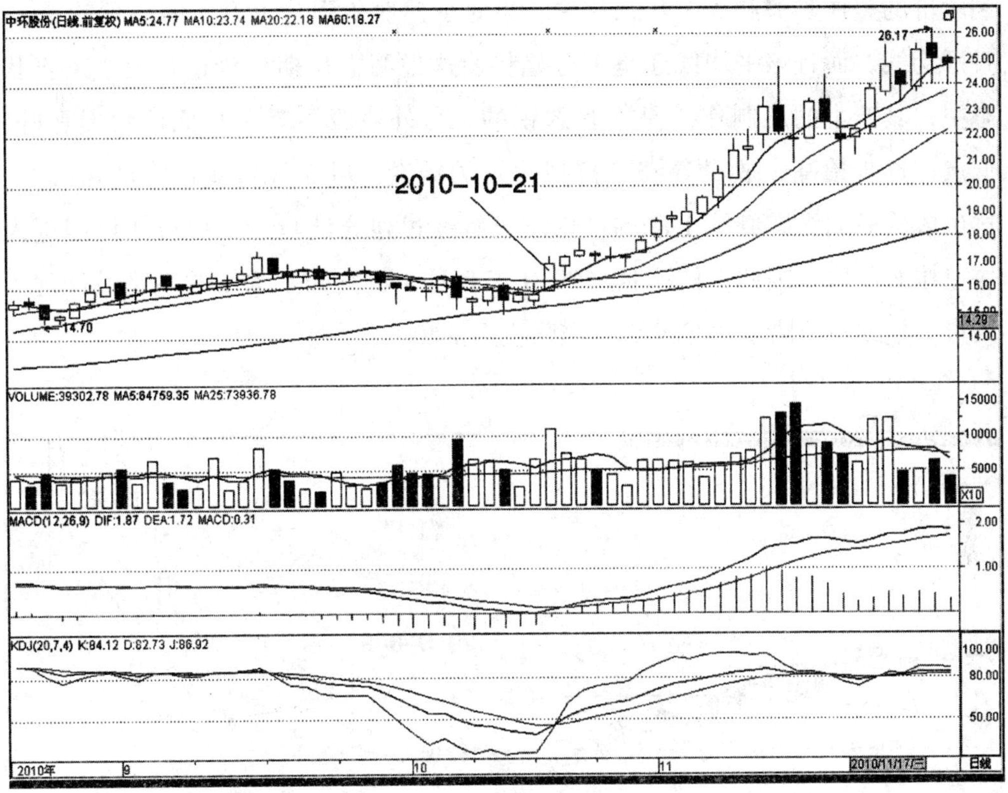

图2-10 中环股份 002129

细节1：整体趋势和位置

小趋势服从大趋势，股价的短期趋势服从整体趋势。这个规律是现实难以改变的。因此股价突破某条平均线能否成为一个买点，还需要放在整体背景下来观察。如果中长期走势向下，股价突破短期平均线则只是一个反弹的信号，不是真正的买入信号。如果中长期走势向上，股价突破短期平均线则是比较可靠的买入信号。另外我们也要关注股价的整体位置，如果股价已经高高在上了，追涨时要小心。

如图2-11所示，成飞集成2010年6月8日大涨，股价突破10日平均线，一般来说这是一个较好的买入时机。但是该股此后不久即陷入回调，股价回到了10日平均线之下。这是为什么呢？其实很简单，就是我们没有关注到股价的整体趋势和处于什么位置。当时虽然股价强势上升，但头顶就是60日平均线，而且该平均线还呈下行趋势，这说明中长期趋势还是处于下行状态中，其产生的压制作用是不容忽视的。另外该股当时是自低位缓慢上升，低点在逐步抬高，放量暴涨有拉高建仓的嫌疑，后面很可能还有洗盘阶段，这也成为后面没有继续上涨的缘由。只有经过建仓洗盘后，股价才可能进入快速拉升阶段。因此本例该股在2010年6月8日突破平均线并不是最佳的买入点，短线投资者要谨慎操作，谨防主力洗盘。

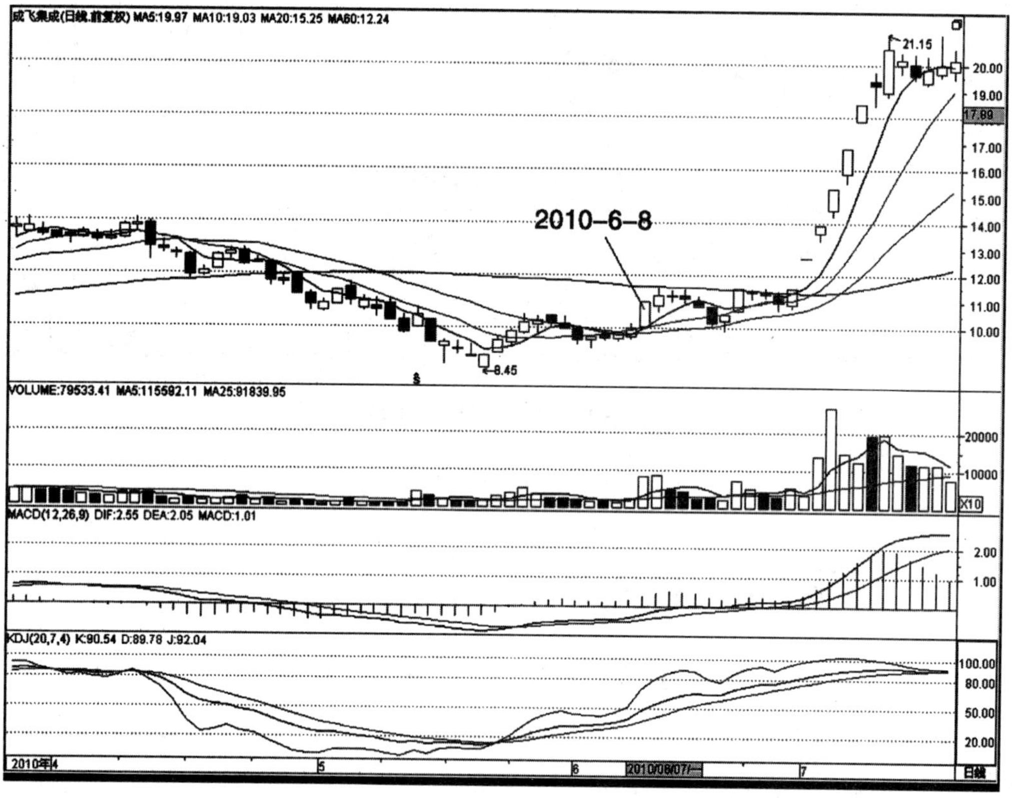

图2-11　成飞集成　002190

细节2：平均线本身的走势

平均线本身代表一种趋势，因此被突破的那根平均线本身的走势也是值得我们重点关注的。如果该平均线仍在下行，则突破后可能会被该平均线牵引回落。如果平均线本身由下行逐渐走平甚至上行，此时突破则是一个很好的买点，因为该平均线也有助涨作用。

如图2－12所示，云南旅游在2011年2月10日突破60日平均线，是一个较好的买入时机。除了关注股价整体的走势外，我们这里重点看一下被突破的那条平均线本身的走势，它也具有较好的提示作用。当时该股的60日平均线呈平行趋势，股价在其下方横盘7个交易日，但始终难以突破该平均线。经过这么一段时间的蓄势，股价终于有效突破该平均线，成为一个明确的向上拉升信号。反过来说，如果该平均线呈下降趋势，则即便突破也很可能要回调，因为平均线也有较强的牵引作用，股价走势会根据平均线的走势而加以修正。另外该股当时以大阳线的形式突破，更加显示了多头的力度，做多信号比较可靠。

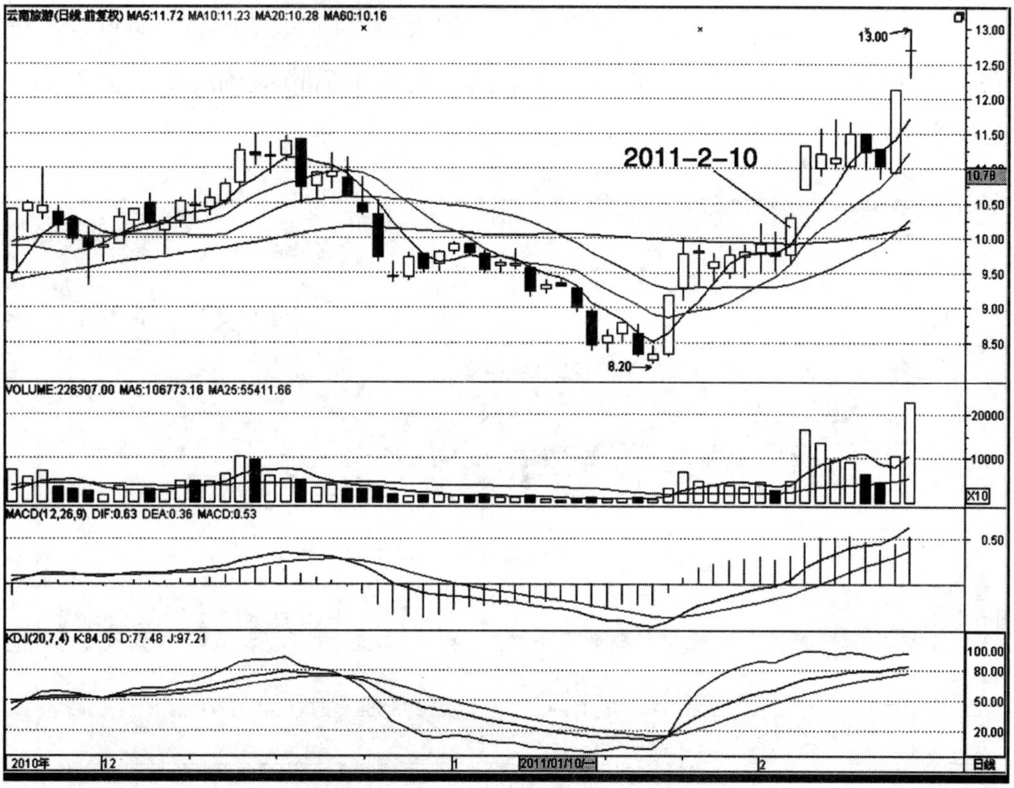

图2－12　云南旅游　002059

细节3：突破的力度

突破的力度主要体现在当日K线实体的长短上，如果以中大阳线突破则是非常强势的突破，小阳线突破则显得有点虚弱，后市不明朗。另外突破的力度需要成交量的配合，量能要适当放大，但放出巨量倒不是什么好事，因为巨大的成交量意味着多空的巨大分歧，还不如适量来得更好。

如图2－13所示，中信海直在2010年7月9日跳空涨停，成交量明显放大，同时股价突破10日平均线和20日平均线。这是一个较好的买入信号。也许你要问："当时的整体走势都还是下行趋势，怎么这个突破就是一个买入信号？"虽然该股当时的中长期平均线仍呈下跌走势，但我们也要看到股价已经严重超跌，反转一触即发。同时我们也看到该股在突破前有一个多星期的横盘整理，股价重心明显上移。如今股价以一个跳空涨停突破两根平均线，这是多头强势出击的信号，同时成交量大幅放大，可以理解为主力强行拉高建仓。主力的思路已经明了，此时进场虽然不能保证后市立刻就涨，但至少也是跟主力同步，未来想象空间极大。

图2－13　中信海直　000099

如图2－14所示，帝龙新材2010年9月27日突破5日平均线、10日平均线和20日平均线，也就是通常所说的一阳穿多线，是一个非常可靠的买入信号。除了关注股价的整体走势之外，这里我们重点看一下突破时的成交量。从图上看，当日的成交量似乎并不大，但是我们看成交量不能只盯着此前的最高量看，而更应该关注与前一个交易日的比较。当日该股的成交量虽然不大，但是相比较前日已经放大了一倍，这说明场内做多的力量放大了一倍，自然是一个非常好的信号。有了成交量的配合，这个突破就显得更为可靠，此时买进正是时候。

图2－14 帝龙新材 002247

第三节　平均线多头发散和排列

平均线系统是一个重要的参照系统。当股价以一个较小的幅度上下震荡的时候，平均线会逐渐靠拢，然后黏合在一起。此时说明多空趋于平衡，是面临方向性选择的时候了。如果此时股价上涨，则平均线会开始向上发散。这是短期走势开始走强的标志，往往会引发一波快速拉升。因此平均线向上发散的初期是买入的良机，不可错过。平均线开始发散后就呈现多头排列，是持股的信号。

如图 2－15 所示，广发证券在 2010 年 10 月 8 日大涨收出大阳线，同时平均线也开始向上发散。对于这种前期平均线黏合的股票我们要特别关注，一旦平均线向上发散就是非常好的买进时机。当然也不是所有的平均线多头发散都是买进信号，这跟股价的整体位置和成交量等有密切的关系，下面我们会具体展开讲解。

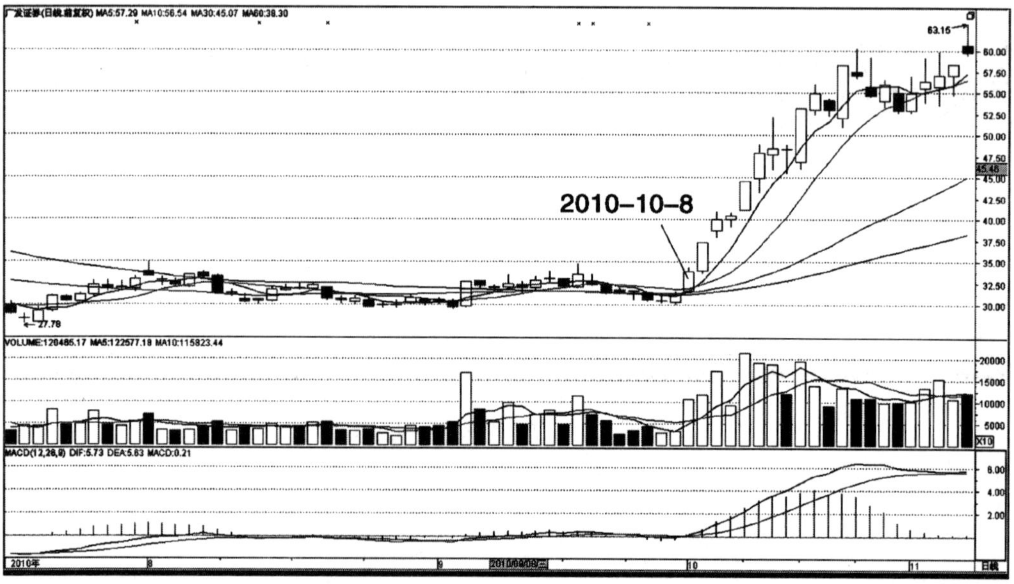

图 2－15　广发证券　000776

细节1：整体趋势和位置

平均线黏合后能否引领一波像样的上涨，在很大程度上跟股价的整体趋势和位置有关。如果股价已经高高在上，则发散后的上涨空间有限，要小心随时反转向下。在中低位的黏合是比较好的选择，但也要求整体趋势是向上的。如果黏合的位置上方有长期平均线的压制，也可能会制约上升的空间，需要加以关注。

如图2－16所示，山东海龙2010年9月1日大涨，股价突破此前的横盘区间，同时平均线由此前的黏合变为向上发散。这是典型的平均线发散，也是非常好的买进时机。当然并不是所有的平均线发散都是很好的买进时机。首先我们要判断股价的运行位置。当时该股刚突破60日平均线，然后在该平均线之上横盘震荡，平均线到后期基本黏合在一起。这时我们也看到60日平均线由原先的下降转为走平，这说明股价中长期走势越来越强。而且股价在平均线之上运行，我们有理由相信这只是上升途中的暂时整理，后市很可能

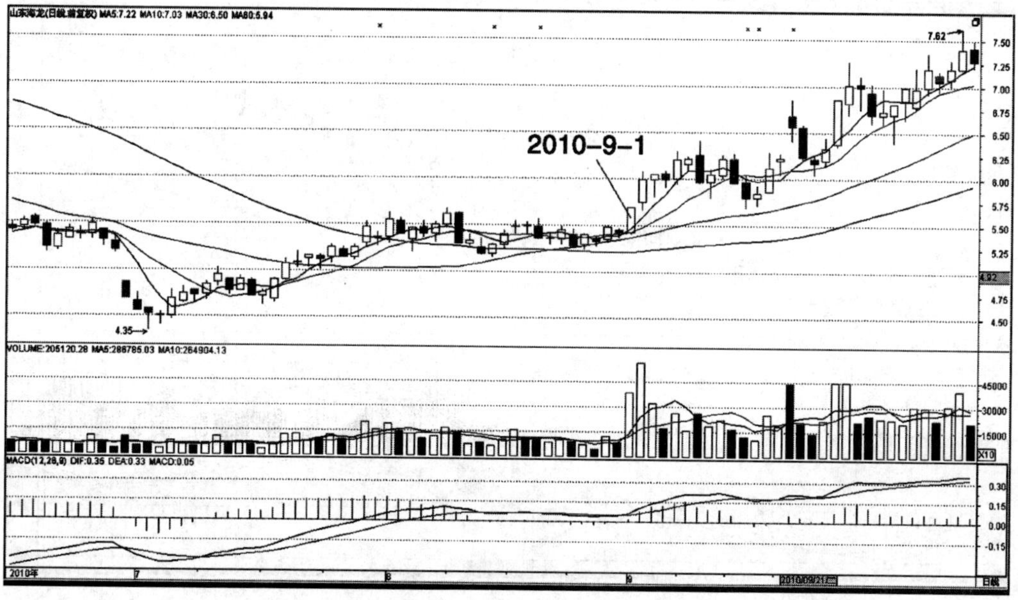

图2－16 山东海龙 000677

向上突破。那么突破的信号就是平均线向上发散。一旦信号产生我们就可以毫不犹豫地杀进。

细节2：上涨的力度

上涨的力度跟发起信号的阳线的长度有关，也需要成交量的配合。如果是以中大阳线拉开上涨的序幕，则后市相对看好，如果仅仅是以小阳线发起攻击，则需要继续观察。成交量的配合也很重要，需要适当放量。如果量能不够则很可能走不远。

如图2－17所示，长城电脑2010年9月7日涨停，股价突破前期盘整区间，同时原来黏合在一起的平均线开始向上发散，这是一个非常好的买点，因为种种迹象表明股价已经进入加速拉升阶段。从量能的角度来说，当日成交量大幅放大，这有给前高的套牢盘解套的因素，但也说明多头进攻的决心十分坚决，而最后能封住涨停板更说明多头实力之强。在这样的形势下，投资者跟进做多自然是最好的选择。

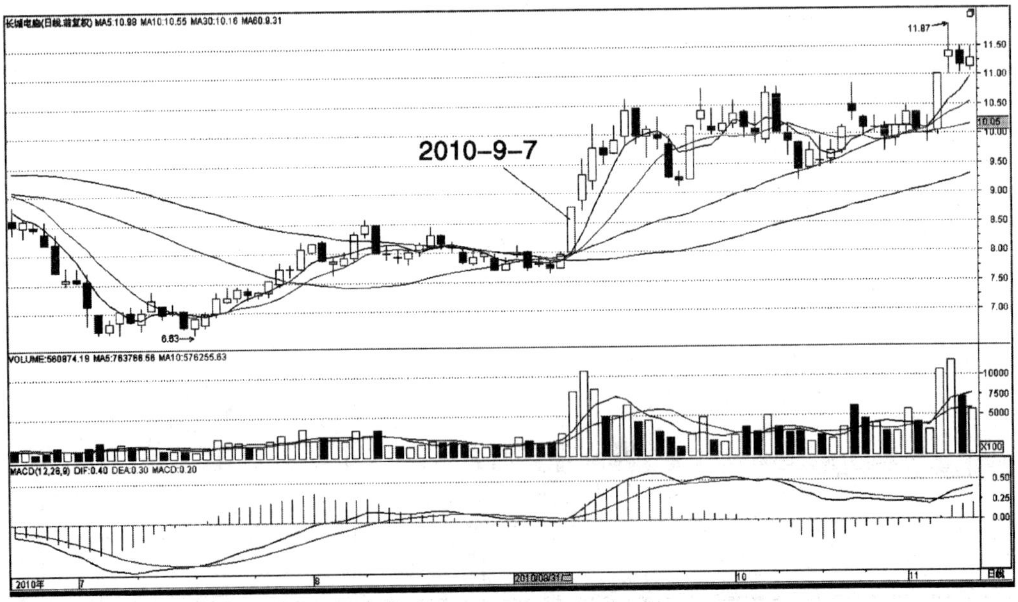

图2－17　长城电脑　000066

细节3：黏合后发散的次数

在一波大的上涨中，平均线黏合的次数很可能有多次。第一次多是主力建仓洗盘，第二次则是增仓。第二次黏合完成后通常进入快速拉升的主升浪，这是非常好的短线机会，不可错过。到后面黏合的次数越多，则风险越大，很可能形成顶部，当然也可能向上发散，但也经常是诱多的陷阱，要小心为上。

如图2－18所示，潍柴动力2010年10月11日小幅拉升，但此时的平均线已经明显开始向上发散，这是一个很好的买入点。除了短线股价走强外，该股前期的蓄势也很充分。这从该股前期的走势可以看得很清楚。该股前期也有一次这样的平均线黏合，然后发散拉升，但股价涨幅不大，此后回调，再度进入整理阶段，这也有了第二次黏合的机会。有了前一次的黏合，主力建仓到位，第二次黏合则把浮筹清洗干净。如此反复地操作，主力操盘的铺垫做得非常充分，这也是后市该股大幅拉升的基础。因此第二次平均线发散通常意味着股价进入快速拉升阶段，是非常好的买点。

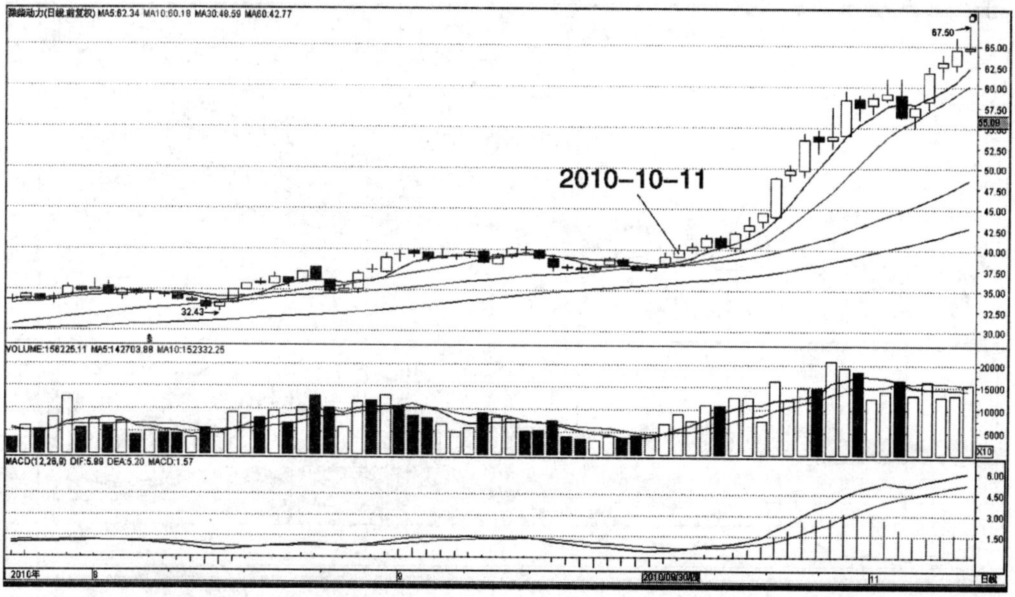

图2－18 潍柴动力 000338

细节 4：平均线黏合的时间和紧密程度

平均线黏合的时间很好理解。黏合的时间越长，说明蓄势越充分，这就是股市经常说的“横有多宽，竖有多高”。也就是说黏合的时间越长，后市上涨的幅度就越大，这是很有道理的。黏合的紧密程度不太好理解。这其实跟主力的控盘程度有关。如果黏合得越紧，则说明控盘能力越强，后市的爆发力度也越大，往往会成为短线牛股。

如图 2－19 所示，ST 合金 2010 年 10 月 5 日涨停，股价突破前期的横盘区间，这是短线拉升开始的信号。从平均线的角度看，我们看到该股前期经过了两个月的横盘整理，股价在一个较小的区间震荡，导致平均线黏合在一起，同时下面有 60 日平均线的支撑，这是一个非常好的整理形态。如今平均线开始向上发散，自然是表明多头开始发力，此时是最好的跟进时机。后市该股大幅拉升，这跟前期长时间的整理蓄势密切相关。平均线黏合的时间越长，后市爆发的力度就越大。本例该股显然有这样的特征。

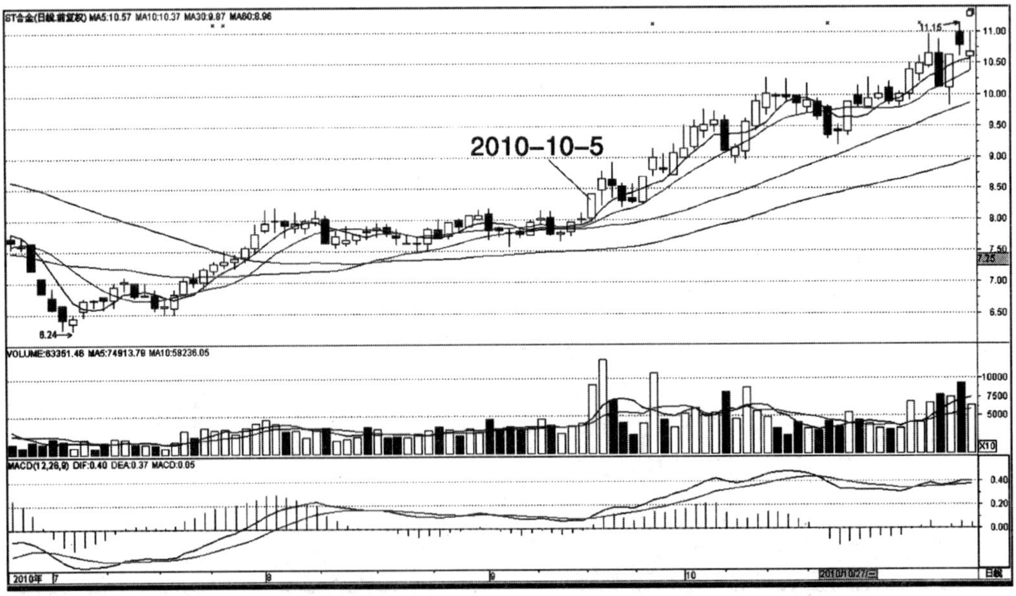

图 2－19　ST 合金　000633

第四节 平均线空头发散和排列

平均线黏合后不一定就是向上发散，也可能向下发散，向下发散后平均线就成为空头排列。这是持币的信号。在一个平台长时间震荡后到了选择方向的节骨眼，此时向下发散说明多头已经缴械投降，后市将有较大跌幅，投资者此时应该及时止损出局。平均线黏合的时候是多空纠结的时候，局势不明朗，一旦明朗了就会有较大的动静。因此平均线空头发散往往都是灾难。

细节1：整体趋势和位置

平均线空头发散后的结果也要跟整体趋势和位置结合起来研判才有意义。

（1）如果股价在下跌的初期或者中期，黏合是下跌的中继平台，平均线向下发散则是下一波下跌的开始，需要及时回避。

（2）如果空头发散是在上升途中出现，则可能引发一波向下的回调洗盘，但洗盘完毕后是极好的买点。

（3）在已经大幅下跌的背景下，空头发散往往是加速赶底的信号，一旦止跌可能是大底的来临。

如图2－20所示，2010年12月27日，世纪星源收出中阴线，股价跌破前期的横盘区间，同时平均线开始空头发散。这是破位下跌的标志，后市应该还有较大跌幅，投资者应该止损出局。从该股的整体趋势来看，虽然前期经过很长时间的窄幅横盘整理，但这并不表明就是筑底，在趋势没有明朗之前，这种横盘整理只能视为一个下跌的中继平台。如果向上突破则是反转，如果向下突破则会继续大幅下跌。我们不能从股价来判断是否接近底部，该股当时虽然股价比较低，但从该股平均线向下发散这一点看，就知道下跌还没结束，更不可盲目抄底。

图 2-20　世纪星源　000005

如图 2-21 所示，彩虹精化 2010 年 9 月 16 日暴跌，当日收出大阴线，同时我们看到平均线开始向下发散。这是空头发力的标志，通常此后将进入下跌走势中。该股此后也果然如期下跌，但是整体跌幅不大。后面该股反转上行，涨幅巨大。回过头来看前面这个空头发散有诱空陷阱的嫌疑，实际是主力强力洗盘。当然这是马后炮。

那有什么办法当时就能判断是洗盘而不是反转下跌吗？说实话没有什么太多有效的办法，平均线呈现空头发散时只能止损出局。如果有整体观念的投资者也许可以做个大概的判断，那就是该股当时刚突破 60 日平均线，也就是中长期走势初步走好，在形势一片大好的背景下股价破位下跌，多少有点出人意料。但是既然平均线已经呈现空头排列，我们也只能暂时先出局观望，毕竟谁也无法判断主力到底要把股价打压到哪个位置。

老郭多年的经验证明，不要轻易猜测主力的行为，不要冒无谓的风险，

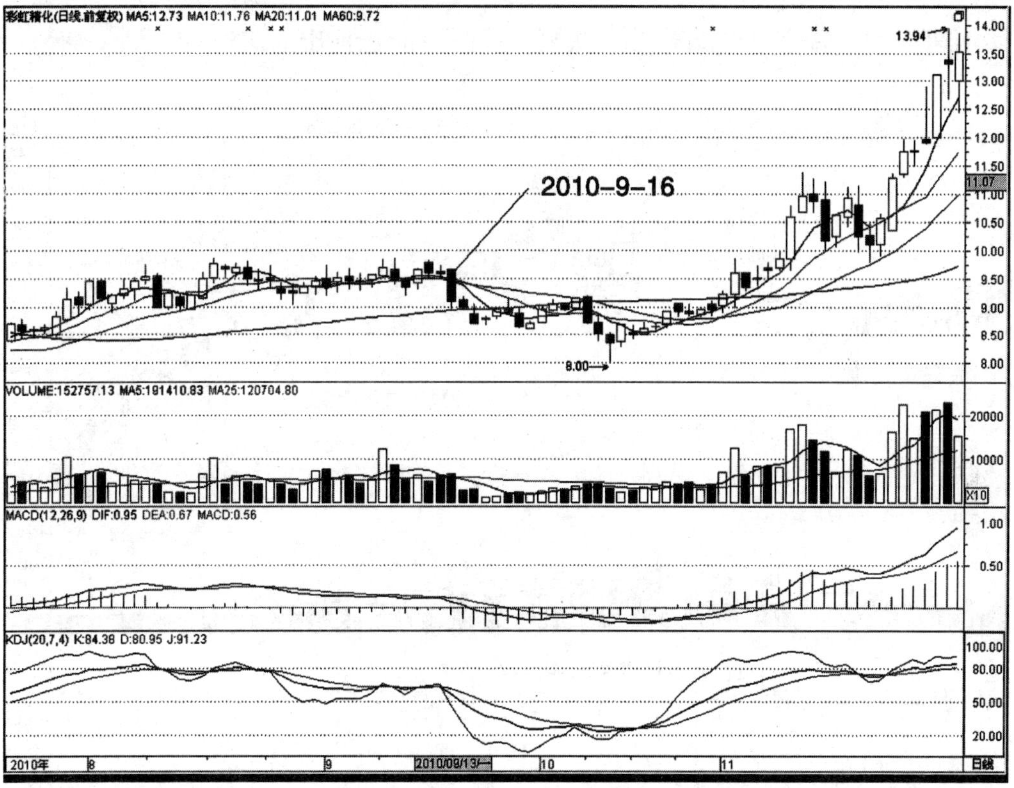

图 2-21　彩虹精化　002256

只有趋势明朗才能进场交易，这是提高交易成功概率的唯一方法。这样做的缺点是交易成本略高一点，也就是说没有抄到底，但因此也规避了风险。

细节 2：黏合后发散的次数

在一波较大的下跌中，很可能有多次平均线黏合后发散的现象。第一次是初试牛刀，第二次则是对下跌趋势的确认，后市继续下跌的可能性很大。到了 3 次以后的黏合后发散则多是强弩之末，有加速赶底的嫌疑，一旦止跌可以适当抄底。

如图 2-22 所示，威创股份 2010 年 12 月 23 日小幅下跌收出小阴线，但是此时的平均线开始向下发散，这是空头发力的表现。此前该股有一个短暂的横盘整理，平均线黏合在一起，如今这些平均线开始发散，意味着股价开始加速下行，后市很可能有更大跌幅，此时只能止损出局。

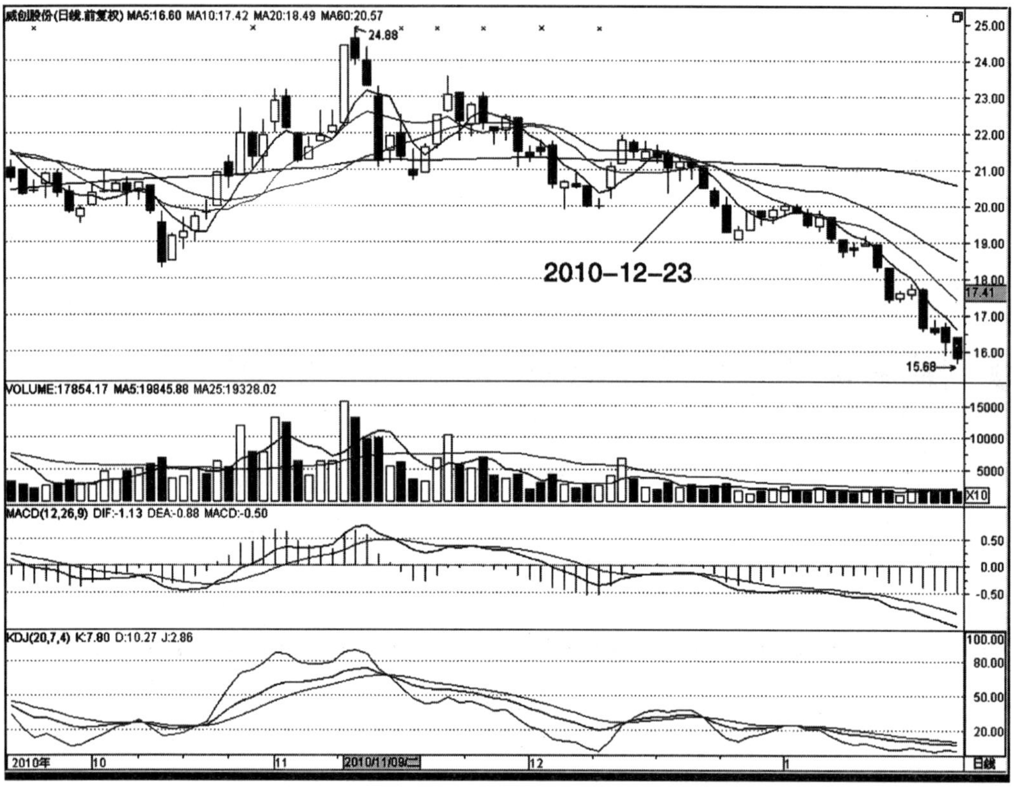

图 2－22　威创股份　002308

从整体看，该股自高位反转下跌后有一次横盘，那是第一次平均线黏合，如今是第二次平均线黏合，也是对下跌趋势的进一步确认。有了这两次平均线黏合后向下发散，我们基本可以确认中长期下跌趋势已经形成，投资者只能趁早离场。

细节 3：黏合的时间和紧密程度

在讨论平均线多头发散和排列时，我们提到黏合的时间和紧密程度与后面上涨的高度和爆发力度有密切关系。平均线的黏合后向下发散也同样具有这个特征。黏合的时间越长，此后下跌的幅度越大；黏合得越紧密，后市下跌的爆发力越强。

如图2－23所示，国际实业2011年1月10日延续前日跌势，当日收出小阴线，此时我们看到平均线已经开始呈现空头发散，这是空头开始发力的信号，投资者此时只能选择止损。该股此前经过了较长时间的横盘整理，也许有投资者认为这是在筑底。这是先入为主的思维方式，作为投资者千万不能去猜底。股价若向上突破则可以确认是底，而向下突破则说明前面的整理只是一个下跌中继平台。从该股前期整理的时间看，跨度比较长，这也积累了相当大的做空动能，一旦向下破位，必将有较大跌幅。后市该股果然大幅下挫。

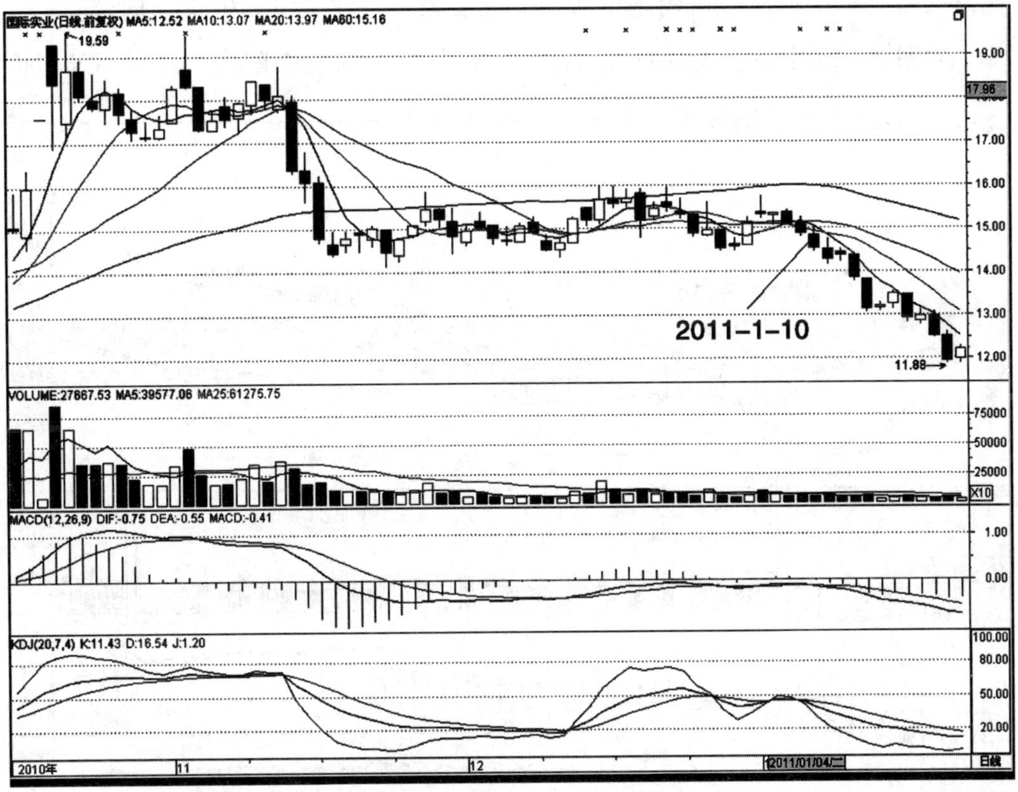

图2－23　国际实业　000159

第五节　平均线三角

平均线三角是市场经常用来评估股价走势的平均线形态，我们通常用5日平均线、10日平均线和20日平均线作为参照系统。先是5日平均线上穿10日平均线，然后是5日平均线上穿20日平均线，最后10日平均线上穿20日平均线，这样3根平均线交叉形成一个尖角向上的三角形。这种三角形具有较强的支撑作用，是买入的信号，如果股价回落到三角形上方获得支撑便是加仓的机会。在股价反转初期形成的三角通常被称为**银三角**，不一定很可靠。在银三角后再次形成的三角则是所谓的**金三角**，是比较可靠的买入信号。

如图2－24所示，七星电子2010年7月16日收出中阳线，涨幅不怎么抢

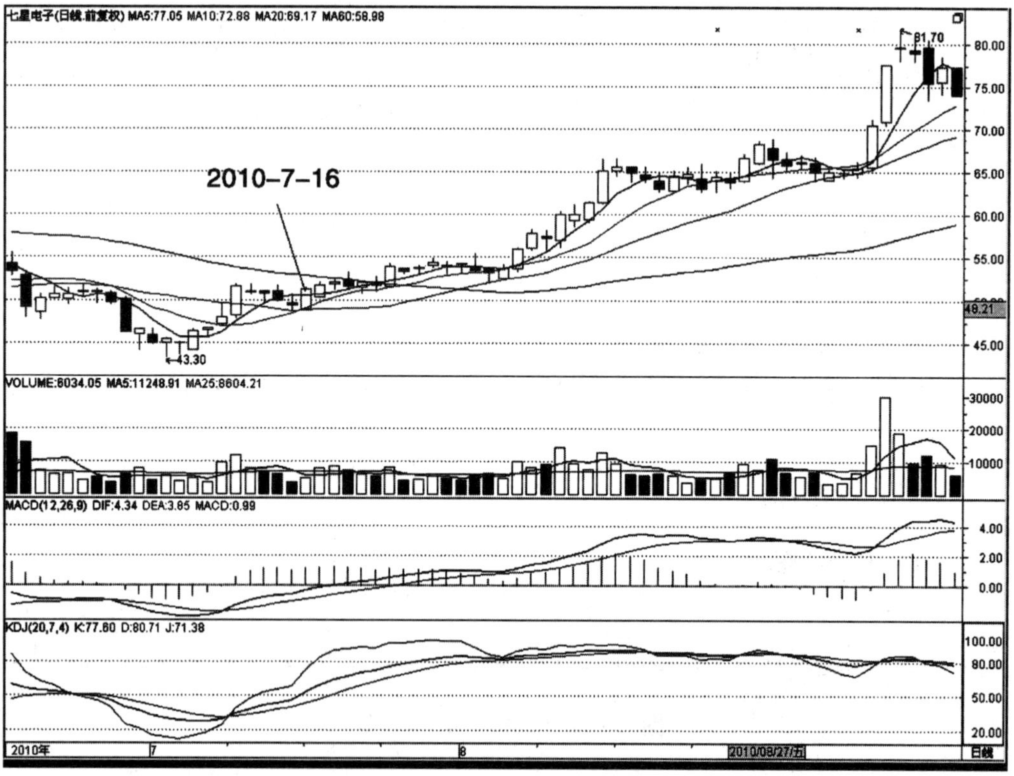

图2－24　七星电子　002371

眼。但是我们此时看到5日平均线、10日平均线和20日平均线三线分别交叉后形成了一个三角形，这就是银三角。银三角是进场的信号，不过不太稳定，因此需要控制仓位，防止后市震荡。本例该股银三角形成后一路上涨，涨幅巨大，尽显牛股特征，远超期望。

细节1：整体趋势和位置

短期平均线受制于中长期平均线，这是毫无疑问的。短期平均线交叉形成的三角同样受制于中长期平均线的走势。如果股价处于中长期下跌趋势的初期，股价反弹也可能形成平均线三角，但很可能因为下行的中长期平均线而成为失败的信号，并不是一个买入时机。真正有操作价值的平均线三角应该是股价经过大幅下跌后自低位反转向上形成的。在整体上升趋势中也可能形成三角，这种三角的操作安全性更高。

如图2-25所示，中粮地产在2010年10月18日股价放量大涨，同时5日平均线、10日平均线和20日平均线至此已经形成一个三角，通常是买入信号。但是如果你当天买进就是买在了天花板上了。这个平均线三角为什么失

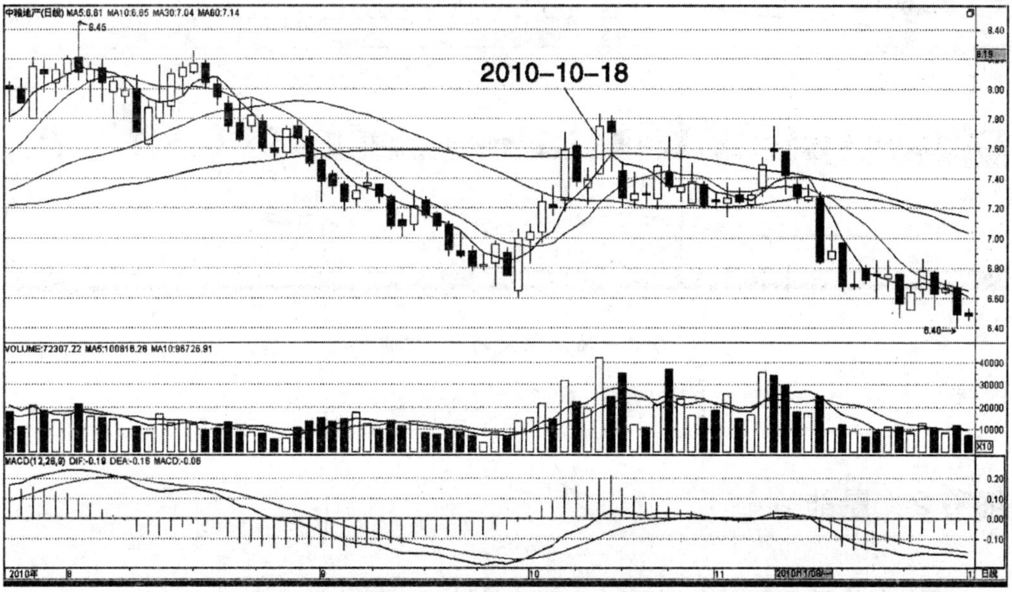

图2-25 中粮地产 000031

效？最大的原因在于该股当时仍处于下跌的途中，60 日均线刚向下运行，也就是中长期走势刚走坏。短线的反弹是很难扭转中长期的走势的，即便是出现平均线三角也只能当反弹看待，期望不能太高。

下面我们看一个具有操作价值的平均线三角。如图 2－26 所示，深天马 A 在 2010 年 10 月 28 日大涨，股价突破前高，同时 5 日平均线、10 日平均线和 20 日平均线在此形成一个三角，这是一个非常好的买入时机。从整体看，该股的中长期平均线当时也是呈现上行趋势。5 日平均线、10 日平均线和 20 日平均线在 60 日平均线上方形成三角，这是最佳状态。因为上行的中长期平均线具有强烈的助涨作用，短期平均线形成三角自然是一个极佳的买点。该股后市大幅攀升，体现出这个平均线三角的不菲价值。

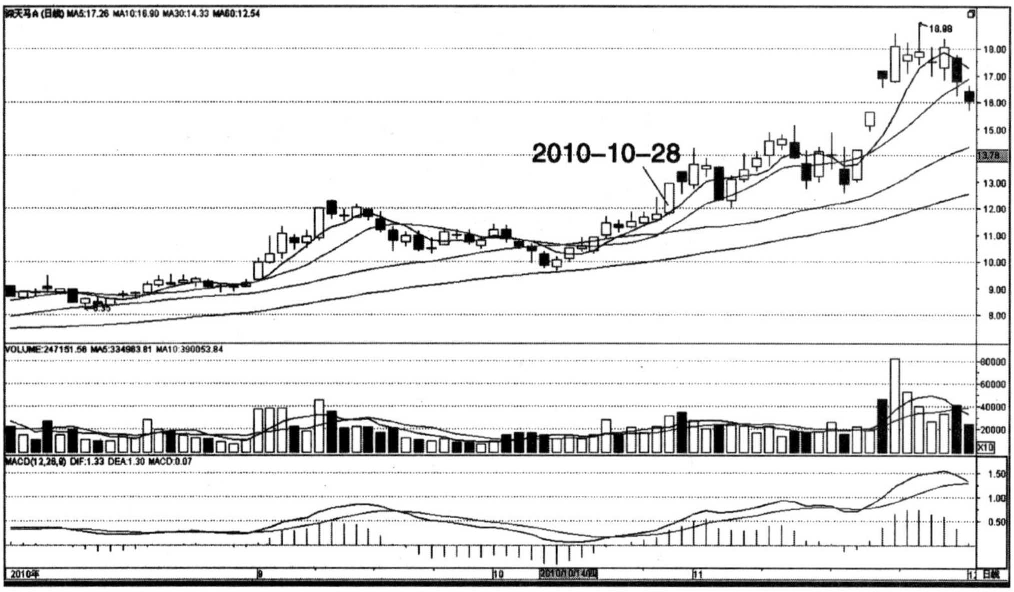

图 2－26　深天马 A　000050

细节 2：量能

股价的上涨需要量能的配合。平均线三角同样需要量能的配合才稳固。较好的量价形态是在三角形成过程中，量能要温和放大。如果量能跟不上，则这个三角的可靠性就要大打折扣了。当然量能也不是放得越大越好，最好的量能变化过程是逐步放量，而不是间歇性地放出巨量。

如图2－27所示，宝石A 2010年11月4日收出小阳线，此时10日平均线上穿20日平均线，至此三条平均线的上升三角形已经初步形成，按常规这是一个买入时机。但是该股并没有如期上升，反而很快跌回三角形之下，证明此三角形完全无效。为什么这里这个三角形没有产生推升股价的作用呢?除了当时该股已经处于高位横盘的原因之外，另外一个重要原因就是量能不够。我们可以清楚地看到该股在形成三角形的过程中成交量一直比较低迷，这说明做多的力量严重不够，股价的推升很多只是跟随大盘的散户行为导致的，因此这个三角形不能成为做多的信号，后市更需谨慎对待。

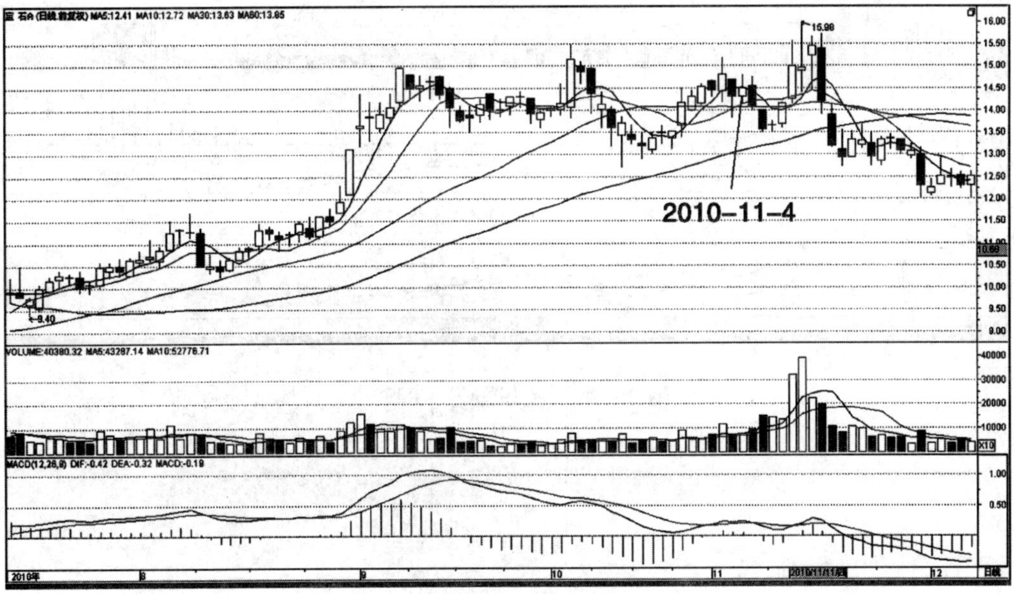

图2－27　宝石A　000413

如图2－28所示，威华股份在2011年2月14日小幅上涨，但此时5日平均线、10日平均线和20日平均线三根线已经形成了一个明确的上升三角形。此后该股股价节节攀升。为什么这个三角形产生了很强的助涨作用?除了股价此前已经严重超跌的原因外，成交量也是我们关注的对象。我们看到这个三角形形成的最后两天成交量成倍放大，这是主力进场的标志，虽然当时股价没有大涨，但给了我们明确的信号，那就是主力加速进场了，后市股价拉升只是时间问题。这种量价形态的个股自然是我们捕捉的对象。

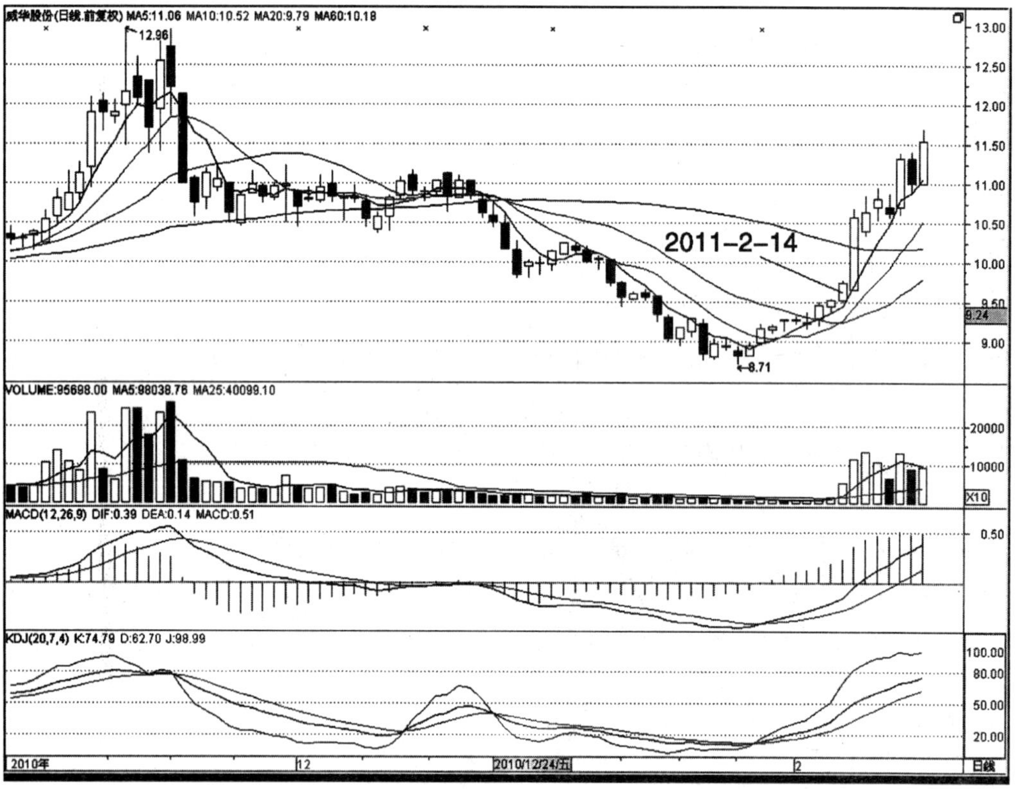

图 2－28　威华股份　002240

细节 3：指标配合

平均线三角能否有效我们还可以参照指标来研判。MACD 指标属于中期指标，跟平均线三角比较吻合。当 MACD 指标还在 0 轴以下的时候，说明是空头市场，此时形成的平均线三角很可能是反弹性质，进场要小心。如果 MACD 指标上穿 0 轴进入多头市场，此后形成的平均线三角则比较可靠。

如图 2－29 所示，南京中北 2010 年 7 月 28 日小幅收高，此时 5 日平均线、10 日平均线和 20 日平均线三根线交叉形成的三角形初步形成。此后该股逐浪上升，显然这个三角形的助涨作用得到了发挥。为什么这个三角形具有助涨作用？除了股价处于低位，有上涨空间外，成交量也温和放大，说明做多热情逐渐上升。另外从指标看，当时的MACD指标也进入多头局势中，这表现在MACD线上穿0轴。因此该股从多个角度看都已经进入多头控制的状态，后市继续上升的可能性极大，是买入的时机。

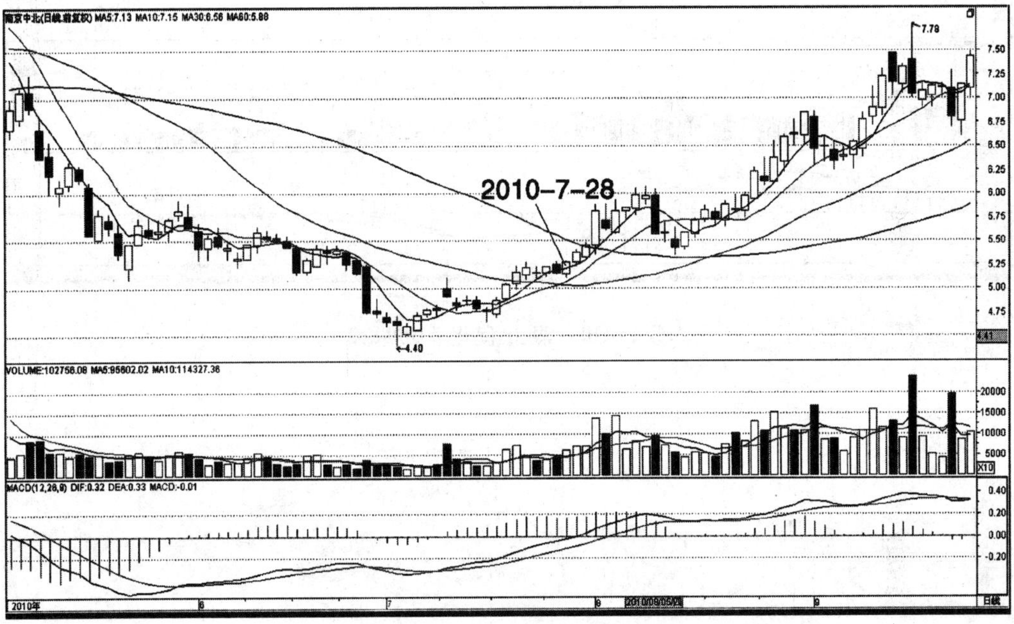

图2-29　南京中北　000421

如图2-30所示，湖北宜化在2010年12月22日收出小阳线，股价挑战60日平均线。同时我们看到5日平均线、10日平均线和20日平均线形成的平均线三角形成。通常这种三角形都是买入信号。但是此后该股就此回落，短期再也没有超过12月22日这个最高价。为什么这个平均线三角会失败呢？我们看一下MACD指标就明白了。当时该指标还没上穿0轴，这说明还是空头市场，股价的上涨只是反弹行为，后市见顶回落也是自然而然的事了。

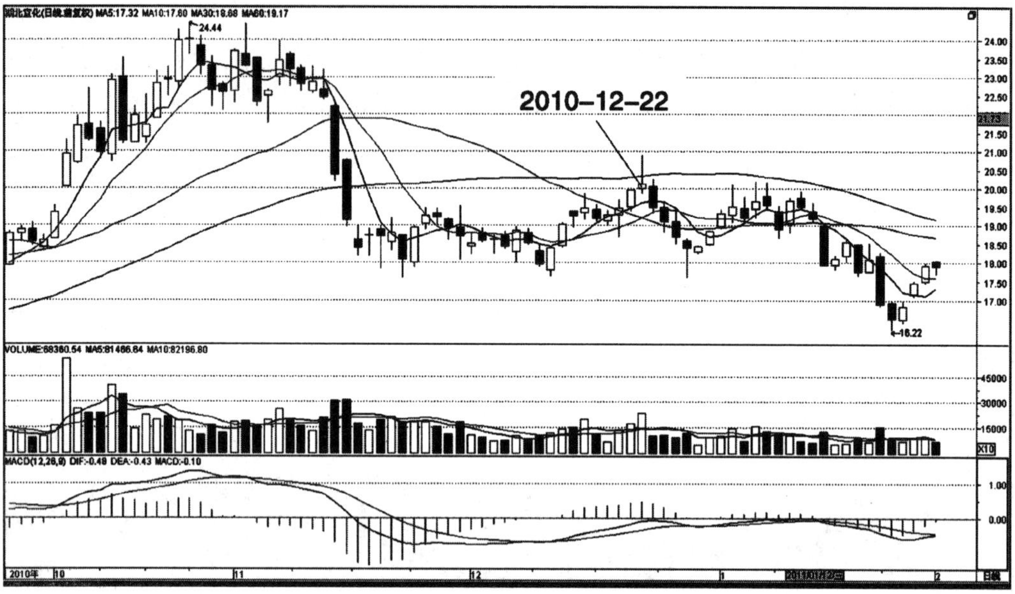

图 2-30　湖北宜化　000422

第3章

缺口细节

缺口是指股价在快速变动中有一段价格没有任何交易，显示在股价趋势图上是一个真空区域，这个区域就叫“缺口”。当股价出现缺口，经过几天，甚至更长时间的变动，然后反转过来回到原来缺口的价位时，称为缺口的封闭，又称补缺。

一般缺口都会填补。因为缺口是一段没有成交的真空区域，反映出投资者当时的冲动行为，当投资情绪平静下来时，投资者反省过去行为有些过分，于是缺口便告补回。其实并非所有类型的缺口都会填补，其中突破缺口、持续性缺口未必会填补，至少不会马上填补。只有消耗性缺口和普通缺口才可能在短期内补回。所以缺口填补与否对分析者观察后市的帮助不大。

在一次上升或下跌的过程里，缺口出现愈多，显示其趋势愈快接近终结。当升市（跌市）出现第三个缺口时，暗示升市（跌市）快告终结；当第四个缺口出现时，短期下跌（上升）的可能性更大。

第一节　缺口的常规细节

K 线图中的缺口是指由于受到利好或者利空消息的影响，股价大幅上涨或者大幅下跌，导致日 K 线图出现当日最低价超过前一交易日最高价或者当日最高价低于前一交易日最低价的一种现象。概念我们非常清楚，好像很容易判断，但缺口也有千差万别，要把握好并不容易，需要关注很多相关因素和细节。

如图 3－1 所示，福晶科技在 2010 年 11 月 22 日留下一个向上跳空的缺口，2010 年 12 月 24 日则留下一个向下跳空的缺口。这两个缺口方向相反，意义相反，而且都是在非常重要的位置出现，具有相当重要的分析价值，这里暂时不展开。

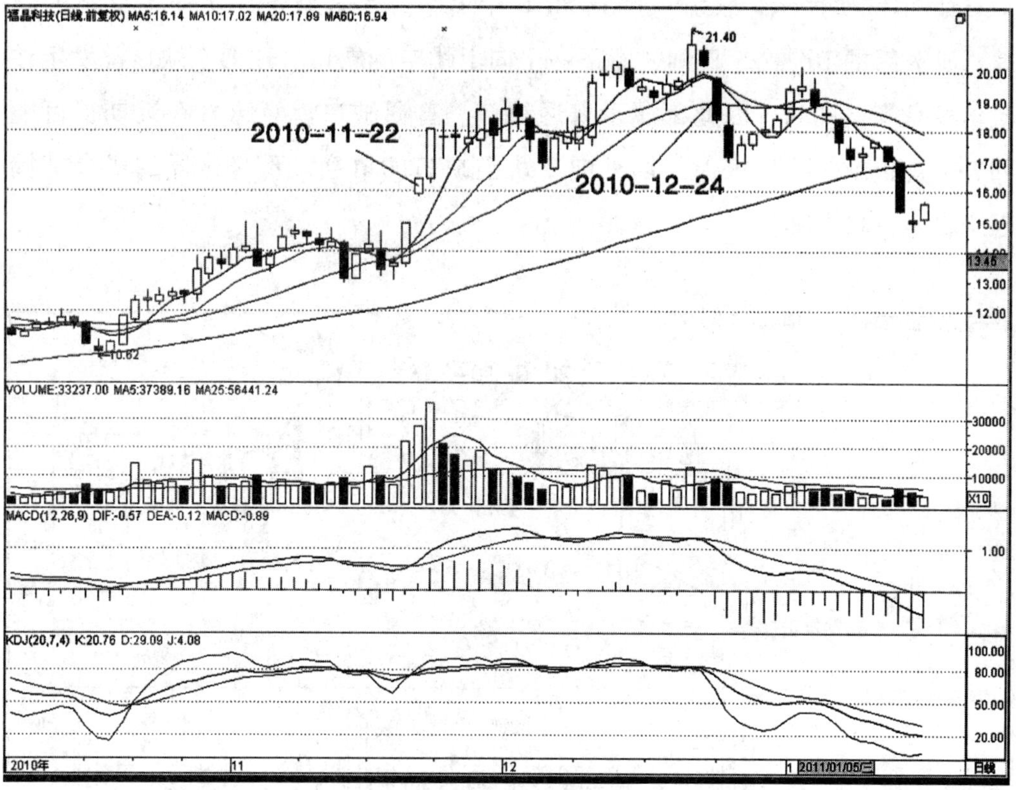

图3-1 福晶科技 002222

细节1：分辨缺口的性质

一般来说，缺口分普通缺口、突破缺口、持续性缺口与消耗性缺口等四种。从缺口发生的部位和大小，可以预测走势的强弱，确定是突破还是已到趋势之尽头。缺口是研判各种形态时最有力的辅助材料。

普通缺口

普通缺口通常在密集的交易区域中出现，因此许多需要较长时间形成的整理或转向形态如三角形、矩形等，都可能有这类缺口形成。一句话，普通缺口通常都是震荡整理期间形成的缺口。普通缺口并无特别的分析意义，一般在几个交易日内便会完全填补，它只能帮助我们辨认清楚某种形态的形成。

如图3－2所示，长城电脑在2010年10月15日留下一个向下跳空的缺口，不久后的10月25日则又留下一个向上跳空的缺口。这两个缺口都发生在股价横盘震荡期间，因此都属于普通缺口。普通缺口就意味着在近期很可能回补，这也给短线玩家抓住回补向下跳空缺口的机会，不过这样的机会把握起来也是食之无味。

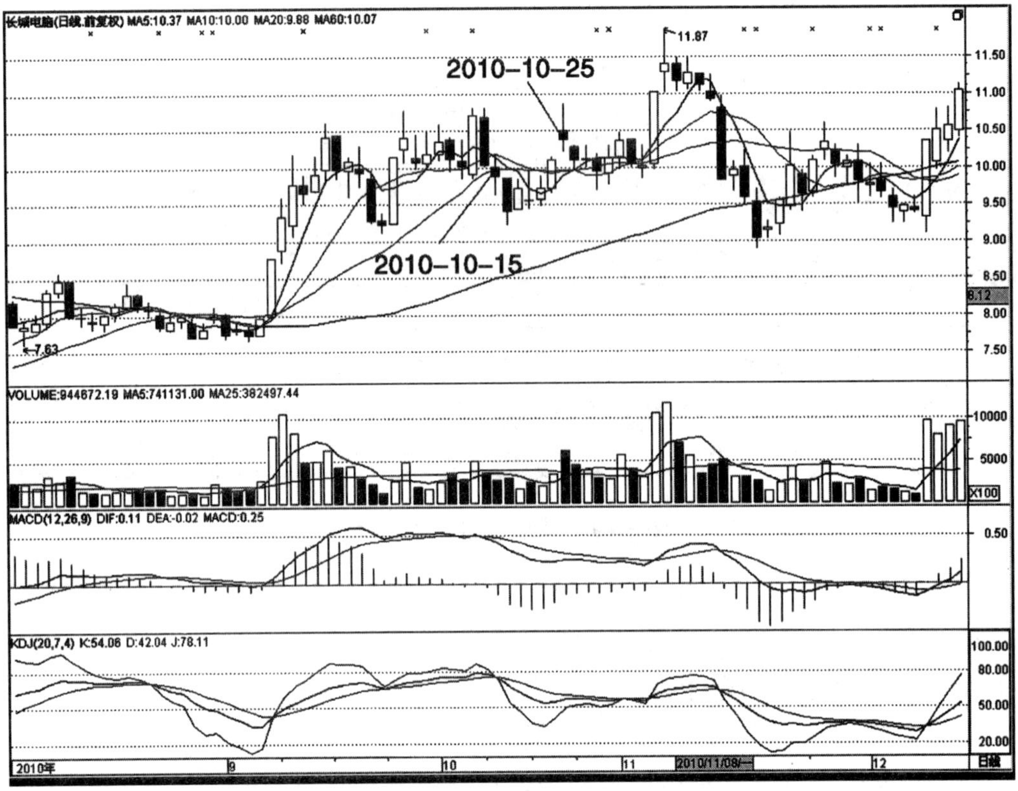

图3－2　长城电脑　000066

突破缺口

突破缺口是当一个密集的反转或整理形态完成后突破盘局时产生的缺口。当股价以一个很大的缺口跳空远离形态时，这表示真正的突破已经形成了。因为错误的移动很少会产生缺口，同时缺口能显示突破的强劲性，突破缺口愈大表示未来的变动愈强烈。突破缺口的分析意义较大，经常在重要的转向形态如头肩形的突破时出现。

这种缺口可帮助我们辨认突破信号的真假。如果股价突破后形成一个很大的缺口形态，足见突破十分强而有力。形成原因是其水平的阻力经过争持后，供给的力量完全被吸收，短时间内缺乏货源，投资者被迫要以更高价求货；又或是买方购买力完全被消耗，卖方须以更低价才能找到买家，因此便形成缺口。假如缺口发生前有大的交易量，而缺口发生后成交量却相对减少，则有一半的可能不久后缺口将回补。若缺口发生后成交量并未随着股价的远离缺口而减少，反而加大，则短期内缺口将不会回补。

如图3－3所示，深振业A 2010年7月20日在利好消息刺激下大幅跳空高开，并且最后封于涨停，当日留下一个很大的跳空缺口。这是一个典型的突破缺口。该股此前较长时间都是在一个较小的空间内窄幅震荡，形成一个平行的箱体，如今跳空突破自然是一个很好的买点。该股随后两天小幅震荡，但此后连续飙涨，成为当时叱咤风云的牛股。如果我们能把握到这个突破缺口，收获无疑巨大。

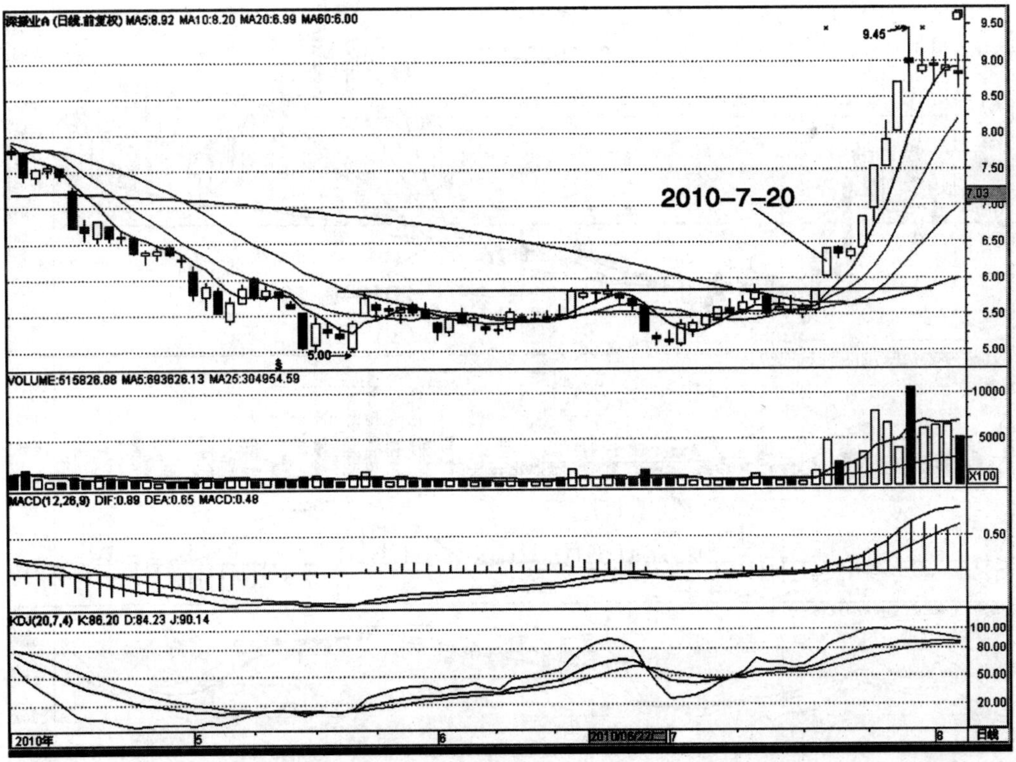

图3－3 深振业A 000006

持续性缺口

在上升或下跌途中出现缺口，可能是持续性缺口。任何离开形态或密集交易区域后的急速上升或下跌，所出现的缺口大多是持续性缺口。这种缺口可帮助我们估计未来后市波动的幅度，因此亦称之为量度性缺口。

持续性缺口的技术性分析意义最大，它通常是在股价突破后远离形态至下一个反转或整理形态的中途出现。持续性缺口能大约地预测股价未来可能移动的距离，其量度的方法是从突破点开始，到持续性缺口起点的垂直距离，就是未来股价将会达到的幅度。当然这种测量不是那么容易把握，要找个标准形态还真不容易，其准确性也不高。我们能预测的就是持续性缺口意味着后市还会继续上涨或下跌，至于何时见顶或见底可以结合其他信号研判。

如图 3－4 所示，爱施德在 2010 年 8 月 18 日后有一个突破缺口，突破的前高价位是 41.20 元。2010 年 8 月 23 日后该股有一个持续性缺口，起点价位

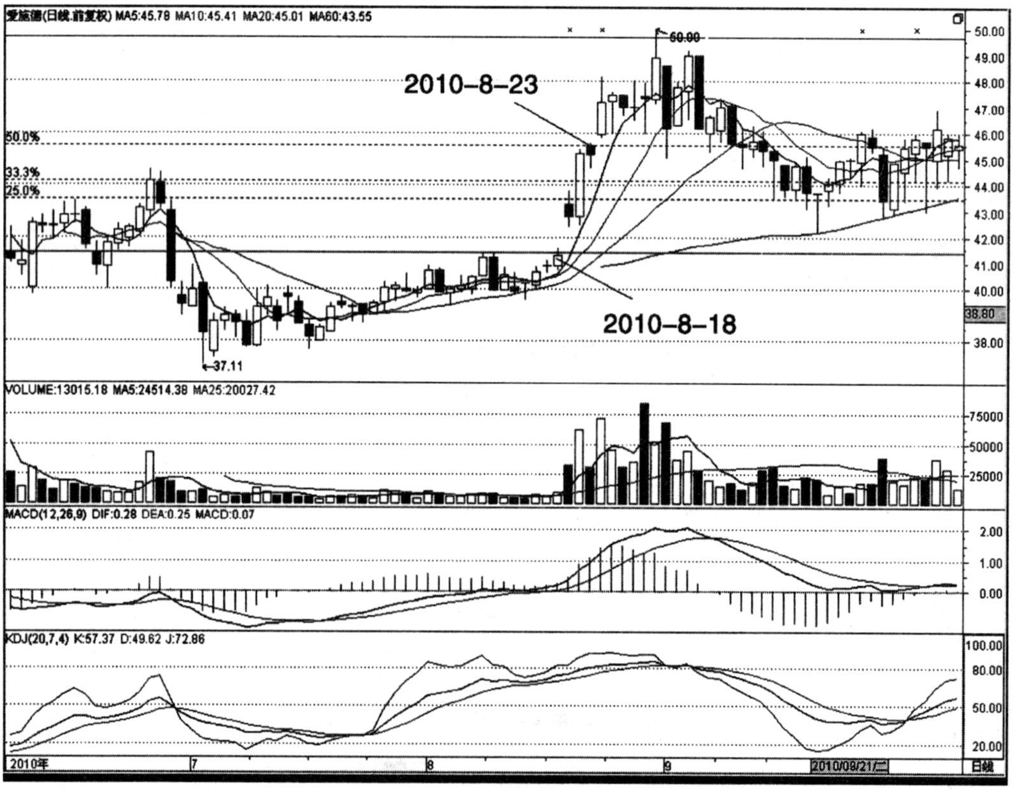

图 3－4　爱施德　002416

是45.50元。按照持续性缺口的量度作用，我们可以预测一下未来的上涨高度。高度等于突破的价位到持续性缺口起点价位的距离，即4.30元（45.50－41.20），那么未来的第一上涨目标应该是49.80元（45.50＋4.30）。该股这一波上涨最后到达50.00元，符合预测目标。

如图3－5所示，新民科技在2010年10月13日后有一个跳空缺口，因为它处于快速拉升过程中，属于持续性缺口。我们提到持续性缺口具有量度作用，这里也可以验证一下。该股突破的位置在9.90元左右，缺口的起点在11.53元，那么理论上的拉升幅度是突破位置到缺口起点位置的高度，股价对应为13.13元左右。该股这波上涨最高13.88元，略高于预测幅度，此后股价回落，预测基本正确。至于该股回调后继续上涨，那已经是下一波的事情了。

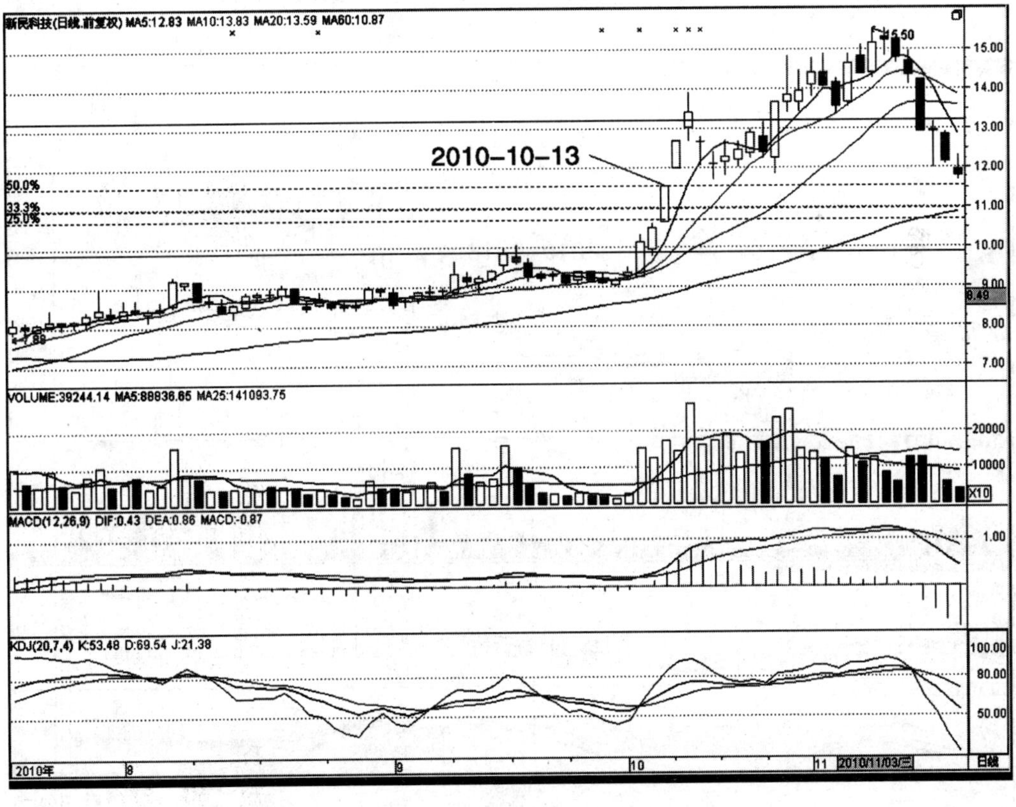

图3－5　新民科技　002127

消耗性缺口

和持续性缺口一样，消耗性缺口是伴随快速、大幅的股价波动而出现的。在急速的上升或下跌中，股价的波动并非是渐渐出现阻力，而是愈来愈急。这时价格的跳升（或跳空下跌）可能发生，此缺口就是消耗性缺口。通常消耗性缺口大多在恐慌性抛售或消耗性上升的末段出现，所以也叫竭尽缺口。

消耗性缺口的出现，表示股价的趋势将暂告一段落。如果在上升途中，即表示即将下跌；若在下跌趋势中出现，就表示即将回升。不过，消耗性缺口并非意味着市道必定出现转向。持续性缺口是股价大幅变动中途产生的，因而不会于短时期内封闭。但是消耗性缺口是趋势即将到达终点的最后现象，所以多半在2~5天的短期内被封闭。

如图3-6所示，佛山照明2010年8月18日跳空上行，股价突破前高，这是一个突破缺口。此后该股连续跳空上行，股价快速飙升。8月23日该股

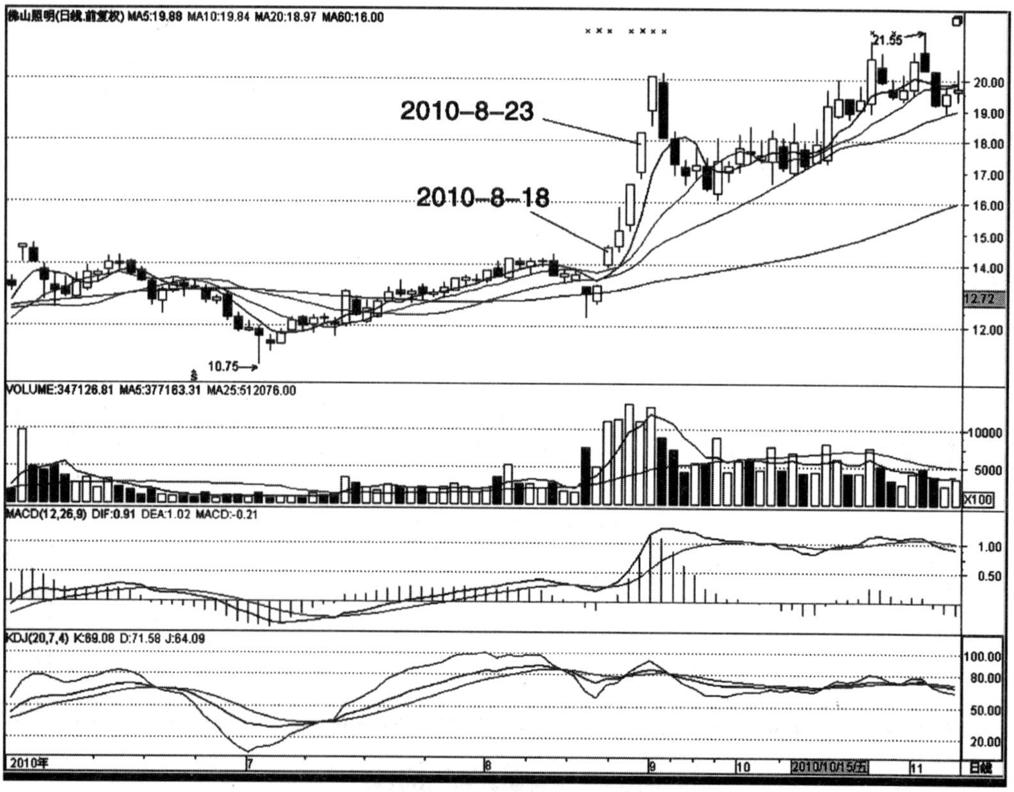

图3-6 佛山照明 000541

跳空涨停，次日继续大幅跳空涨停。由于此前该股已经连续跳空高开，23日后形成的跳空缺口有衰竭的可能，这种消耗性缺口通常会很快回补，我们要小心风险。该股次日反转向下，迅速回补缺口。从这个例子我们知道在股价快速拉升的末端做多动能快速消耗，虽然表面看股价仍维持强势，但风险也同时蕴含其中了。因此出现连续的跳空缺口后我们不能再盲目追涨了。

细节2：比较容易被忽略的缺口

我们经常关注的缺口是在K线图上留下空白的缺口，其实还有一些缺口是没有空白的。这是怎么回事呢？只因为我们看到的K线遮蔽了这种缺口。比如前日阳线上涨，次日跳空低开收阴，虽然没有空白，但实际上前后两天有一个成交空白，这也是缺口。这种缺口是不为我们熟悉的，但分析价值是相同的。

如图3－7所示，西安旅游2010年11月16日跳空下跌，与前日大阳线形

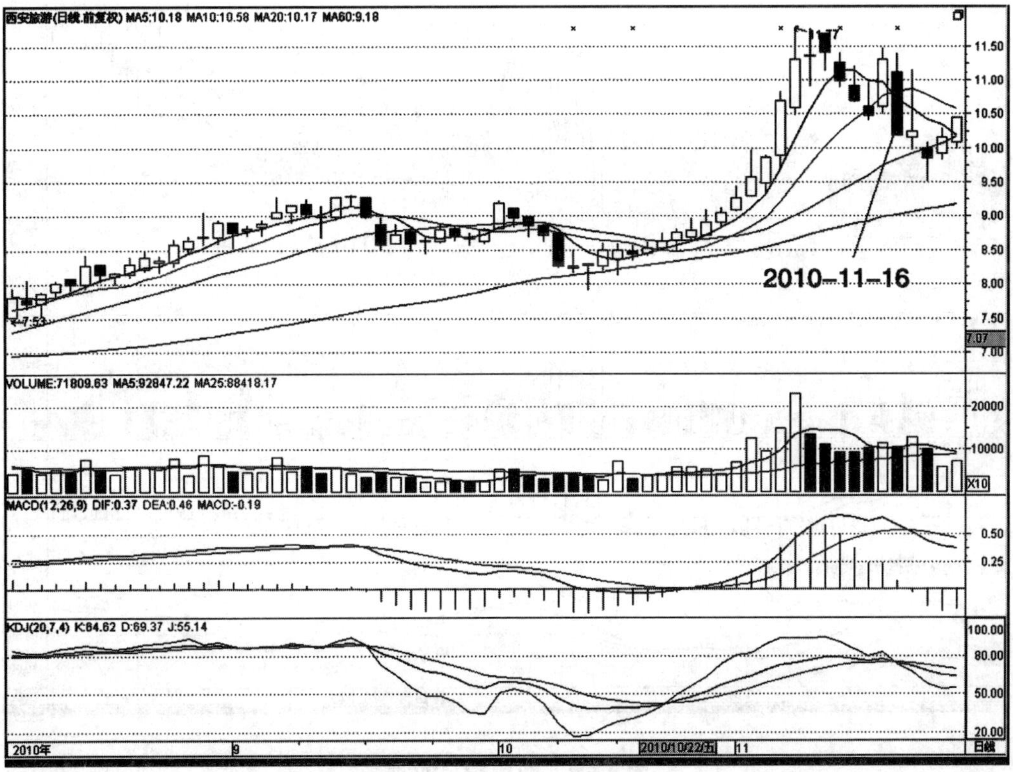

图3－7　西安旅游　000610

成一个较大的跳空缺口。虽然K线图上没有出现空白区域，但事实上前日的收盘价与当日的开盘价之间有一个成交空白，这也是事实的缺口。这种成交空白同样能显现多空的差距。本例这个隐蔽的缺口就是空头非常强势的表现，完全压制了多头，持股者愿意以更低的价格出货，带有很大的恐慌性。这对股价的后市走势有很大推动作用。该股此后继续下跌，维持下跌趋势，前日的大阳线反弹就此夭折。

如图3-8所示，新中基2010年10月19日收出小阳线，这里留下一个很难察觉的缺口，那就是该股当日是跳空上行的，虽然是貌不起眼的几分钱，但跟前日的收盘价存在事实上的跳空距离，自然也是一个缺口。因为这个价位在前低附近，如今跳空上行，说明二次探底已经结束，后市应该会继续上涨。该股在2010年11月19日同样留下这样的一个缺口，但不久后就被回补。

图3-8 新中基 000972

细节3：缺口的大小

缺口大小与能量大小成正比。缺口越大，能量越大。如果是上涨缺口的话就说明多头占据了压倒性优势，市场疯狂扫货，后市继续上涨的可能性很大。如果是下跌缺口，则说明做空动能十足，后市继续下跌的概率更大。

如图3－9所示，成飞集成这只2010年的超级牛股走势非常简单明了。这里我们来看看2010年7月6日这天该股形成的缺口。这个缺口是当日该股开盘跳空直接封涨停板形成的，图形上就是一个“一”字。这是最强势的涨停方式，普通散户根本没法进场。从缺口的角度看，这种缺口的幅度也是最大的。它表示什么意思？大家都很清楚，主力在集合竞价的时候就用大量封单牢牢把住了买入的通道口，但凡有人出货就尽数扫入囊中。这种“一夫当关，

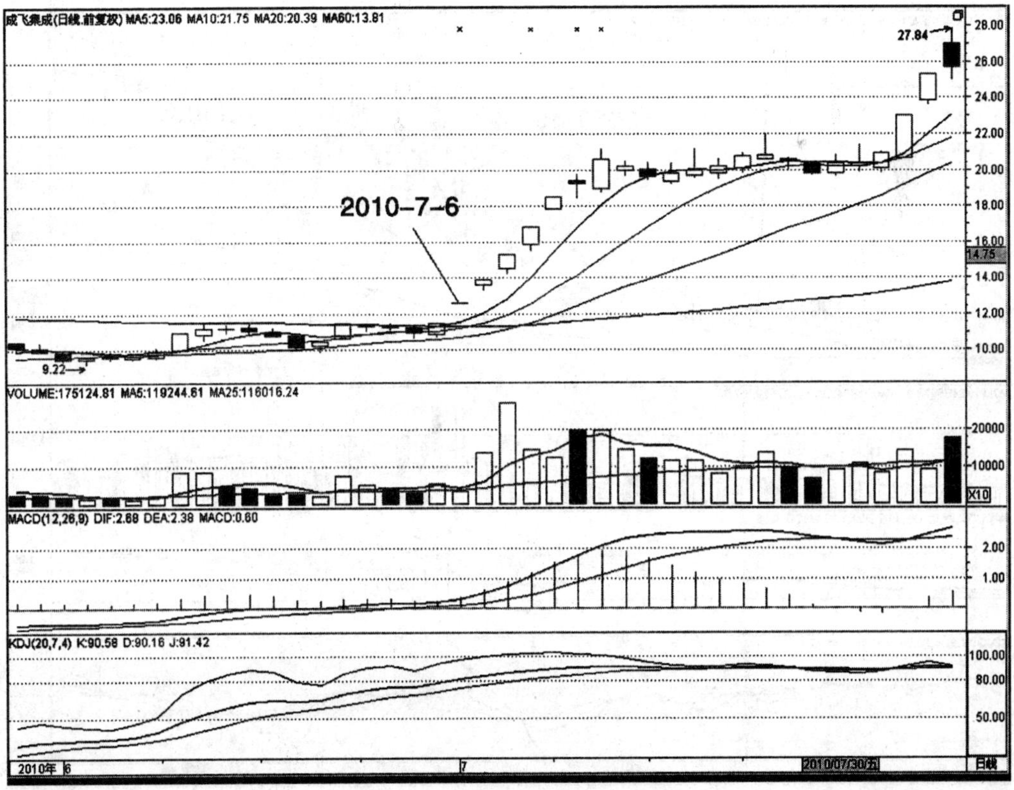

图3－9 成飞集成 002190

万夫莫开”的架势体现了主力舍我其谁的气概，做多的能量自然是巨大无比，空头根本无法撼动。这种涨停也往往产生了附属效益，本来想出货的看到多头这么强势也就惜售了，因此我们往往看到一字涨停的个股成交量都很稀疏。

从本例这个缺口我们清楚地知道了缺口的能量与缺口的大小有一定的关系，特别的类型就是这种一字涨停，缺口巨大，能量也是无与伦比，后市继续上涨的可能性比较大，甚至有些股票会连续涨停。因此只要能这样封涨停，我们可以继续持股待涨。

如图 3－10 所示，天通股份在 2010 年 10 月 29 日留下一个跳空缺口。这个缺口出现在股价加速上升途中，因此是持续性缺口。当日该股的跳空幅度达到 5 个点，也是一个幅度巨大的缺口，足见买盘的踊跃。这也直接导致该股当日再度封于涨停。超过 3 个点的跳空幅度都属于较大的缺口，如果当日没有回补，说明多头的实力非常强大，后市很可能继续上涨。

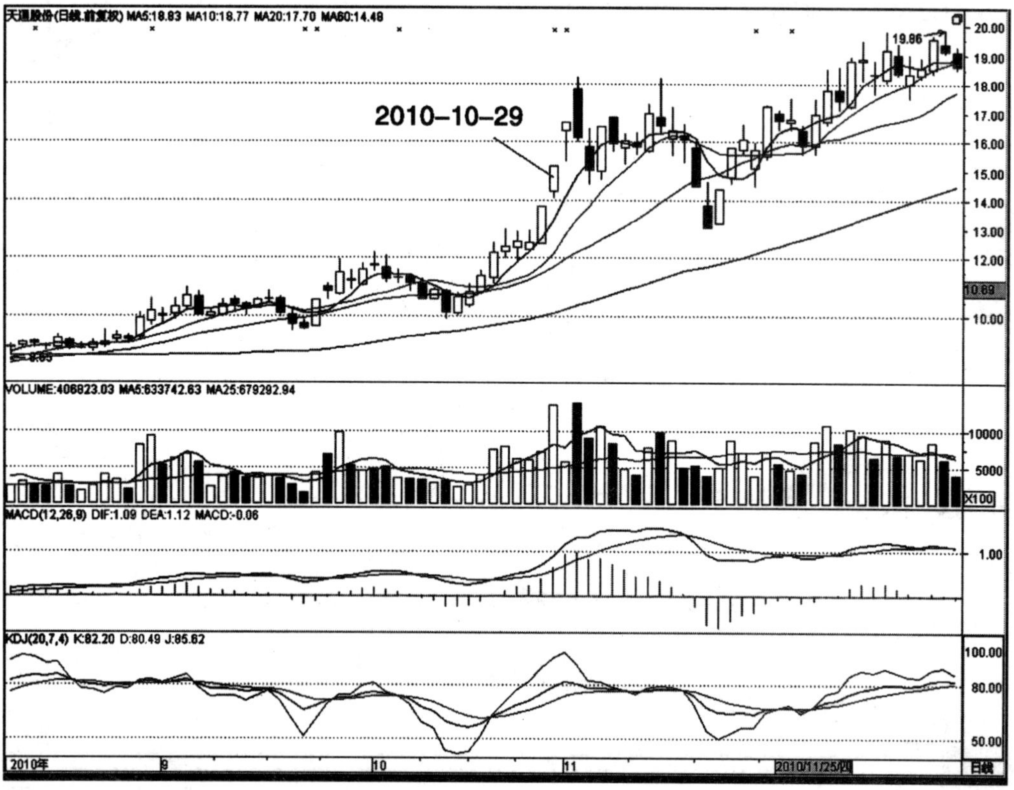

图 3－10 天通股份 600330

如图3－11所示，恩华药业在2010年7月29日收出一根中阳线，如果你不细心，可能根本不会发现当日留下了向上的跳空缺口。这个缺口只有3分钱，肉眼是无法分辨出来，但是缺口的意义同样存在。当时该股处于反弹走势中，这个缺口的阳线恰好突破60日平均线，中线走势有走好的趋势。既然股价能以跳空的方式攻击60日平均线，也说明多头的做多决心十分坚决，后市相对应该看好。此后该股果然持续上升，转入正式的上升趋势。这个缺口的意义虽然只是一个普通的持续缺口，但因为突破了60日均线而使上升趋势逐渐明朗，给了我们关于后市很好的研判依据。

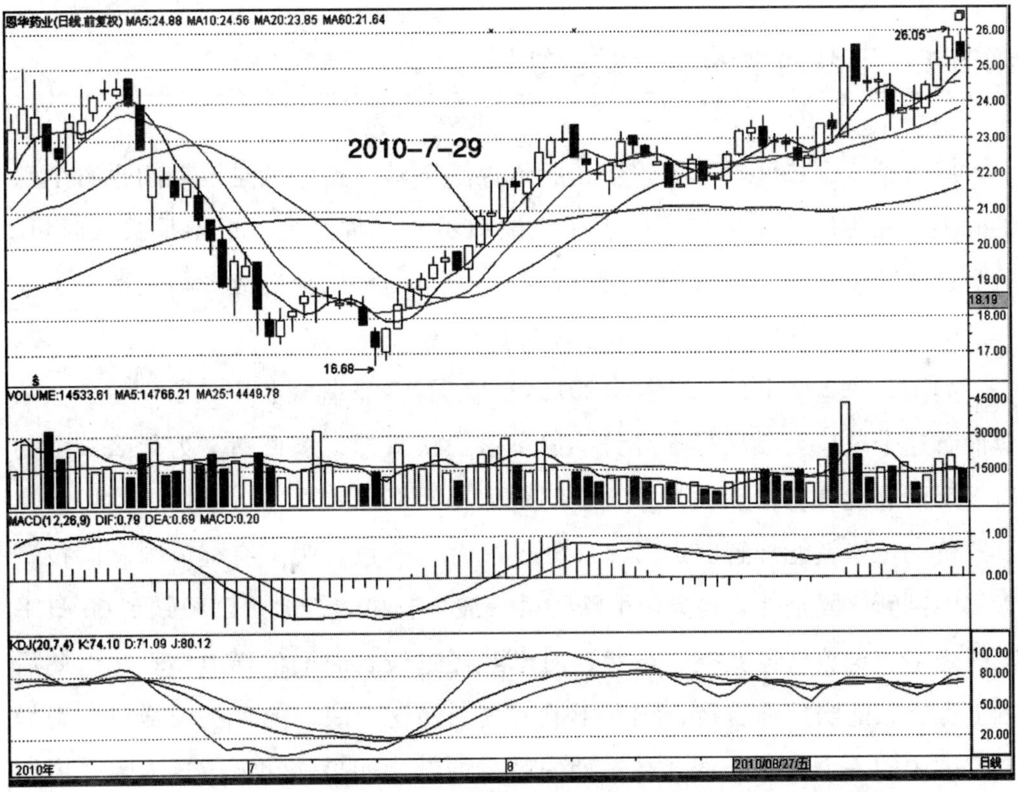

图3－11 恩华药业 002262

第二节 向上跳空的缺口

向上跳空的缺口是股价上升途中留下的。既然是股价跳空上涨，说明市场看好该股，愿意以更高的价格买进，这样水涨船高导致股价偏离。向上跳空的缺口至少从表面看有助涨的作用，会吸引跟风盘抢筹。

细节1：下跌途中的向上跳空缺口

股价整体走势呈现下行趋势，股价逐浪下跌，这也就是说期间也有上涨的时候。在股价反弹中出现向上跳空缺口不是一件好事，更不是买入时机。因为这样的跳空缺口很可能在近期回补，一旦回补则会延续此前的跌势。这样的缺口我们通常要回避，千万不能盲目追涨。

如图3-12所示，吉恩镍业2010年12月13日跳空收阳，留下缺口。从盘面看这个缺口无疑显得很强势，但是该股次日即见顶回落。为什么该强的时候反而表现得非常疲软呢？这个问题值得我们深刻思考。事实上我们关注到股价的位置就能理解。当时该股处于一个什么位置呢？有整体观念的投资者都能判断该股是处于自高位下跌的第一波休整位置，股价已经跌到60日平均线之下，走势已经变空。虽然这时已经经过较长时间的横盘整理，但此后的上涨也只能当反弹看待，预期不能太高。而这个缺口的存在同样只能看做是反弹中的一个普通上涨，在短期内就会回补。如果你知道了这一点，应该不会盲目追高了。此后该股受到60日平均线的压制，回落补缺，短线进场几乎没有机会盈利，却很可能亏损。这说明在下跌途中，特别是下跌初期，看到缺口千万不要盲目进场，套住的可能性很大。

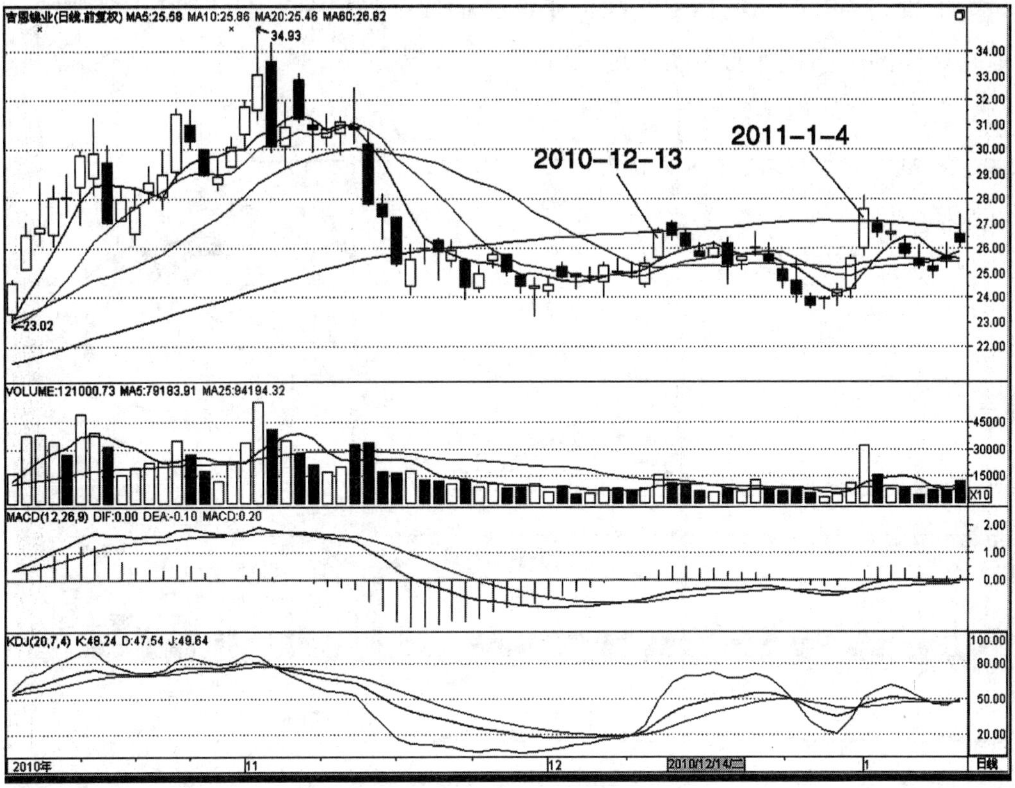

图3－12　吉恩镍业　600432

细节2：向上突破缺口

股价前期处于震荡整理状态中，最后选择突破方向。如果此时以跳空的形式突破整理形态，说明多头开始发起强势攻击，是跟进的良机。通常所见的整理形态包括箱体、旗形、三角形和头肩形等。不管哪种整理形态都是蓄势的表现，最后会选择方向，因此向上突破缺口就是指引方向的旗帜，我们没理由不跟进。

如图3－13所示，山煤国际2010年10月8日跳空涨停，留下一个明显的缺口。这个缺口显然是突破缺口，因为此前该股的走势基本是一个箱体。如今股价突破箱体上边线，而且是以跳空涨停的方式，更见多头强大的实力，是追涨的极佳时机。此后该股连续暴涨，成为当时炫目的牛股。这个突破缺口给了我们很好的市场信号，我们要学会把握这种机会。通常追高不是好事，但是这样的追高是非常有价值的。

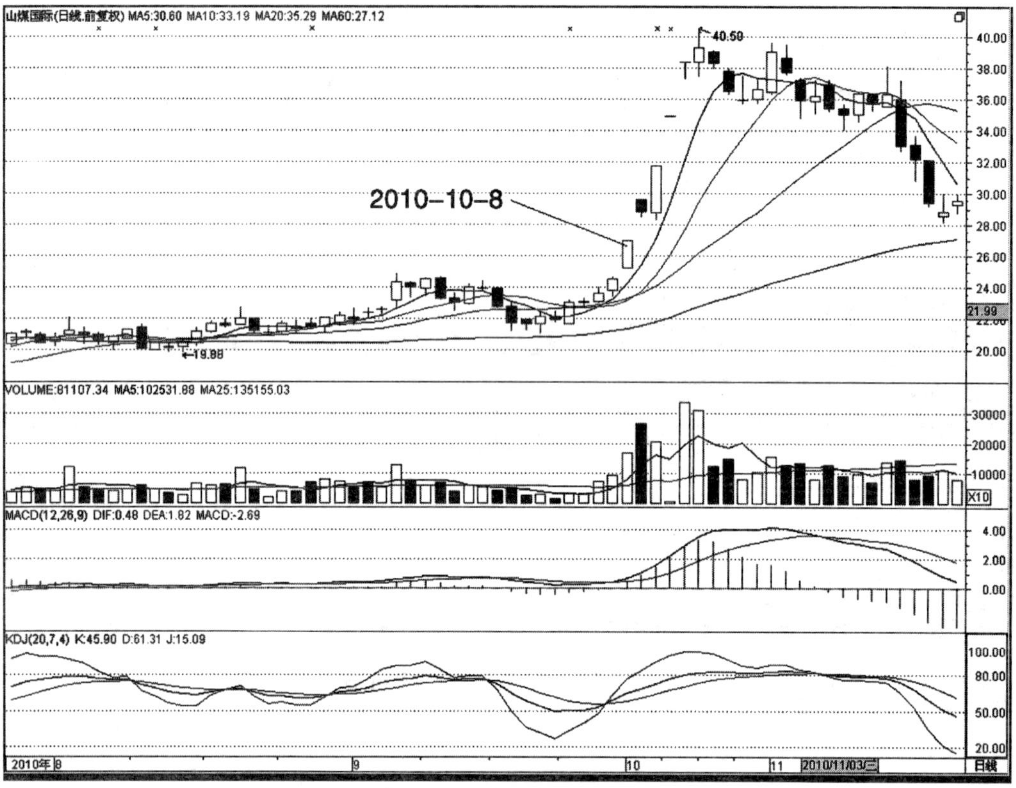

图 3－13　山煤国际　600546

细节 3：上升途中的持续性缺口

股价突破整理形态后持续上升，这时候如果出现缺口一般是持续性缺口。既然是持续性缺口，那就意味着后市还会上涨。当然也不排除短期会回补缺口，但回补完毕后也是一个买入时机，因为股价还会回到原来的上升趋势中去。

如图 3－14 所示，片仔癀 2010 年 11 月 16 日跳空上涨，留下明显的缺口，走势非常强势。这时候是追涨还是暂时观望一下呢？整体看该股刚突破不久，后市应该相对看好，但也说明这个缺口不是突破缺口，而是上升途中的持续性缺口。持续性缺口也可能在近期回补，这要看量能情况。当日该股成交量巨幅放大，这说明买盘强悍，同时卖盘也非常踊跃。因此我们判断补缺的可能性较大，短线投资者可以暂时观望，等待股价回落补缺。补缺后很可能有买入时机，这个时机可以参照股价突破的前高位置。我们都知道压力和支撑会相互转换的道理，这里就不具体展开说明，有兴趣的读者可以参看笔者的其他看盘著作。该股后市的走势也如预期般发展。

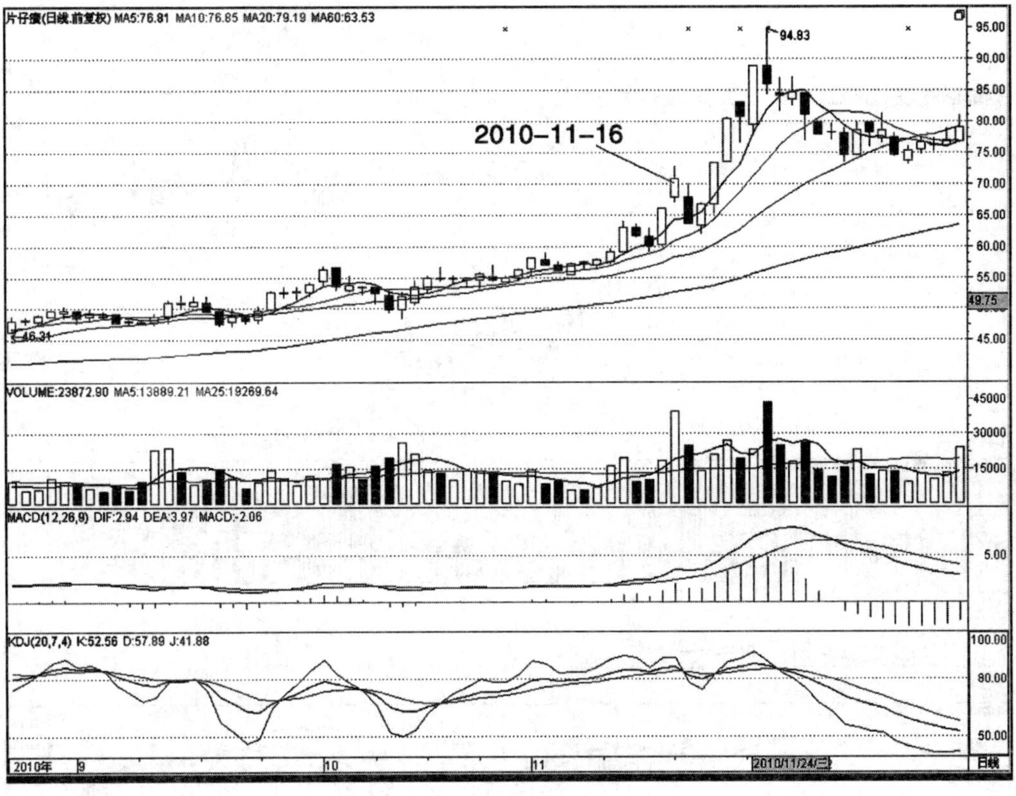

图 3-14 片仔癀 600436

细节 4：高位顶部区间缺口

股价已经高高在上，主力可能借着市场的狂热气氛加速拉升，此时出现的向上跳空缺口未必是好事。如果当日出现成交量异常放大，则更可能是主力借机出逃，此时我们要多一份冷静，别盲目追涨。

如图 3－15 所示，常发股份在 2010 年 11 月 4 日收出大阳线，次日该股延续强势，跳空高开，但是最后收出带有较长上下影线的小阴线，同时成交量大幅放大。对于这个缺口我们该如何看待呢？这个缺口无疑出现在相对的高位。该股自 18 元附近一直涨到现在的 25 元，短线涨幅已经够大，此时出现跳空缺口难保不是主力制造诱多陷阱。特别是当日虽然大幅高开，但最终只收出小阴线，留下较长的上影线，说明多空分歧巨大，这种跳空缺口我们要慎进。

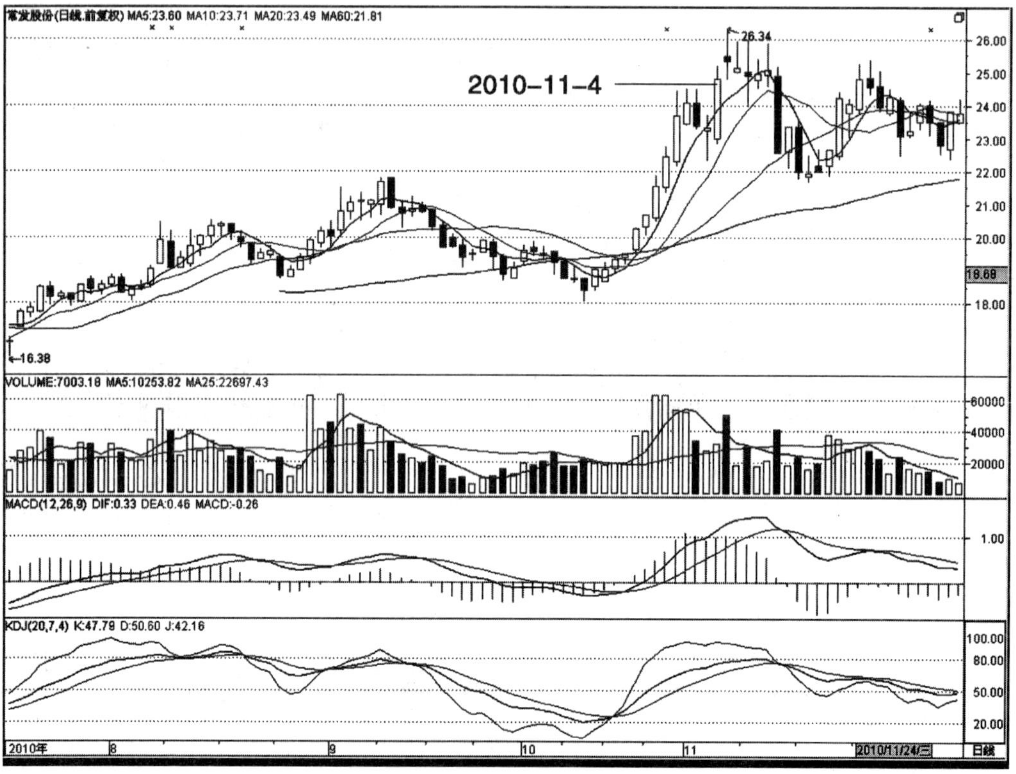

图 3－15　常发股份　002413

细节 5：低位底部区间的向上跳空缺口

股价已经大幅下跌，此时主力可能试探性建仓，也就可能出现向上跳空的缺口。这些向上的跳空缺口只是主力试探进攻的表现，千万别太当真，此后可能还会有二次探底，至少会回调震仓。这样的缺口短期很可能回补，短线有较大的风险。

如图3－16所示，内蒙华电2010年5月28日向上跳空上行，当日留下跳空缺口。这通常是多头强势进攻的表现，我们是不是也应该据此买入？当时该股已经经过大幅下跌，进场看似风险也不大。但是这样的缺口往往只是主力试探的信号，后市未必会继续上升，反而很可能在短期回补缺口。这样的缺口我们还是慎进，除非该股已经进行了充分的底部整理。

图3－16 内蒙华电 600863

如图3－17所示，安徽水利在2010年7月20日跳空上行，虽然当日只是收出小阳线，但留下一个较大的缺口。这个缺口有何意义？你又该如何操作呢？从整体看，该股此前筑底的意味很浓，在8元附近反复震荡，这个位置的支撑应该很牢固。7 月 20 日的跳空收阳恰好突破前面的一个小高点，我们可以把这个缺口看做突破缺口，主力做多态度比较坚决，同时实力自然也比较强，因此可以跟进。另外该股此时也同步突破了 60 日平均线，中期走势初步走好，后市比较乐观。该股此后果然逐步走高，表现跟预期吻合。

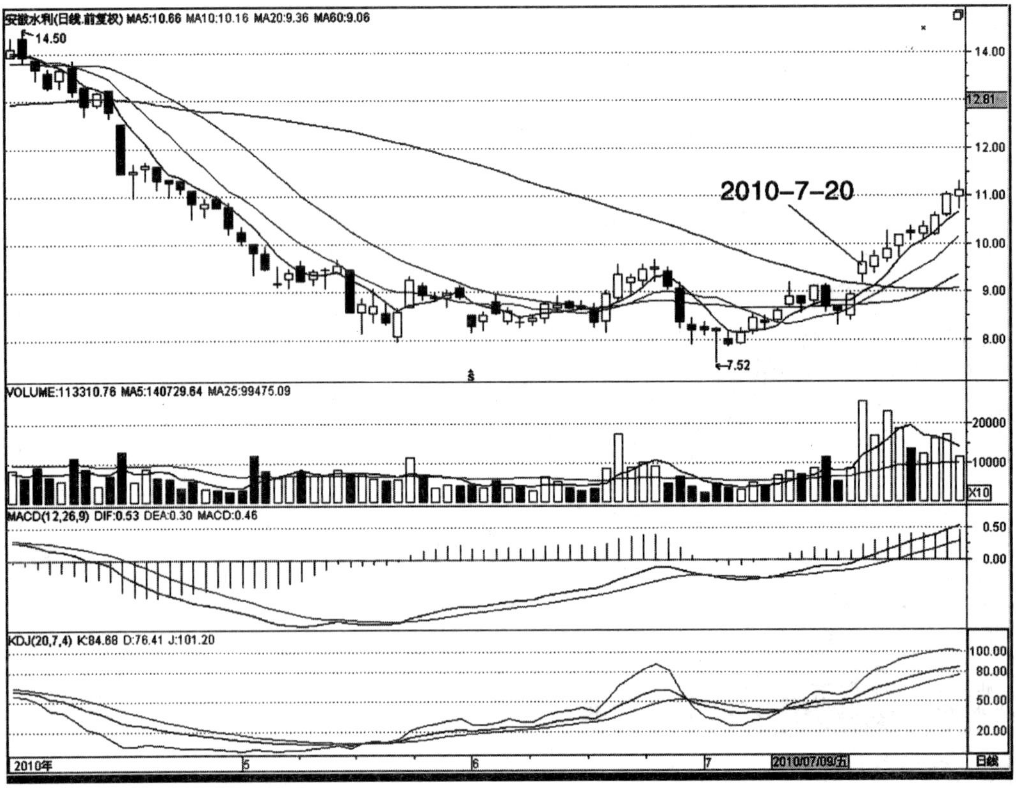

图 3－17　安徽水利　600502

第三节　向下跳空的缺口

向下的跳空缺口是空头强势的表现，后市通常会继续下跌，但是在股价严重超跌的背景下，向下跳空的缺口也可能是加速赶底，大型底部也许就在眼前。

因此关注向下跳空的缺口不能忽略股价的整体位置，下面我们具体阐述。

细节1：上升途中的向下跳空缺口

股价整体处于上升趋势，这期间也可能回调，那么回调中出现的向下跳空缺口是难得的进场机会。因为整体的上升趋势最终会让股价回到上升通道中，只要股价不是已经大幅上涨。同时，这种向下的跳空缺口短期会回补，从短线角度也可以进场等待回补缺口。

如图3－18所示，时代新材是高铁概念炒作的牛股之一。我们来看看2010年10月14日留下的一个向下跳空缺口。当日该股跳空下行收出大阴线。因为该股此前在高位的一个平台横盘整理，如今向下跳空突破平台，说明走势已经变坏，投资者应该止损出局。可是该股此后很快止跌回升，后市的涨

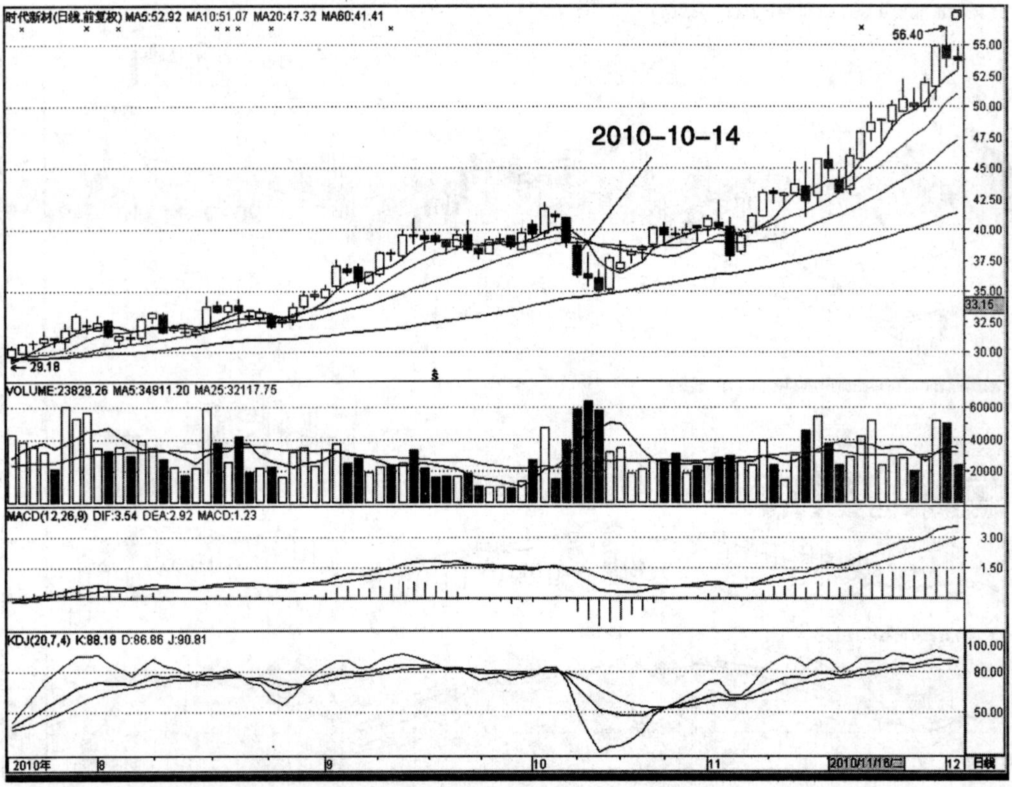

图3－18 时代新材 600458

幅巨大。这说明10月14日这个跳空缺口有洗盘的嫌疑。当然这是马后炮，但当时止损出局是不会错的。此后在60日平均线上方股价止跌回升，我们应该能意识到洗盘结束，短期将回补前面的跳空缺口，因此止跌的时候也是短线进场的时候，等待回补缺口。

细节2：高位反转突破缺口

如果股价已经高高在上，整体涨幅相当大，随时可能反转向下，那么在这种背景下的向下跳空缺口就是趋势反转的标志，意味着空头最终动手了，且占据明显优势，后市很可能就此逆转向下。特别是以缺口的形式突破高位的整理形态，这种走势基本宣告反转成立，投资者只能在第一时间出逃。

如图3－19所示，万科A在2010年11月10日跳空下行，留下一个很明

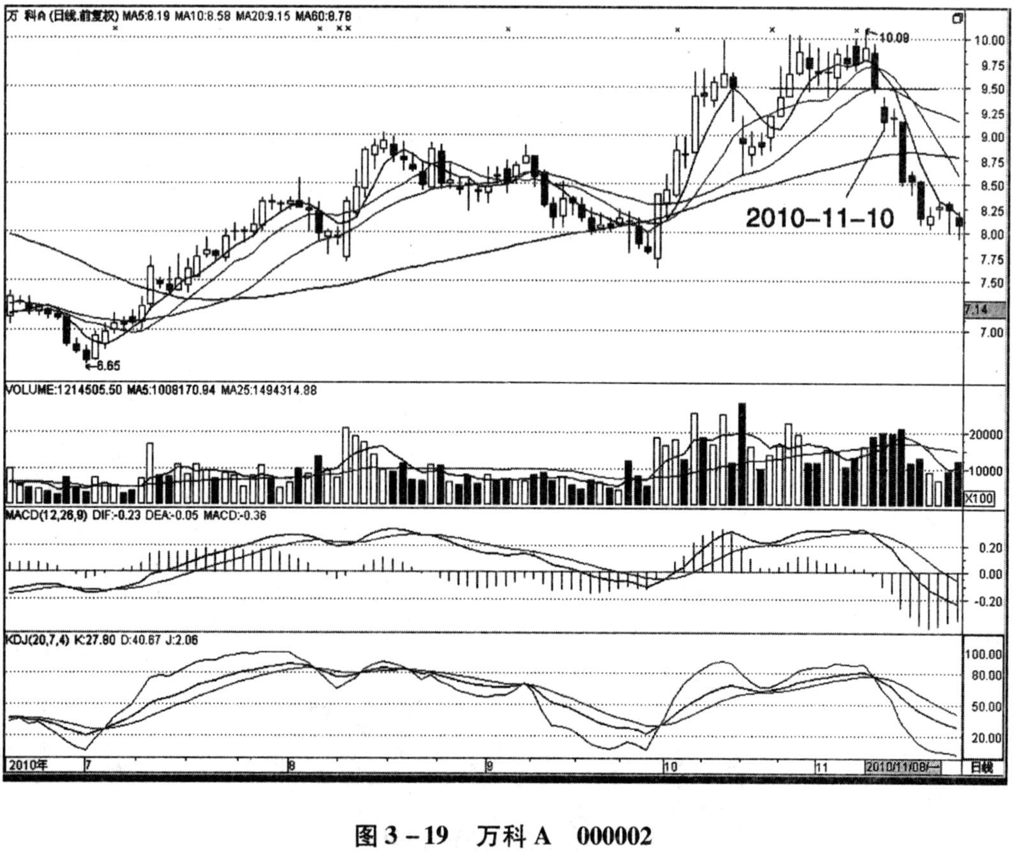

图3－19　万科A　000002

显的缺口。此前该股在高位进行了两周的横盘震荡，如今这个缺口明显突破了横盘平台，属于突破缺口，后市应该会继续下跌，投资者只能趁早离场。

如图3－20所示，上海物贸在2010年11月12日跳空下跌，最后跌停，当日留下一个明显的跳空缺口。这个跳空缺口是什么性质？该股此前在前高附近横盘，方向很难确定，而这个向下的跳空缺口帮我们做出了选择，那就是向下突破。因此这个缺口是突破横盘平台的突破缺口。既然股价走势已经做出了选择，那我们只能第一时间止损出局。

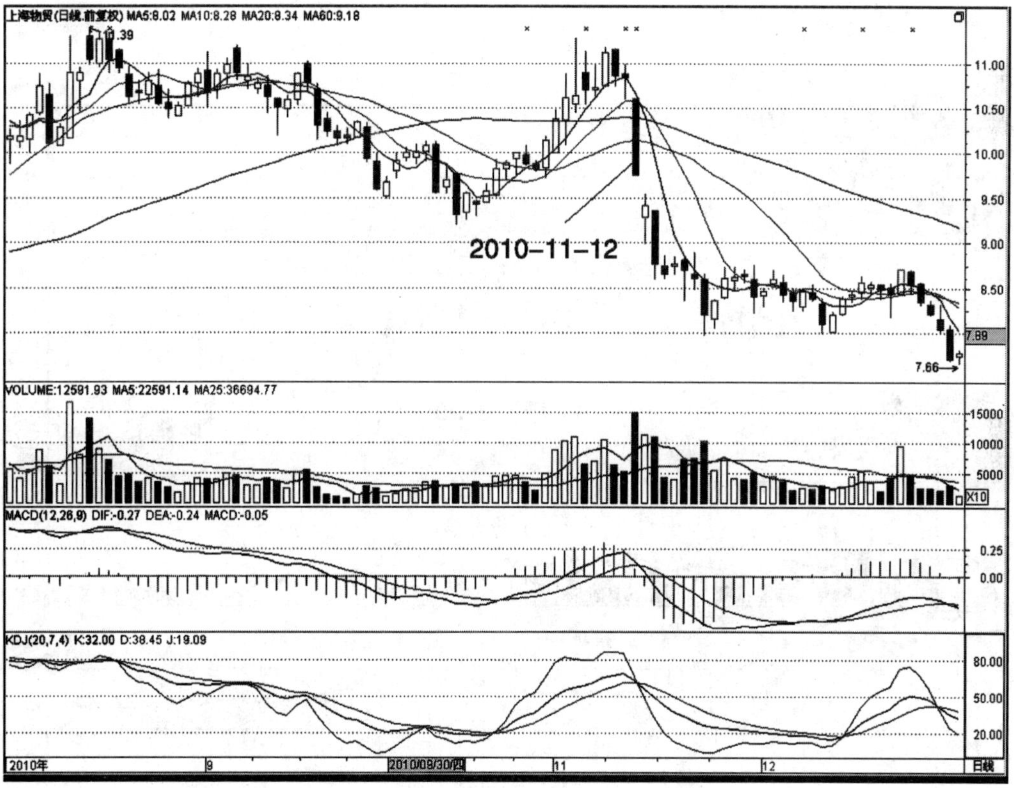

图3－20 上海物贸 600822

细节3：下跌途中的持续性缺口

下跌途中的向下缺口多是持续性缺口，后市应该还会继续下跌。至于短期会不会回补则要看量能情况，如果止跌后有量能配合则很可能回补缺口。一般来说持续性缺口要等到下一波上涨的时候才会回补，这种缺口倒是对股价有向上牵引的作用。

如图 3－21 所示，深圳能源在 2010 年 12 月 29 日跳空下跌，留下一个明显的缺口。这个缺口发生在股价整体下跌趋势中，属于持续性缺口。持续性缺口意味着后市还会下跌，当然也不排除近期会回补，这要看多头参与的力度。该股此后虽然止跌回升，但缺乏成交量的配合，反弹无力，也就难以回补缺口。缺口说明中间有大量的套牢盘，而要回补缺口是需要有真金白银的，这就需要成交量的配合。

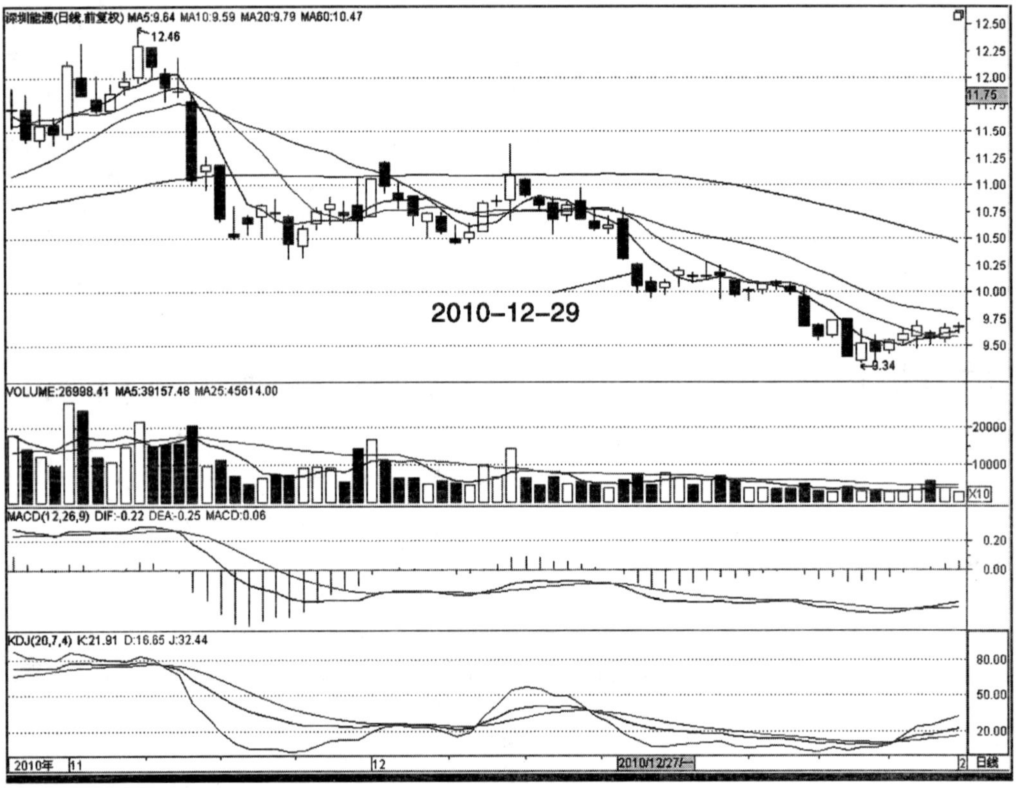

图 3－21　深圳能源　000027

细节4：下跌途中突破整理平台的缺口

在下跌途中也经常会反弹，形成各种整理形态。但我们要意识到这只是下跌的中继平台，一旦破位就说明后市还有较大跌幅。如果以缺口的方式突破整理平台则是空头一种极端的宣战方式，投资者只能无条件止损出局。

如图3－22所示，蓝帆股份在2011年1月11日跳空下跌，留下一个较大的跳空缺口。这个缺口是一个突破缺口，股价有效突破此前的整理平台，按道理还有等同于前波下跌的幅度，这里我们不探讨关于幅度的问题，我们现在关注的是这个缺口的性质。该股此前整体处于下跌趋势中，短期小幅上升，走出一个中继平台。如今股价跳空下行，这个缺口的性质就属于突破缺口，

图3－22　蓝帆股份　002382

后市不容乐观，投资者还是趁早离场。这种突破下跌整理平台的缺口杀伤力通常都很大，该股后市大幅下跌也证明了这一点。

细节5：低位衰竭缺口

股价已经大幅下跌，成交量持续低迷，下跌动能逐渐衰竭，如果此时出现向下跳空的缺口，很可能是衰竭缺口，有加速赶底的作用，后市的跌幅应该非常有限。我们可以在出现衰竭缺口后密切关注，一旦止跌就可进场，这个衰竭缺口通常在短期内会回补。

如图3－23所示，上海电气2010年7月5日跳空下跌，但当日只是收出小阴线。跳空下行本来是空头强势的表现，但最后只收出小阴线，这就有明显的矛盾，说明空头的杀跌动能已经接近衰竭。既然空头已经力竭，那底部

图3－23　上海电气　601727

应该就在眼前，虽然不一定立刻就反转，但投资者可以试探性建仓了，至少这个缺口会在近期回补。

第四节 岛形反转

岛形反转是股票形态学中的一个重要反转形态，就是说这种形态出现之后，股票走势往往会转向相反方向。投资者看到这种形态应及时做出买入（底部）或卖出（顶部）决定。岛形反转分为顶部岛形反转和底部岛形反转。岛形反转是走势强烈反转的信号。顶部岛形的左侧为上升消耗性缺口，右侧为下跌突破性缺口，是以缺口填补缺口，这两个缺口出现在很短的时间内，说明市场情绪化特征明显；高位岛形的顶部一般是一个相对平坦的区域，与两侧陡峭的图形形成鲜明对比。底部岛形形态与顶部岛形相反。

细节1：位置

不管是顶部岛形反转还是底部岛形反转，都要放在股价的整体背景下分析，股价的整体位置很重要。如果股价已经大幅上涨，此时形成顶部岛形反转的就可能是真正的顶部；如果只是在上升途中，这样的岛形反转也许只是短期调整的标志。反之，在股价大幅下跌后岛形反转可能形成大底；如果是下跌途中则可能只是短期反弹的信号。

如图3－24所示，古井贡酒2010年11月29日跳空涨停，不过次日即反转下跌，第三天跳空下行，虽然跌幅不大，但一个小型的岛形反转已经成立。这是一个比较危险的位置，因为从整体看，该股的涨幅已经是个足以吓倒任何人的数字。涨幅越高，风险自然越大。因此这个岛形反转虽然貌不起眼，但也应该引起足够的重视。后市该股果然开始逐浪回落，如果没有足够的警惕，损失必将很大。

图 3-24　古井贡酒　000596

如图 3-25 所示，陕天然气 2010 年 5 月 20 日后形成一个岛形反转，这是最简单的岛形反转，也是通常人们所说的早晨之星。这是一个向上反转的岛形，预示着后市很可能继续上涨。从位置来看，该股当时已经经过一段较大的下跌，有反弹甚至反转的需求。该股此后继续上升，回补了前期的一个巨大缺口，然后二次探底，整体走势没有预期的强。这说明岛形反转没有经过充分的蓄势还是有很大缺陷，预期不能太高，很可能二次探底。

如图 3-26 所示，烟台氨纶 2010 年 7 月 15 日后走出一个岛形反转形态，也就是早晨之星。这个岛形反转的走势比较强，量能也有明显放大，做多意图明显，是介入的一个较好时机。从股价的整体来看，该股自低位逐浪上升，底部明显抬升，后市继续走强的可能性很大，这也为这个岛形反转打下了坚实的基础。后市该股持续上升，涨幅较大，如果能在这个岛型反转介入，收获应该还是蛮大的。

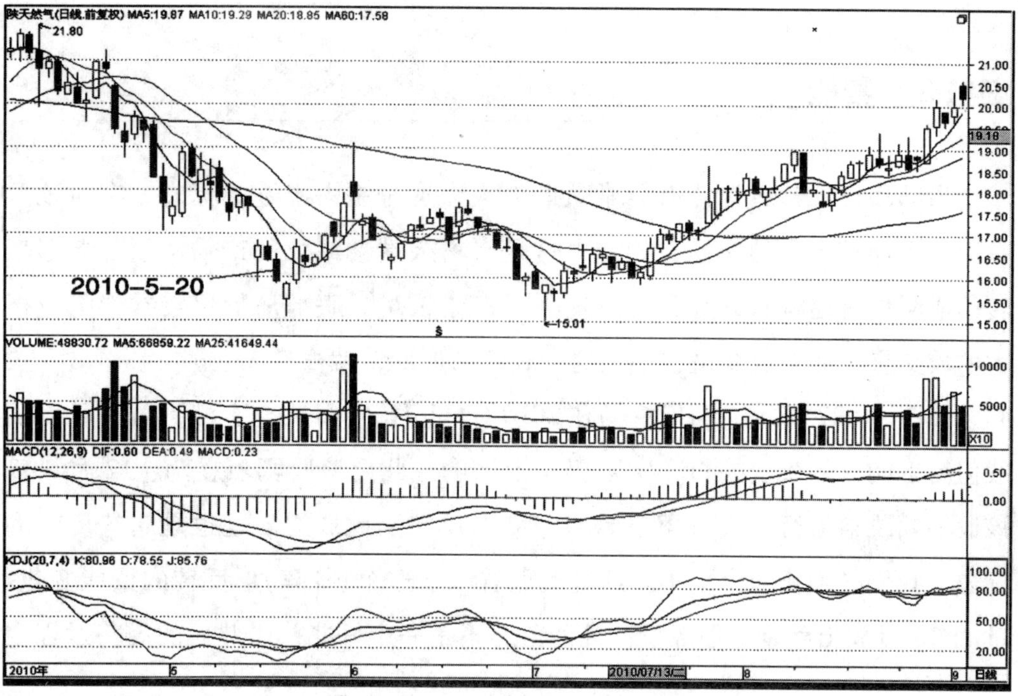

图3-25　陕天然气　002267

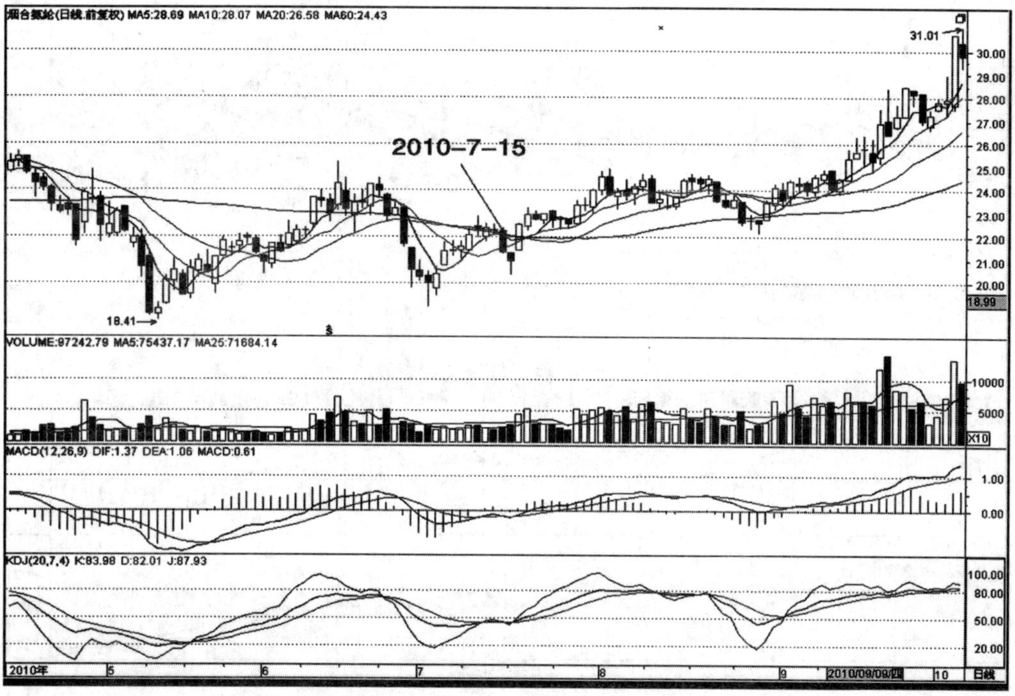

图3-26　烟台氨纶　002254

细节 2：量能

顶部岛形反转通常伴有异常量能放大，这是主力出逃的标志。有时顶只是由一个伴随天量的交易日构成，这是市场极端情绪化的产物。顶部岛形反转的成交量呈递减状，并且左侧量为形态中天量；底部岛形反转常伴随着很大的成交量，如果成交量很小，这个底部岛形反转就很难成立。

如图 3－27 所示，四川双马在 2010 年 11 月 26 日跳空上涨，虽然是大阴线但留下明显的跳空缺口，实际仍是上涨的。此后该股剧烈震荡。12 月 3 日该股小幅跳空下行，当日留下缺口，岛形反转至此成立。这也是趋势反转的标志，我们必须止损出局了。这里重点看一下这个顶部岛形反转的量能变化。11 月 26 日放出巨量，但股价冲高回落，不是一个好兆头。此后的震荡过程中

图 3－27　四川双马　000935

量能越来越小，到跳空下行的时候量能已经严重萎缩。这是典型的顶部岛形反转量能变化。前期的剧烈放量说明多空分歧严重，有主力出货的嫌疑，随着主力的出逃，成交量越来越小，最后只剩下散户为主，跳空下跌也就是自然而然的事了。

如图 3－28 所示，西南合成 2010 年 10 月 27 日跳空高开，但冲高回落，收出伪阴线，次日跳空低开，当日收出中阴线，一个小型的岛形反转形成。这也是通常所说的黄昏之星，是出局的信号。除了该股前期涨幅巨大这点外，我们这里特别关注一下量能情况。10 月 27 日这根伪阴线伴随着巨大的成交量，这说明什么？除了主力出逃外，我想没有什么别的解释。主力借着短期股价快速拉升之势抓紧出货，导致成交量异常放大，稍有警惕心的投资者应该能意识到头部已经在形成，而岛形反转不过是对顶部的确认。因此高位的放量的岛形反转几乎可以肯定是头部，我们需及时处理手中的股票。

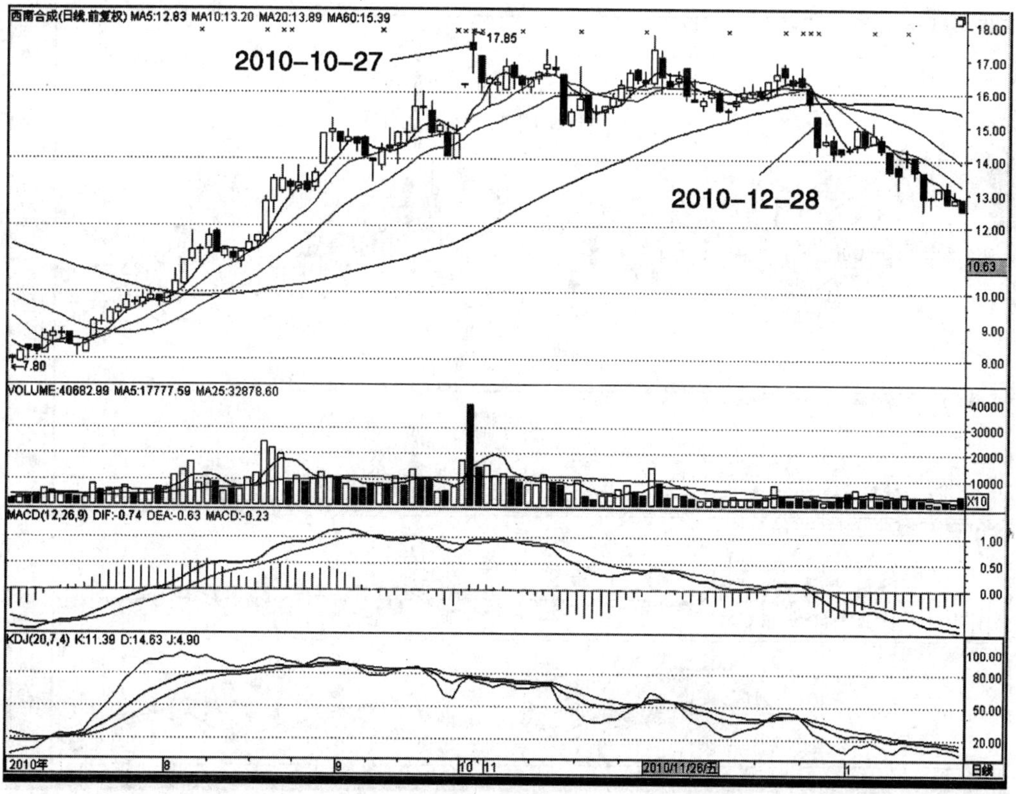

图 3－28　西南合成　000788

细节3：多空力度

岛形反转的力度跟反方向的缺口的大小有关，也跟破位的K线力度有关。顶部岛形反转的向下跳空缺口越大，说明做空的动能越大，后市更不乐观。反之底部岛形反转的向上跳空缺口越大，说明做多的动能越大，后市更看好。另外缺口当日的涨跌幅也是一个力度的表现。涨跌幅越大，说明做多或者做空的力度越大。

如图3－29所示，深振业A在2010年12月7日前后形成一个岛形反转。这个反转态势已经很明确，大家都拼命出逃。我们这里着重分析一下多空的力度。该股12月7日跳空涨停，成交量巨幅放大，这可不是一个好兆头。不过能涨停还算多头强势，只是没想到次日便完全逆转，走出一根穿头破脚的

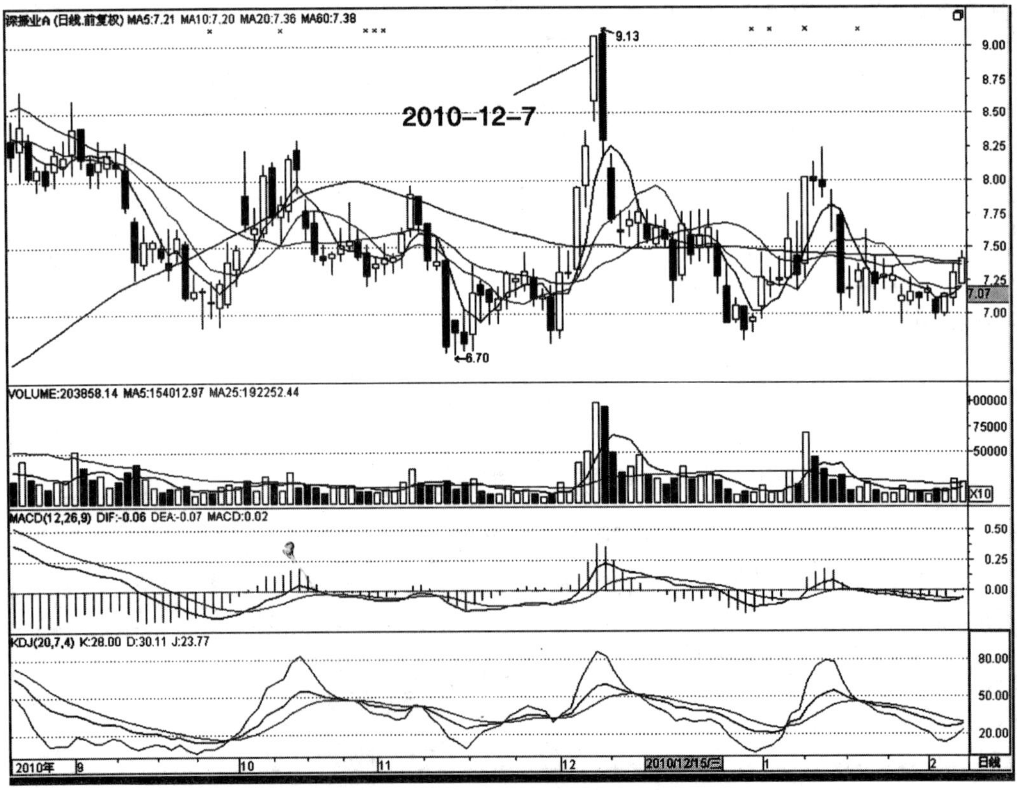

图3－29　深振业A　000006

大阴线，此时的形态其实已经走坏。第三天股价大幅跳空下行再次证明形态的反转成立，而且向下跳空的幅度比较大，空头已经慌不择路了，恐慌性抛盘蜂拥而出，后市已经极度看空，此时只能趁早割肉，减少损失。

如图3－30所示，升达林业自2010年6月29日至7月8日形成一个向上的岛形反转。这天只是一根跳空的小阳线，这个岛形反转不为人注意，但这不能否认这是一个实实在在的岛形反转，是一个进场做多的信号。从整体位置来看，这个岛形的最低价与前面的最低价接近，也就是说有二次探底的味道。一般来说二次探底以后的底部比较扎实，如今在二次探底的位置形成岛形反转，我们基本可以确认后面的升势，进场的安全度比较高。只是该股向上跳空的力度太弱，不是牛股所为，这严重影响了后市的拉升速度和涨幅。

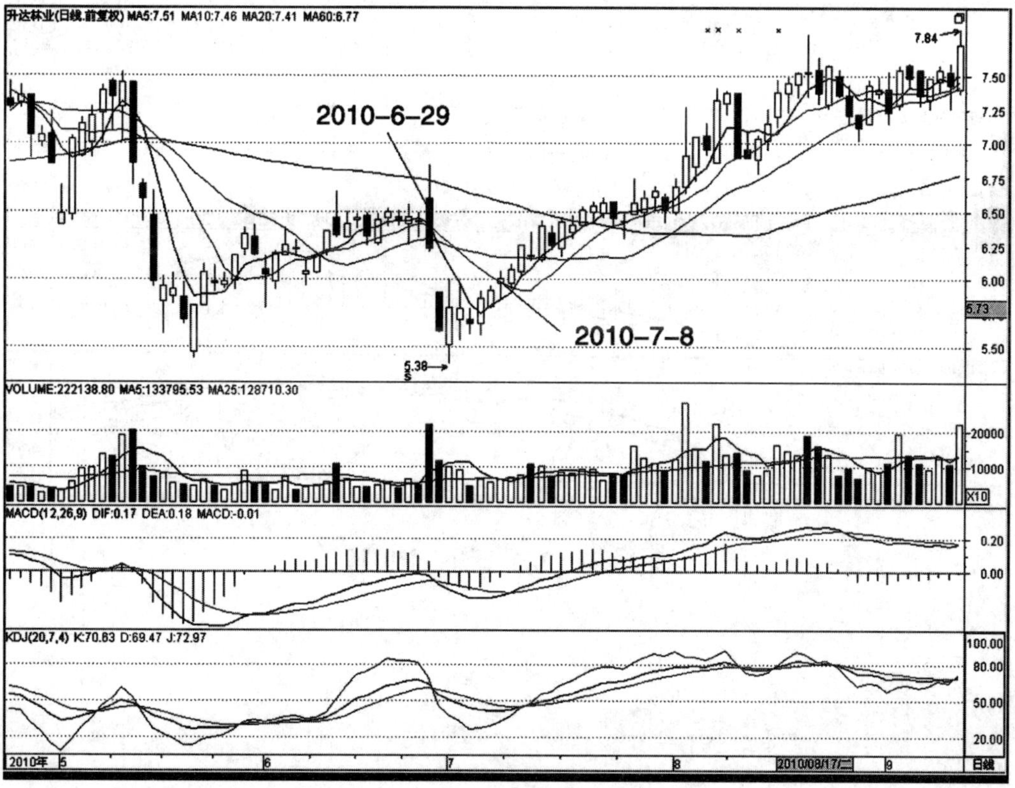

图3－30　升达林业　002259

如图3－31所示，东方日升2010年9月28日后形成一个小型的岛形反转，也即早晨之星。该股是新上市的股票，上市后一路下跌，让人大失所望。这个岛形反转给了我们一点希望。从反转的力度来看也是值得期待的，因为该股跳空上行的势头很猛——当日大幅跳空开盘，最后封于涨停。这种走势属于最强势的反转，后市自然看好。该股此后的表现也果然不负众望，上涨幅度近70%，可谓惊人。

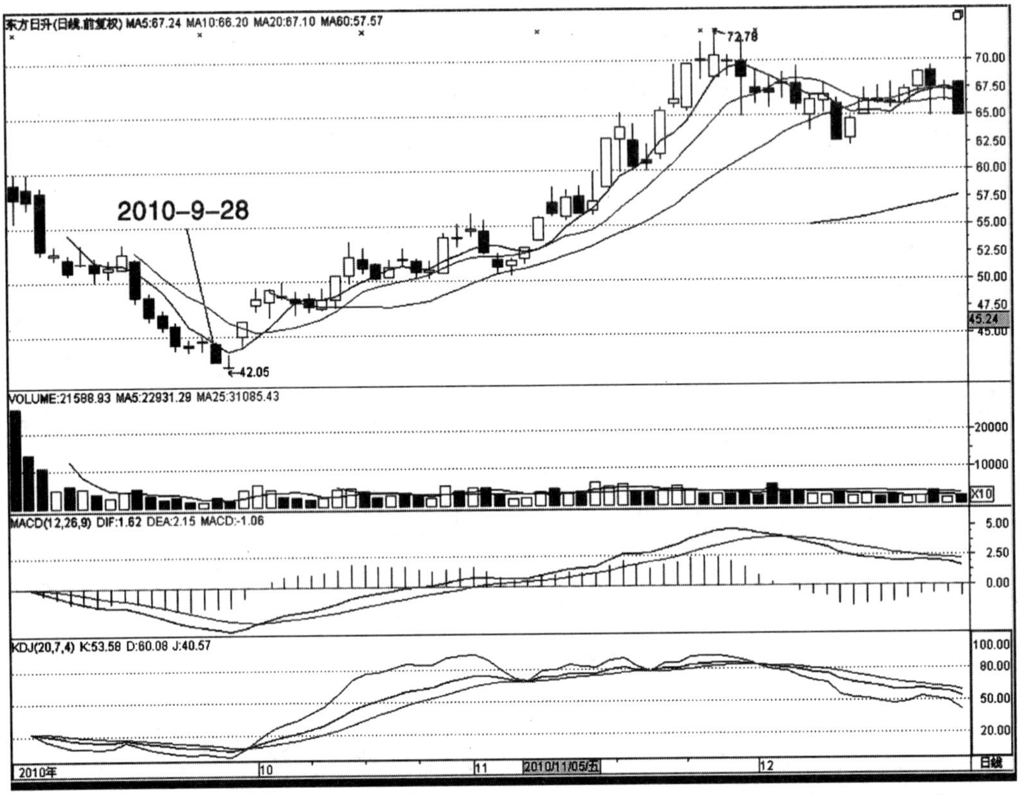

图3－31　东方日升　300118

第4章

MACD 指标细节

MACD 指标根据均线的构造原理，对股票价格的收盘价进行平滑处理，求出算术平均值以后再进行计算，是一种趋向类指标。

MACD 指标是运用快速（短期）和慢速（长期）移动平均线及其聚合与分离的征兆，加以双重平滑运算。MACD 去除了移动平均线频繁发出假信号的缺陷，同时保留了移动平均线的效果，因此，MACD 指标具有均线趋势性、稳重性、安定性等特点，是用来研判买卖股票的时机，预测股票价格涨跌的技术分析指标。

MACD 指标主要是通过 EMA、DIF 和 DEA 这三值之间关系，DIF 和 DEA 连接起来的移动平均线，DIF 减去 DEM 值而绘制成的柱状图（BAR）等来分析判断行情，预测股价中短期趋势。其中，DIF 是核心，DEA 是辅助。DIF 是快速平滑移动平均线（EMA1）和慢速平滑移动平均线（EMA2）的差。BAR 柱状图在股市技术软件上是用红柱和绿柱的收缩来研判行情。

第一节 MACD 指标金叉

MACD 指标的 DIF 线向上突破 DEA 线时，形成所谓金叉，表明股价处于多头强势之中，通常后市会继续上涨，投资者可以买进。MACD 指标金叉本身有强弱之分，在 0 轴之下是股价的反弹走势，但多头暂时占据优势，我们可以参与做反弹；在 0 轴之上则是股价调整之后的再度走强，是我们加仓和全力以赴参与的机会。单纯一个 MACD 指标金叉必然存在无数弱点，也可能是诱多陷阱，需要我们结合股价的整体位置、成交量和平均线走势来研判，同时也可以用技术形态和其他技术指标来辅助研判。

细节 1：股价的整体位置

任何的技术分析都离不开股价的整体位置，脱离整体背景来分析都是缘木求鱼，MACD 指标金叉的分析也是如此。并不是所有的金叉都是买入机会。

股价在低位时，MACD 指标在0轴下运行，金叉只能算是反弹，预期不能太高。在0轴附近的金叉通常是股价上升途中经过回调蓄势后的再度上攻，这种金叉潜力比较大，是适合进场的机会。在高位的金叉则只能当做短线机会，快进快出，一旦股价滞涨则需立刻出局，风险比较大。

如图4－1所示，中国宝安2010年10月25日小幅上涨，收出一根伪阴线，看似走势比较疲软，主力无意上攻。但是此时的MACD指标已经产生金叉，发出了买入信号。面对这个信号如何决策呢？研判股票最重要的是看股价处于一个什么样的位置。该股中长期走势应该是向好的，因为60日平均线在缓慢上行，走势稳健。此前一段较大的回调使股价回到了60日平均线，然后再度上行，MACD指标在0轴上方产生金叉，这说明短线的回调已经结束，多头重新占据优势，后市将进入下一波上涨中。既然如此，此时的MACD指标金叉就是一个非常好的买入信号，我们可以积极跟进。

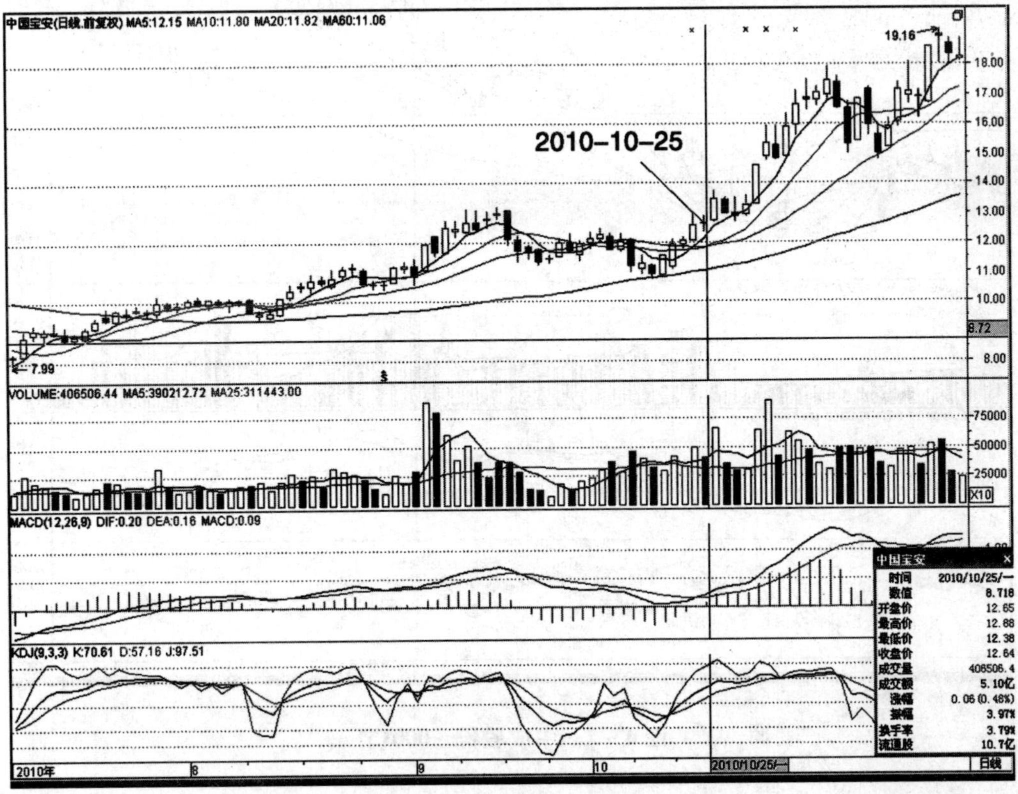

图4－1 中国宝安 000009

本例 MACD 指标金叉的时候，我们可以轻松判断股价整体处于上升趋势中，且整体涨幅不大，后市还有潜力，很可能进入主升浪，此时介入应该是非常安全有效的。

如图 4－2 所示，中成股份 2010 年 9 月 6 日跳空涨停，走势非常强劲，同时 MACD 指标也跟随产生金叉。这说明前期的短暂回调已经结束，股价将进入新一轮的上涨中。按常理来说，经过整理后 MACD 指标再次产生金叉是短线介入的良机，但也要考虑其他因素。这里要关注的最重要的因素是股价的整体位置。从直观看，本例该股前期的涨幅有点大，从 10 元已经涨到了 18 元，涨幅奔翻倍去了。既然涨幅已大，我们就要小心股价随时见顶，此时最合适的操作就是少量追进，一旦股价滞涨就要清仓出局了。

图 4－2　中成股份　000151

如图 4－3 所示，深圳机场 2010 年 12 月 15 日跳空开盘，最后却收出伪阴线，全天股价小幅上涨。此时的 MACD 指标产生金叉，发出买入信号。这个信号是否可靠呢？这个金叉从直观看力度不够，MACD 指标两线几乎还是平躺的，说明上升力度不够。从股价的整体位置看，股价前期有一波较大下跌，然后横盘，有筑底的迹象。不过 60 日平均线还呈明显的下行趋势，说明中长期走势还是向空，股价的任何上涨都还只能当做反弹看待。既然是这么一个局面，我们参与时要谨慎，一旦不能持续上涨就得暂时出局。

图 4－3　深圳机场　000089

细节 2：成交量

成交量是技术分析中不可或缺的一环，离开成交量来对股价走势做出判断缺少一个重要的基础。虽然成交量本身没有多空之分，但是相应的成交量变化对辅助股价的涨跌还是有很高的价值。MACD 指标金叉的时候量能配合也很关键，最好是温和放量，说明增量资金进场，后市的上升就比较可靠。急剧放量很难维系，需要预防股价产生震荡，对短线操作不利；缩量则有主力虚拉股价的嫌疑，做多实力值得怀疑。特别是高位的缩量上涨，这时候的金叉很可能是诱多信号，我们需要加倍小心。

如图4－4所示，铜陵有色2010年9月30日收出中阳线，股价没有明确突破前高，但是MACD指标发出了买入信号，因为此时该指标已经产生金叉。MACD指标金叉表示多头占据优势，无论在哪个位置都可以视为买入信号。这里的金叉所处的位置在0轴附近，表明股价本身运行趋势良好，经过回调整理后，做多基础更为扎实，如今再度金叉，通常意味着中长期的上升趋势开始，我们可以积极介入。

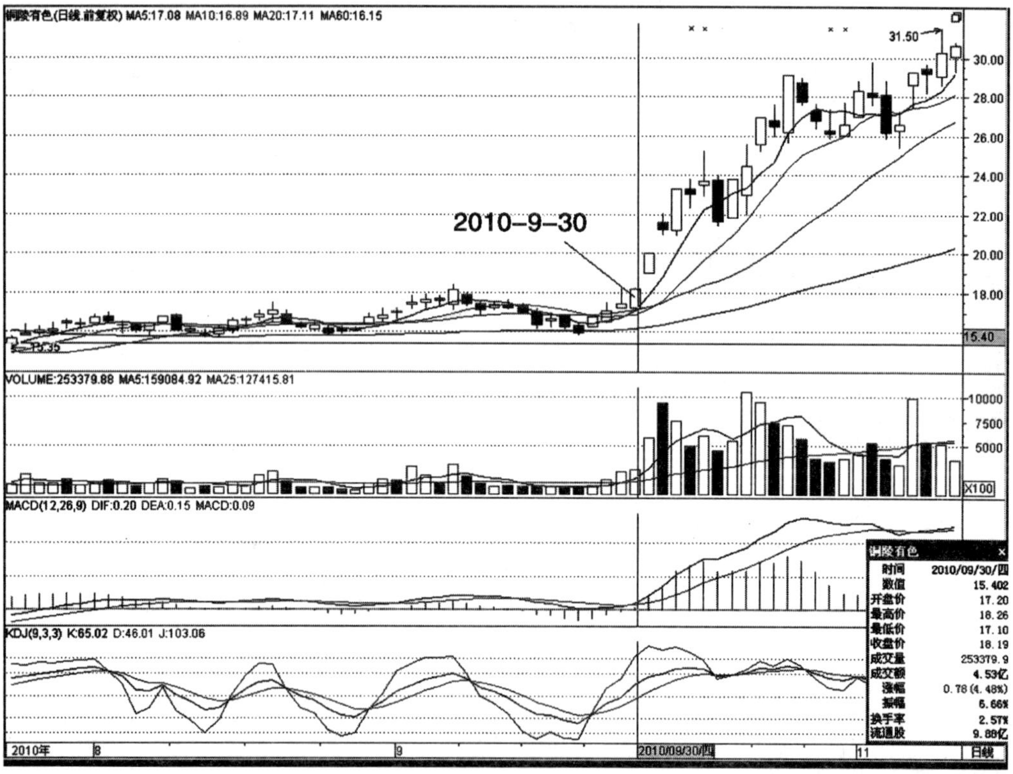

图4－4　铜陵有色　000630

我们这里关注金叉时的成交量。在MACD指标金叉之前该股小幅回调，成交量大幅萎缩，说明市场惜售。然后股价缓慢回升，成交量温和放大，说明市场参与的资金在逐渐增多，显然是多头力量在加强，市场做多的态势越来越明显。9月30日产生金叉时继续温和放量，做多态势愈发明显，此时是中长线买入的良机。此后该股进入主升浪，涨幅巨大。MACD指标金叉需要成交量的配合，既不能太大也不能太小，本例这种温和放量是最好的。

如图4－5所示，索芙特2010年10月27日冲高回落，当日仍然收出中阳线，同时MACD指标产生金叉，看似还是多头强势，但是当日的巨大成交量让人很不踏实。通常市场认为价涨量增是量价配合最好的形态，事实上是一种谬误。成交量大幅放大未必是好事，因为有多少买的就有多少卖的，放量上涨其实也说明出逃的人不少。另外冲高回落留下较长的上影线说明空头实力不俗，后市要当心。总之，本例该股的MACD指标金叉因为成交量陡然大幅放大而值得怀疑，我们需要继续密切关注。后市该股勉强震荡上升了些许，量能难以持续，参与热情明显不足，到最后反转快速下跌也就自然而然了。

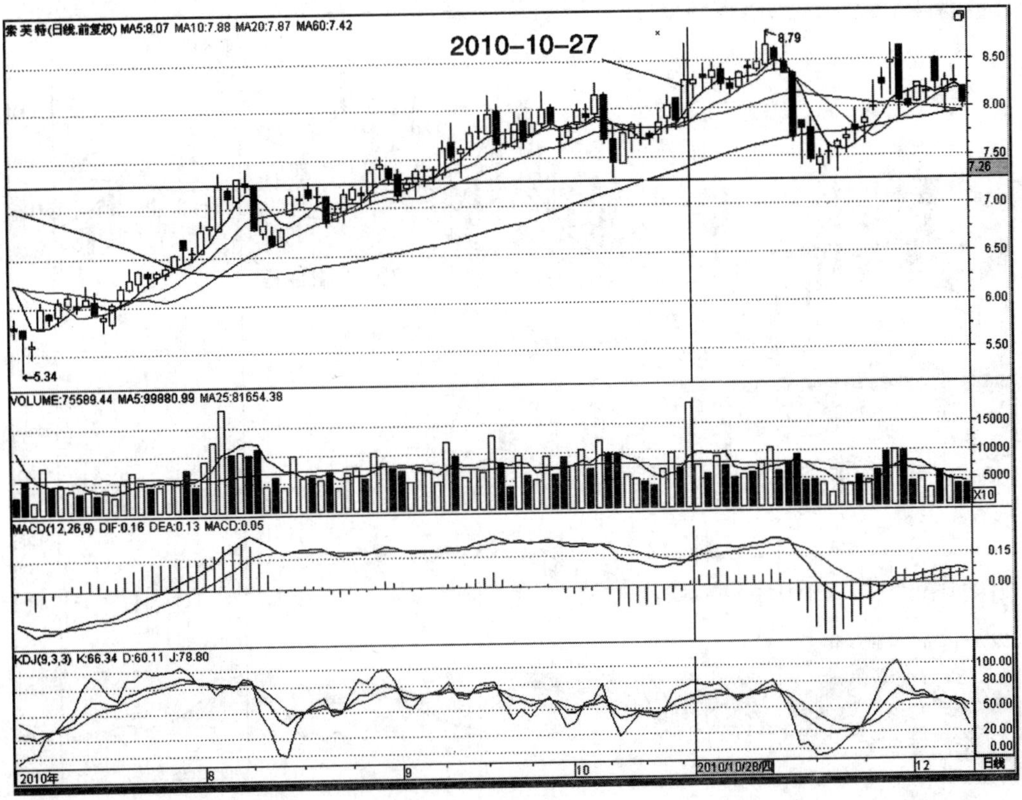

图4－5 索芙特 000662

这样的量能形态并不配合 MACD 指标金叉，最好避免参与。

放量不是坏事，成交量本身难说好坏，但是陡然放出巨量且又不能持续就不是好事，我们要特别关注。

如图 4 -6 所示，北新建材 2010 年 12 月 17 日收出小阳线，涨幅接近 3 个点，股价恰好停顿在前高位置，直观上觉得比较尴尬——骑墙总是不太好，给人很阴险的感觉，不管以后突破还是见顶总是在对一部分人下套。不过这时候 MACD 指标金叉产生了让人看到了一点希望，毕竟这是多头占据优势的表现，特别是在 0 轴之上的金叉更是短线抢进的机会。但我们还是不能单纯看一个金叉就买进，股价能不能继续上涨还需要各方面的因素的配合。这里的金叉显然没有得到成交量的配合。虽然金叉当日的成交量比前一个交易日明显放大了，但是相对于前面各涨跌阶段的成交量则明显萎缩。以这样的量能进攻，显然不足以克服前高的压力。如果能轻松突破前高倒还说明控盘程

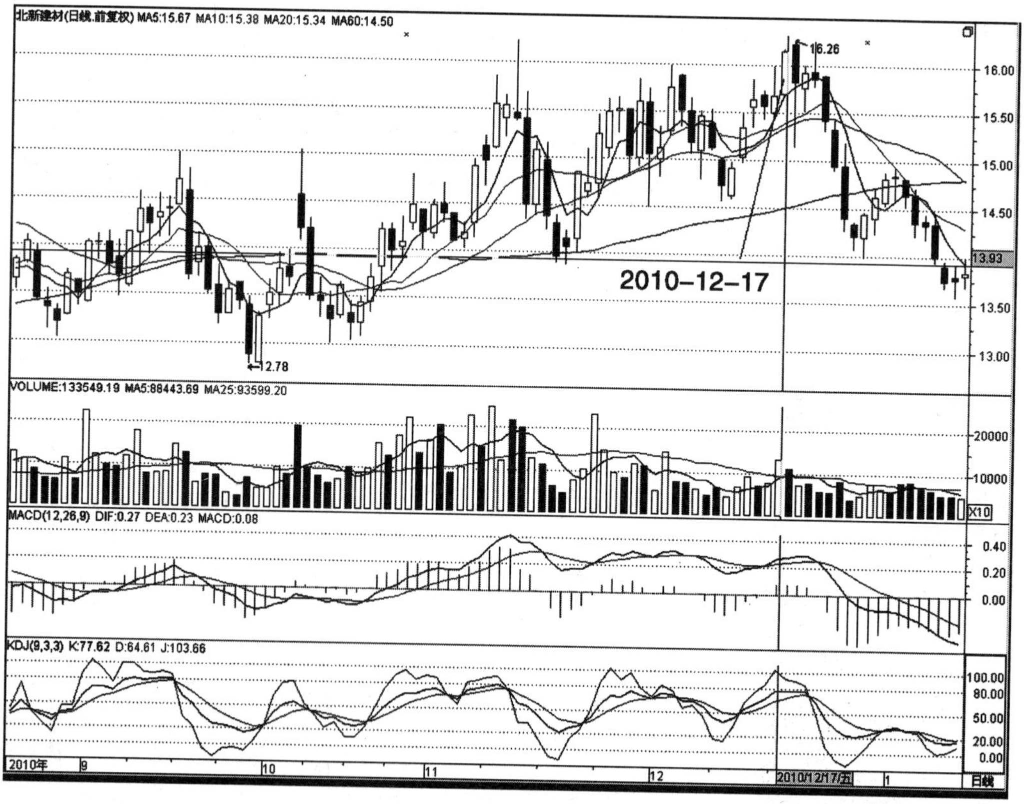

图 4 -6　北新建材　000786

度高，这里不能过前高则显然证明多头根本无意冲高，无论做多力度还是做多热情都不够，后市堪忧。如果你不信，还可以继续观察。如果后市能顺利突破再跟进做多也不迟，如果回落则说明又一个头部形成。后市形成了一个头部，说明没有量能的配合，MACD 指标金叉失效。

细节 3：DEA 线走势

DEA 线是平均线的平均线，周期更长，代表更长的周期。因此在 MACD 指标产生金叉时，若 DEA 线还是下降的，则走势疲软，后市风险比较大；若 DEA 线已经开始走平，则走势比较强，金叉的可靠性比较高。最强的是 DEA 线已经是上行的，此时的金叉是最强走势，不过这种现象比较少见。

如图 4 –7 所示，中润投资 2011 年 2 月 9 日强势涨停，MACD 指标同步产生

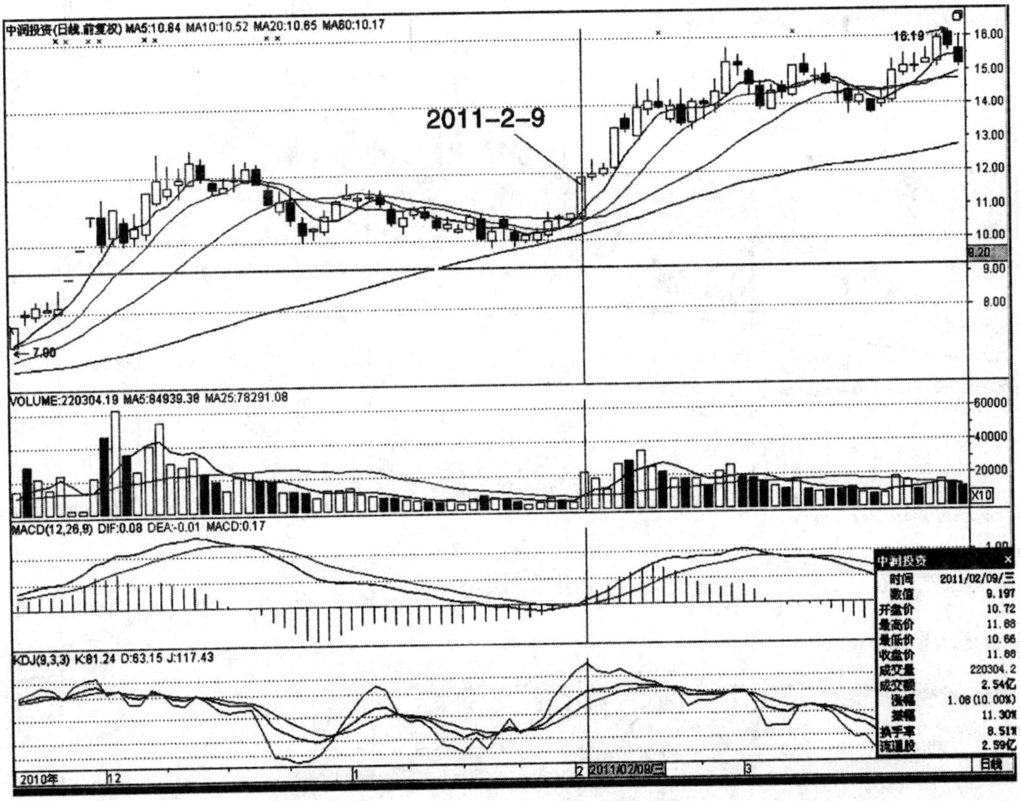

图 4 –7　中润投资　000506

金叉，看似拉开了新一轮的上涨攻势，但是毕竟前期股价涨幅过大，此时追进心里还是很忐忑。不过从 MACD 指标本身的走势来看还是非常强势——前期股价回落，MACD 指标跟随回落，但是在 0 轴上止跌回升，这说明股价的中长期走势并没有走坏。我们再具体看看指标的两根线的走势：DEA 线跟 0 轴黏合，呈平行走势；DIF 线略微下穿 0 轴后回升，然后产生金叉。DEA 线整体的平行走势说明股价还是维持较强的走势，此时的金叉相对有力，后市看好，投资者适当追进应该没有多少问题。该股后市继续强势走势，尽显牛股特征。

如图 4－8 所示，岳阳兴长 2010 年 11 月 29 日收出小阳线，走势不强不弱，此时的 MACD 指标却已经产生金叉，看似一个短线买入的机会。0 轴之上的金叉说明的是股价本身运行在多头走势中，短线回调后再度回升，通常是一个买入的机会。当然并不是所有的回调后 MACD 指标金叉都是买入机会，别的不说，单说这时候的 MACD 指标 DEA 线的走势就不支持买入。虽然当时

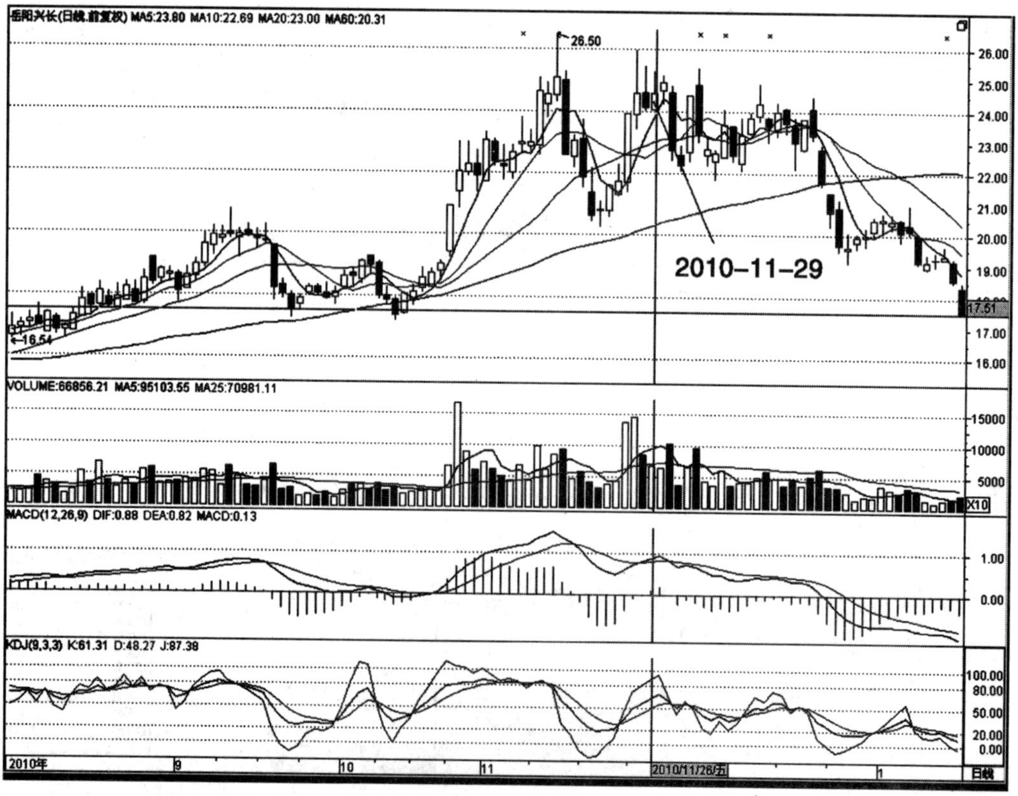

图 4－8　岳阳兴长　000819

该股的 MACD 指标产生金叉，但是 DEA 线却在下行，说明中长期走势在走弱，此时的 MACD 指标金叉有很大的风险，很可能是见顶后的勉强拉升出货，我们不但不能买进，反而需要及时逢高卖出。该股后市果然再度见顶，匆忙买入的投资者全线被套，损失惨重。

细节 4：平均线系统

MACD 指标金叉是一个上涨做多信号，但是上涨的性质也有很大区别。从平均线的角度看，如果平均线呈多头排列，则 MACD 指标金叉是一个很好的买点，如果呈空头排列，则属于反弹性质，MACD 指标金叉只是一个短线买点。另外，还要观察中长期平均线的支撑和压力。

如图 4－9 所示，天科股份 2010 年 10 月 12 日小幅上涨，股价没有突破前

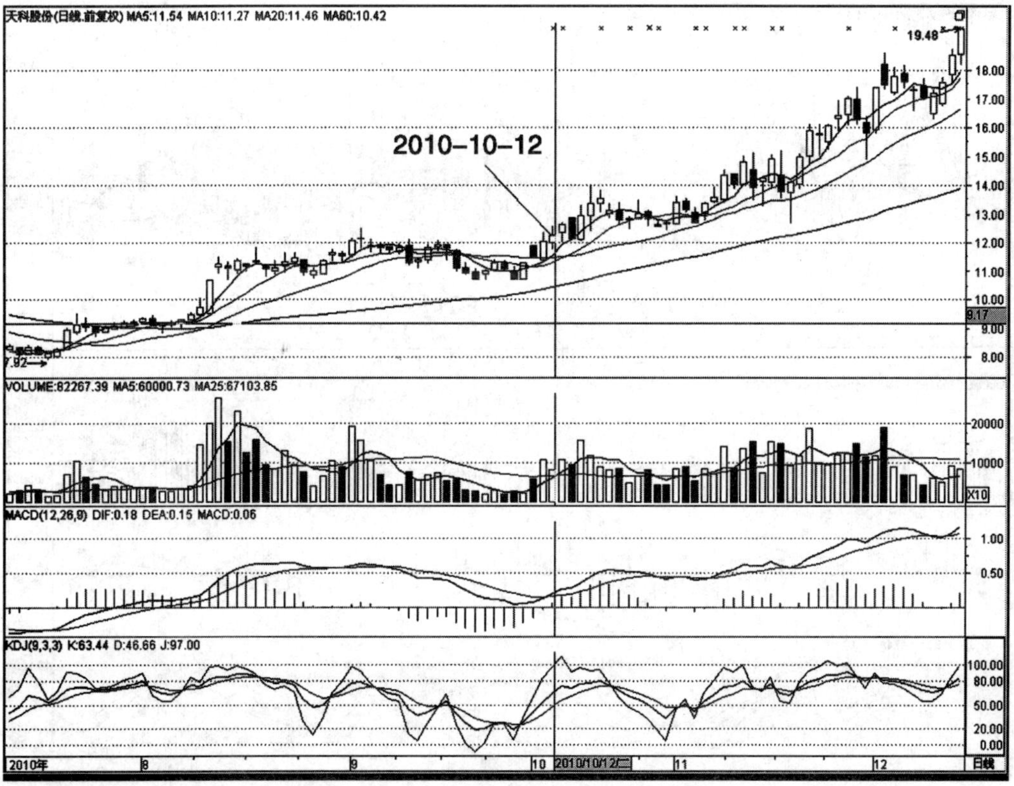

图 4－9　天科股份　600378

高，但是此时的 MACD 指标已经产生金叉。这时候的操作就有点纠结，前高没突破自然有一定风险，但是 MACD 指标又发出了买入信号，一旦错过也是很可惜的。其实我们现在可以换到平均线的角度去看看。当时的股价走势虽然不是很强势，但是平均线系统已经呈现明显的多头排列，且整体涨幅不大，后市理应有更大上涨空间。因此结合平均线多头排列的背景，我们可以认定 10 月 12 日这个 MACD 指标金叉是一个较为可靠的买入机会。该股后市果然逐浪上升，整体收获不小。

如图 4 - 10 所示，中金岭南 2011 年 2 月 11 日冲高回落，当日收出一根小阳线，走势不是很理想，空头在此依然不显弱势，多空争夺比较激烈。但是此时 MACD 指标在低位产生了金叉，这是不是一个买入信号呢？我们知道在 0 轴下的 MACD 指标金叉属于反弹性质，对于涨幅预期不能太高，需要结合其他因素来综合研判。这里我们主要关注一下平均线系统。本例该股当时的平

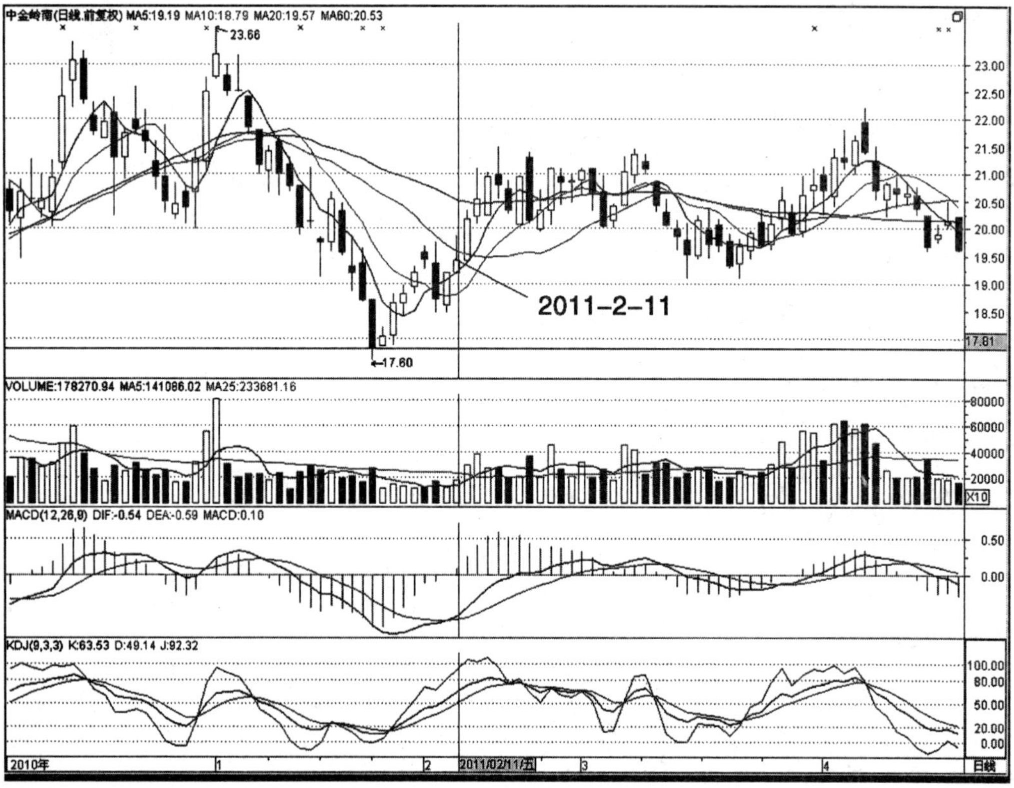

图 4 - 10　中金岭南　000060

均线系统比较杂乱，短期平均线向上，表示短线走势比较强，但是中期平均线还在下行，对股价形成明显的压力，因此金叉时只能少量参与，一旦受制于中期平均线则需要出局，等待中长期平均线走好再伺机入场。

细节5：其他因素

研判MACD指标的金叉除了要关注前面提到的各种因素外，也需要结合形态和其他技术指标来分析。在MACD指标金叉之前如果有双重底、头肩底等形态出现，则信号的可靠性更高。MACD指标属于中期指标，可以结合其他周期指标来分析，一旦产生信号共振则是最好的进场机会。

如图4－11所示，东方金钰2010年12月3日涨停，股价创出新高，同时MACD指标产生金叉，表明股价再度走强，通常是买入机会。可是该股次日即

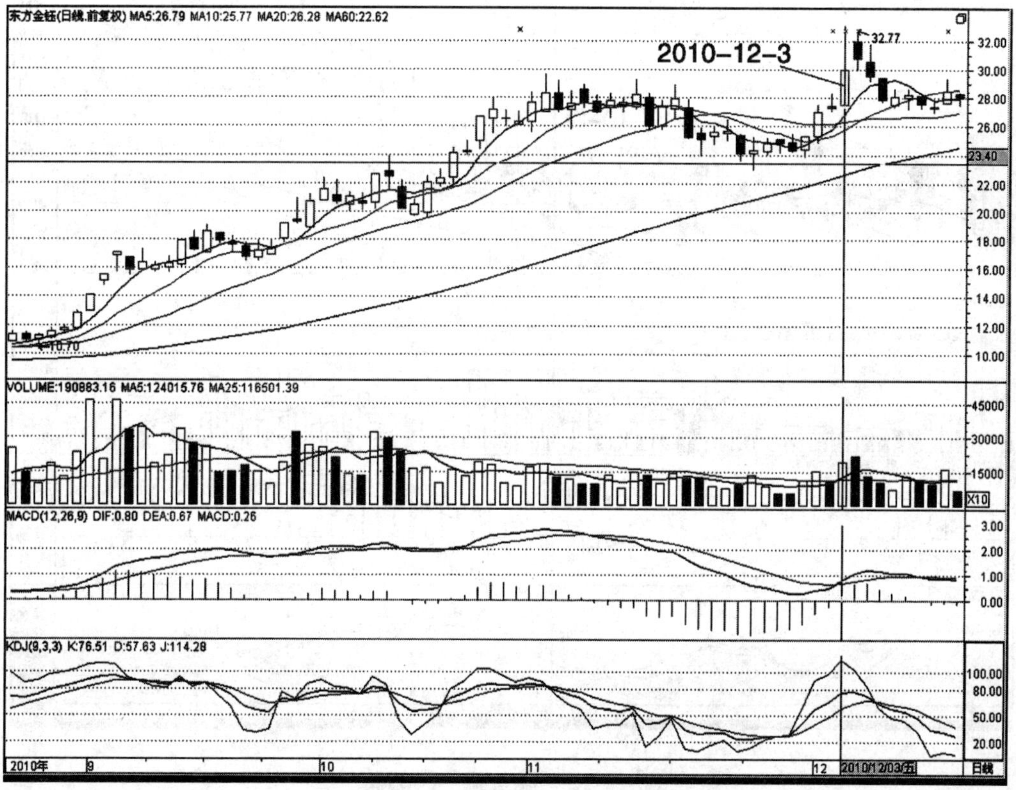

图4－11　东方金钰　600086

冲高回落，后市更是反转下跌。这说明此 MACD 指标金叉是一个诱多陷阱，我们对它做出了严重的误判。事实上这个诱多陷阱是有征兆的，股价高高在上不说，成交量也没有跟上，说明市场参与的力度有限。另外短线指标 KDJ 在涨停时已经进入超买区域，风险极大，此时我们应该多一份谨慎，少一份冲动，少量参与即可，一旦滞涨则需要清仓出局。

如图 4－12 所示，煤气化 2010 年 10 月 26 日小幅收高，股价来到前高之下。此时 MACD 指标产生金叉，发出买入信号。不过在前高的危墙之下多少让人犹疑。这时候分析股价位置和成交量帮助不大。此时有一个东西可以帮我们下决心，那就是该股在此前走出一个塔形底。在 MACD 指标金叉的时候，塔形底也基本形成。这种底部相对扎实，后市继续上涨的可能性很大，我们可以适当参与，等股价突破前高后再加仓。

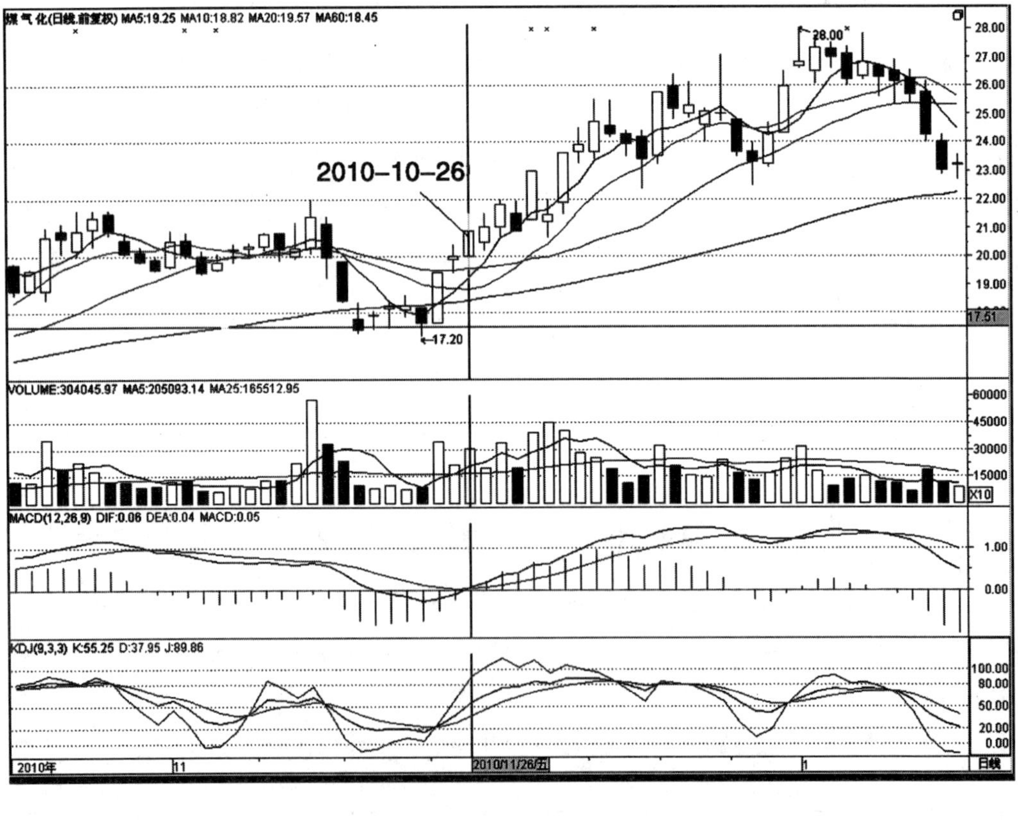

图 4－12　煤气化　000968

第二节　MACD 指标死叉

MACD 指标的 DIF 线由上而下突破 DEA 线，形成所谓死叉，表明股价由强势转为弱势，空头逐渐占据优势，通常后市将继续下跌，投资者此时需要离场休息。MACD 指标死叉本身也有强弱之分。在 0 轴之上的 MACD 指标死叉有时候是股价的短暂回调，过后仍会重回上升趋势。在 0 轴之下的死叉则是下跌趋势的进一步确认，后市极度看空。单纯依靠一个 MACD 指标死叉也很难对股价走势做出正确判断，需要结合股价的整体位置、成交量和平均线等综合研判。

细节 1：股价的整体位置

MACD 指标死叉意味着股价回调，进入空头走势中。但并不是所有的 MACD 指标死叉都需要做空，有的死叉还可能是买入的时机。这需要我们根据股价的整体位置来研判 MACD 指标死叉的性质。如果股价已经大幅拉升，MACD 指标死叉意味着走势反转，需要清仓出局。如果股价处于上升途中，MACD 指标死叉很可能是主力洗盘制造出来的，一旦股价止跌反而是进场机会。在下跌途中，死叉则意味着反弹结束，后市将继续下跌。

如图 4－13 所示，深深房 A 2009 年 11 月 20 日收出小阴线，当时该股处于横盘状态中，看不清楚方向。但是 MACD 指标此时已经给我们发出了卖出信号，同时 MACD 指标明确产生死叉，说明中期走势应该走坏，后市很可能产生大幅度回调。鉴于股价前期已经大幅上涨，此时的 MACD 指标死叉应该有很大的可靠性，我们只能选择清仓出局。

本例的 MACD 指标死叉比较典型，股价处于明显的高位，信号一旦产生

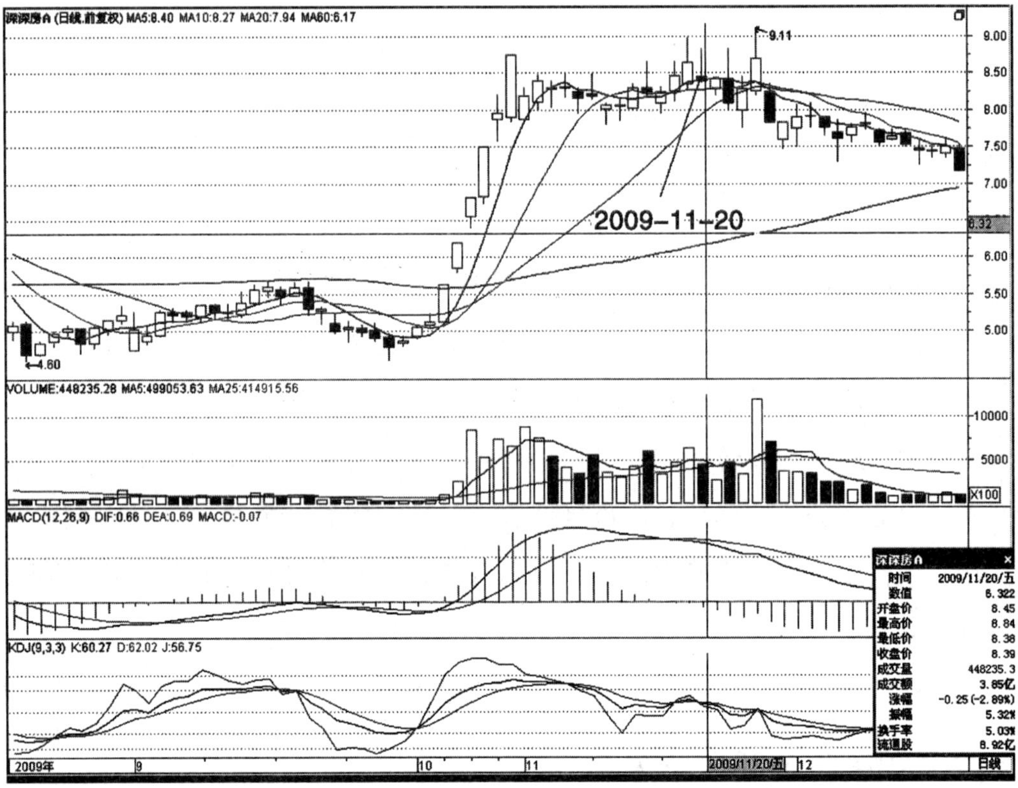

图 4 - 13　深深房 A　000029

即意味着走势基本变坏，出局是最好的选择。

如图 4 - 14 所示，深天马 A 2010 年 10 月 17 日小幅下跌，但是此时的 MACD 指标已经产生死叉，通常是中期走势走坏的标志，投资者需要暂时离场休息。可是此后该股非但没有下跌，反而加速上升，短线涨幅惊人。这说明这个 MACD 指标死叉是个虚假信号，也可以说是诱空陷阱。为什么会产生研判错误呢？很大的一个因素是我们对该股的整体走势缺乏认识。此前该股刚突破前高，进入一轮新的上涨走势中，可是没多大涨幅就开始回调。这不太符合常理，主力努力突破前高的目的肯定不是来做解放军，因此回调很可能是洗盘动作。当时的平均线系统也没有破坏，股价仅仅是考验 20 日平均线，一切都还在主力的掌控之中。同时我们也注意到股价回调的位置并没有跌回前高之下，更说明主力的意图。

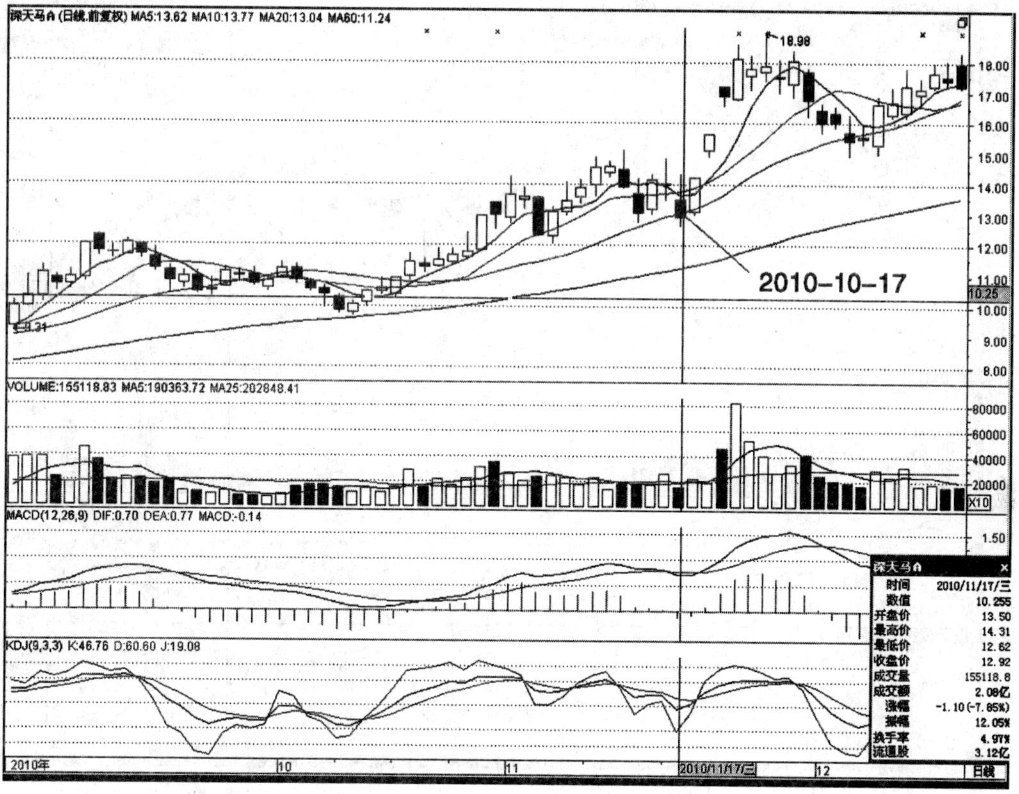

图4-14 深天马A 000050

本例该股的MACD指标死叉疑点很多，但是把握股价的整体运行趋势和主力的意图就不难判断。

如图4-15所示，江苏神通2011年3月3日收出中阴线，同时MACD指标产生死叉。这是一个非常明确的卖出信号，因为该股整体呈现下行趋势，这从60日平均线明显下行就可以判断。在MACD指标死叉前该股有一波反弹，但受制于60日平均线，此后反转下跌，MACD指标死叉基本确认了股价重归下跌走势。在下跌途中的MACD指标死叉准确性非常高，我们几乎不能抱什么幻想，一旦信号发出就应该立刻止损出局。

图4-15　江苏神通　002438

细节2：成交量

股价下跌通常不需要成交量配合，这跟上升不同。股价下跌的时候伴随着大的成交量则是明显的主力出逃，这没什么讨论的。只是大部分下跌都是缩量的，该如何判断？事实上我们可以往前看，如果MACD指标死叉前成交量就异常放大，则有主力出逃的嫌疑，MACD指标只不过确认一下头部的形成。在上升途中的回调过程也可能出现缩量下跌，这时的MACD指标死叉需要我们区别对待。

如图4-16所示，昆百大A 2010年12月31日的走势非常诡异，大幅高开却最后收出一根巨大的伪阴线，当日股价小幅上涨，但是此时的MACD指标已经明确产生死叉，按常规应该卖出为妙。除了该股此前的涨幅不小，有一定风险外，巨大的成交量才是最大的隐患。当日的天量成交说明什么呢？至少说明多空分歧巨大，而股价自高位大幅拉低收盘，说明空头占据优势。如此看来，这个MACD指标死叉基本可以认定是股价走坏的信号，我们最好清仓出局。该股此后果然大幅回调，颇为凶险。

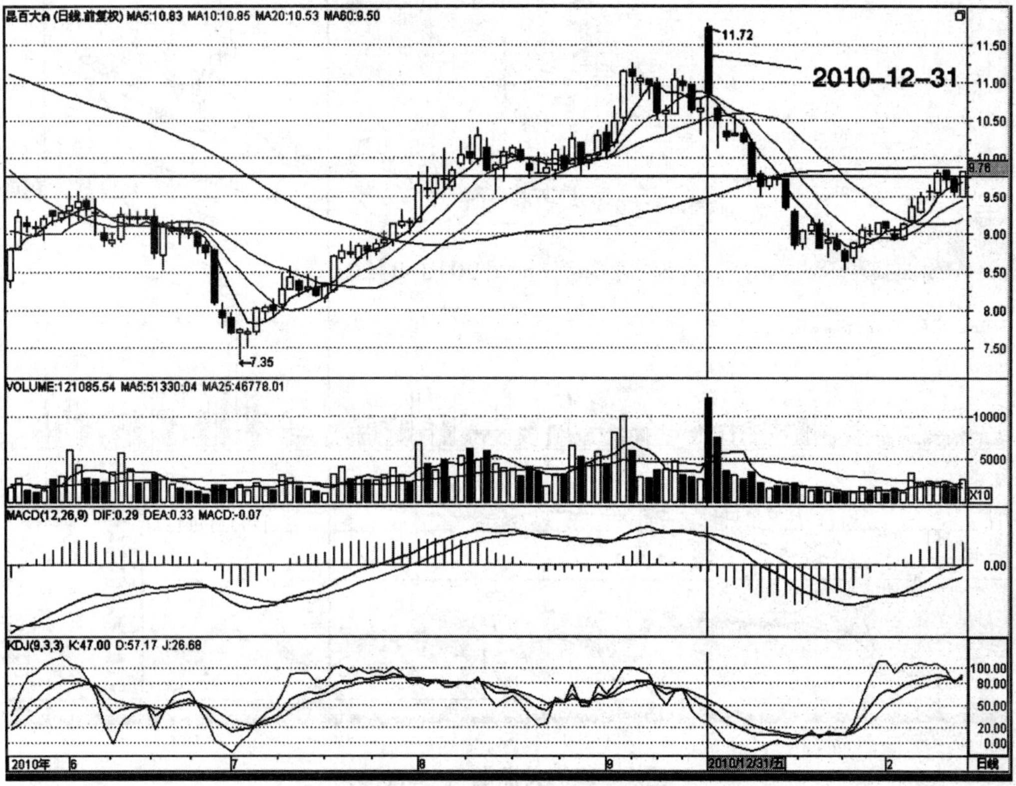

图4－16　昆百大A　000560

巨量一般都不是什么好事，除了建仓期的巨量，其他巨量都意味着主力出逃，我们要小心应对。

如图4－17所示，大通燃气2010年9月20日小幅下跌，股价考验20日平均线，此时的MACD指标明确产生了死叉，通常是卖出信号。不过这个卖出信号疑点很多。该股刚从低位反转向上，股价也才突破60日平均线，主力会满足于这么一点涨幅吗？显然值得怀疑。另外更重要的是在股价回调过程中，成交量急剧萎缩，这么小的成交量也无法让主力脱身。既然主力还在里面，股价的回调就很可能只是短暂的洗盘动作，一旦洗盘结束，后市很可能进入主升浪。本例该股后市的走势正是如此。错误的判断源于我们只是单纯看指标，而没有综合其他因素来研判。

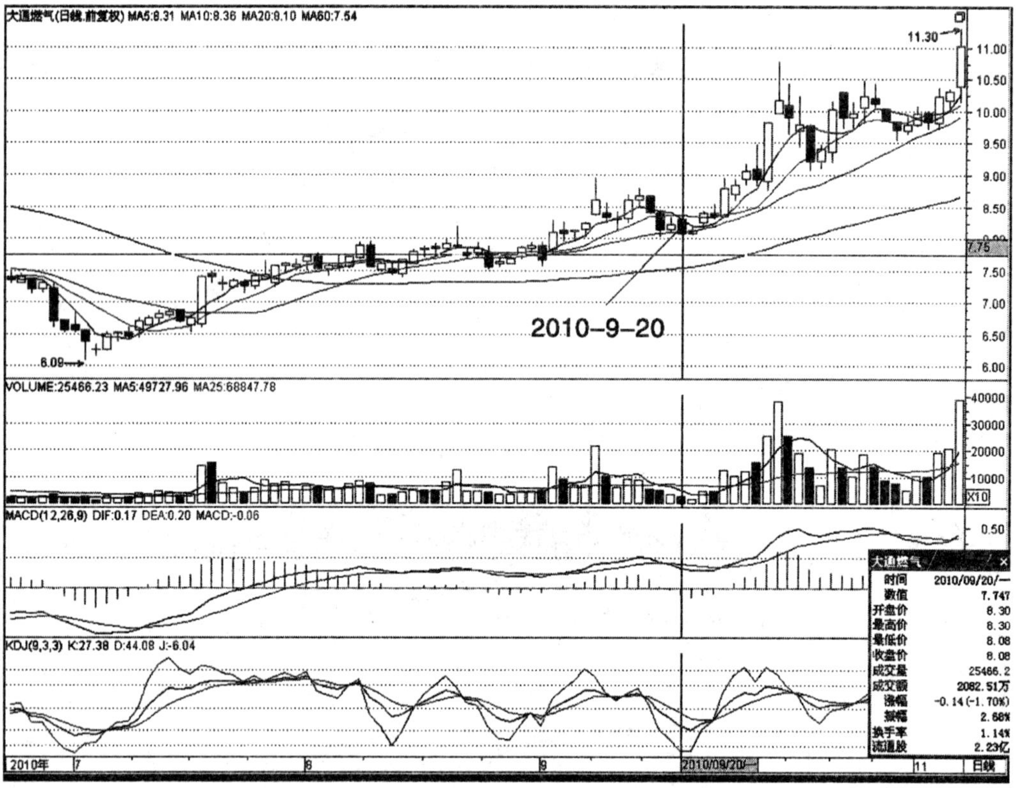

图 4-17　大通燃气　000593

细节 3：DEA 线的走势

前面我们提到 DEA 线是平均线的平均线，代表更长周期的走势，作为研判的参照，也适用于 MACD 指标死叉。如果 DEA 线依然上行，表示股价走势仍比较强，这种 MACD 指标死叉做空的力度有限，很可能是主力洗盘。如果 DEA 线已经开始走平甚至下行，则做空力度比较大，这种 MACD 指标死叉的真实性就很高，此时我们需要清仓回避。

如图 4－18 所示，珠海港 2011 年 3 月 1 日小幅下跌，但是此时的 MACD 指标已经明确产生死叉，预示着股价将有较大幅度的回调，很可能就此形成阶段性顶部。该股前期的涨幅不小，在此形成头部的可能性很大。我们这里主要分析一下 MACD 指标本身的走势。在 MACD 指标产生死叉的时候，不仅 DIF 线下行，更长周期的 DEA 线也呈现下行趋势，这说明股价的中长期走势确实已经在变坏。既然中长期走势已经变坏，我们只能无条件清仓出局。该股此后也果然如期反转下跌，跌幅较大。

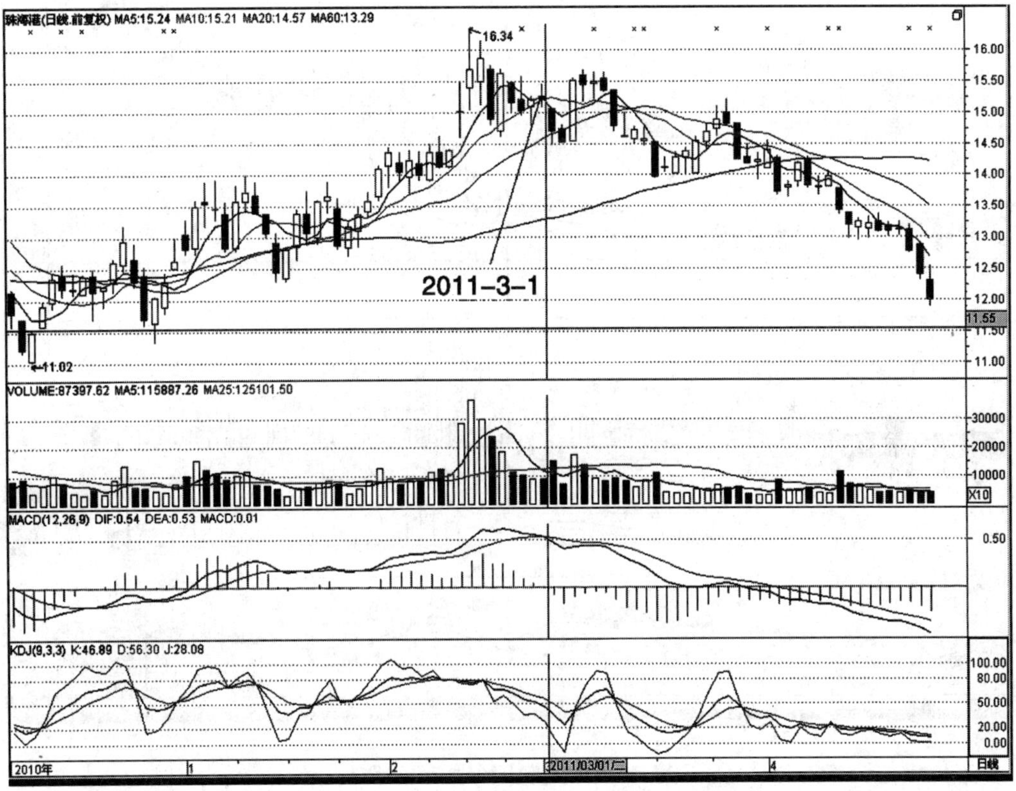

图 4－18　珠海港　000507

如图 4－19 所示，佛山照明 2010 年 8 月 13 日收出一根小阴线，盘中股价跌破 60 日平均线，但最后拉高站于该平均线之上，说明该平均线有较强的支撑。不过此时的 MACD 指标已经产生死叉，预示着股价有走坏的趋势，是一个卖出信号。不过这个信号疑点比较多。从整体走势来看，该股自低位上行的涨幅不大，刚突破60日平均线不久，也就是中长期走势刚走好，这么快就夭折有点难以让人信服。我们这里重点关注的是MACD指标两线本身的走势。在MACD指标死叉的时候，DEA线呈平行走势，说明股价走势还是比较强；下跌的幅度比较小，说明空头的力度不够，也反向证明主力并没有要让走势彻底变坏的意图。当然一切还需要后市继续观察。此后该股在60日平均线上方站稳，开始了暴涨之旅，如果在MACD指标死叉的时候出局就太可惜了。

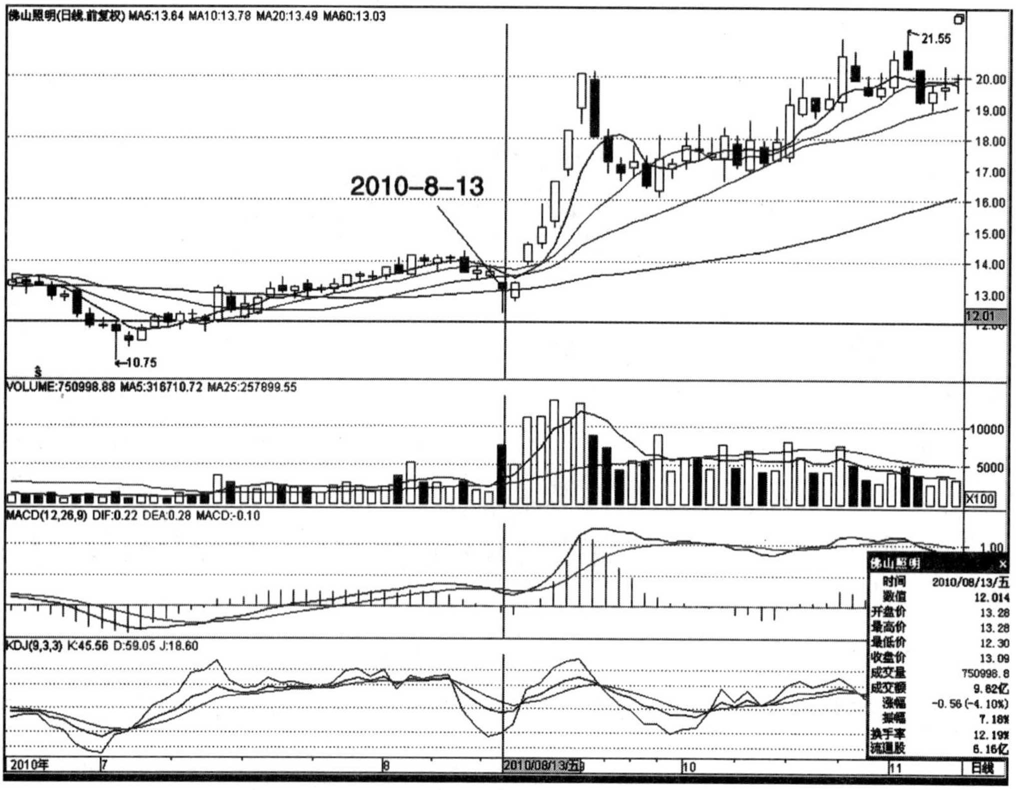

图4-19　佛山照明　000541

细节4：平均线系统

平均线的走势代表着股价的运行趋势，因为它直接来源于股价，因此更具真实性。MACD指标死叉的真实性也可以用平均线系统来辅助验证。一般来说，平均线空头排列时 MACD 指标死叉比较真实，后市继续看空；平均线多头排列时则往往是短暂的回调，MACD 指标就有诱空的嫌疑，回调过后还会重归升势。当然实际情况远比这个复杂。在 MACD 指标死叉后，股价回落时如果有中长期平均线支撑则后市看好，否则就是大级别的股价回调，需要及时离场。

如图 4－20 所示，江铃汽车 2010 年 9 月 16 日跳空下跌，当日收出中阴线，成交量比前日有所放大，同时 MACD 指标产生死叉，看似主力出逃，股价反转下跌已经形成。鉴于股价前期涨幅已经很大，投资者此时出局也是可以理解的，毕竟落袋为安。不过从平均线的角度来说，离反转下跌还有距离。当时的股价只是考验 20 日平均线，且该平均线依然保持上行趋势。整个平均线系统的多头排列并没有破坏。因此作为中长线投资者来说可以继续持股观望。此后该股很快止跌回升，后市还有较大涨幅。这说明单纯看指标信号是片面的，应综合研判。

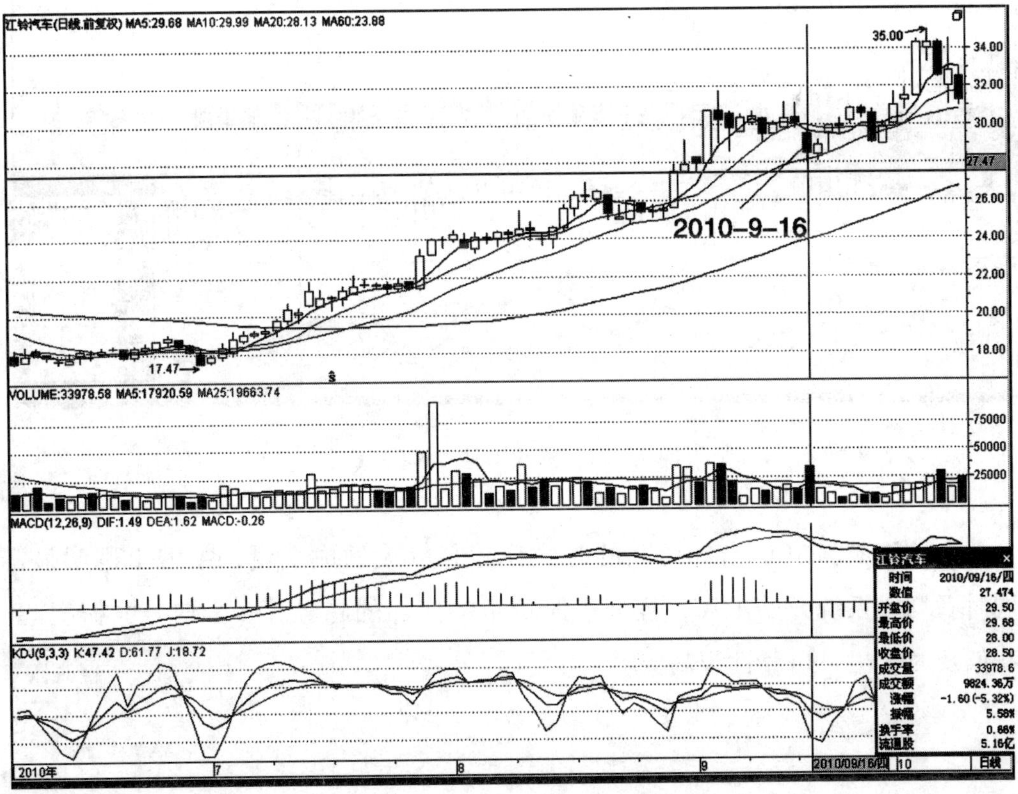

图4－20 江铃汽车 000550

如图 4－21 所示，烽火电子 2010 年 12 月 9 日跳空下跌，股价收于 60 日平均线之下，同时 MACD 指标产生死叉，股价反转下跌基本形成，我们只能趁早出局。从平均线的角度看，当时的平均线系统已经走坏：短期平均线已经呈空头排列，代表中长期走势的 60 日平均线也由此前的上行变为走平。这是中长期走势变坏的信号，我们需要有足够清醒的认识，最好清仓出局，别抱太多幻想。

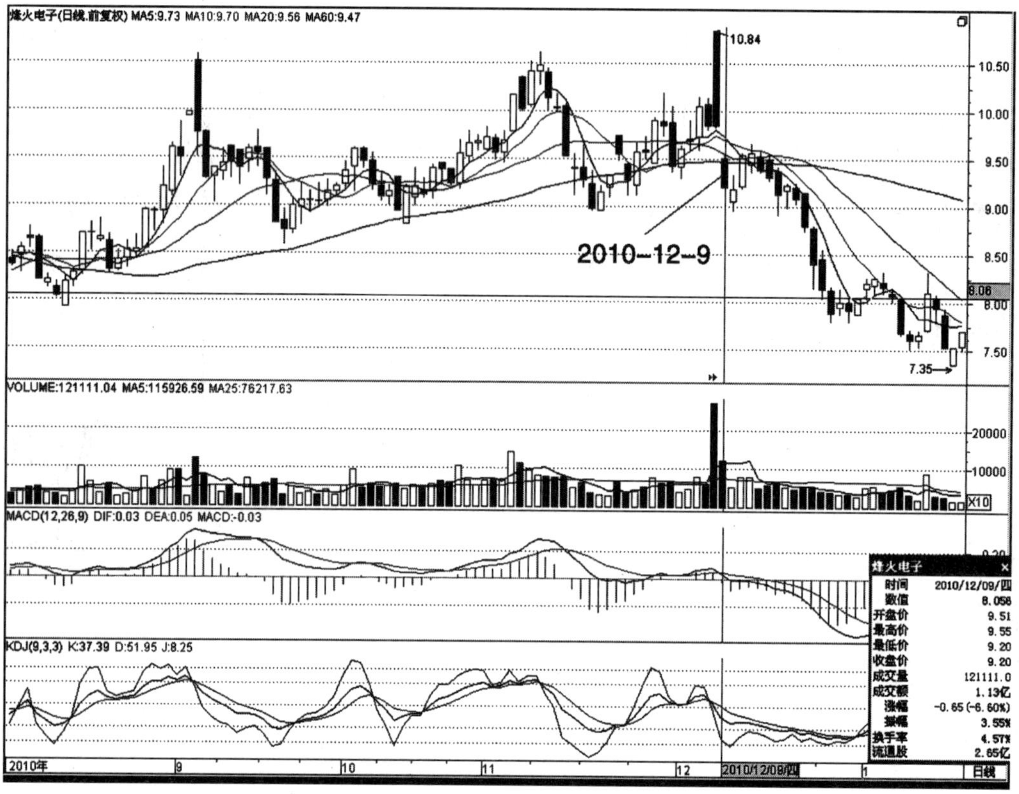

图 4－21　烽火电子　000561

本例该股 MACD 指标死叉的时候伴随着巨大的成交量，主力出逃明显，同时平均线系统开始走坏，佐证了股价走势变坏的趋势。多个信号共振提醒我们及时卖出，可靠性很高。

细节5：其他因素

在前面讲MACD指标金叉的时候对研判的其他因素做了简单的提示，这些因素也适用于研判MACD指标死叉。我们主要关注的是技术形态和其他技术指标。如果死叉形成之前有头部形态出现，则基本可以确认下跌走势的形成。若其他技术指标也发出卖出信号，多个信号产生共振，则信号更为准确。

如图4－22所示，万科A 2010年11月9日大跌，当日收出中阴线，同时MACD指标产生死叉，说明空头开始占据优势，后市趋空，投资者应该及时出局。当时的股价涨幅并不大，且平均线系统也还没有完全走坏，看似还可以坚持一下。但是我们换个角度看就有另外的结论。该股此前在10元下方反复震荡，形成一个窄幅的横盘平台，貌似蓄势上攻，但11月9日的中阴线则明

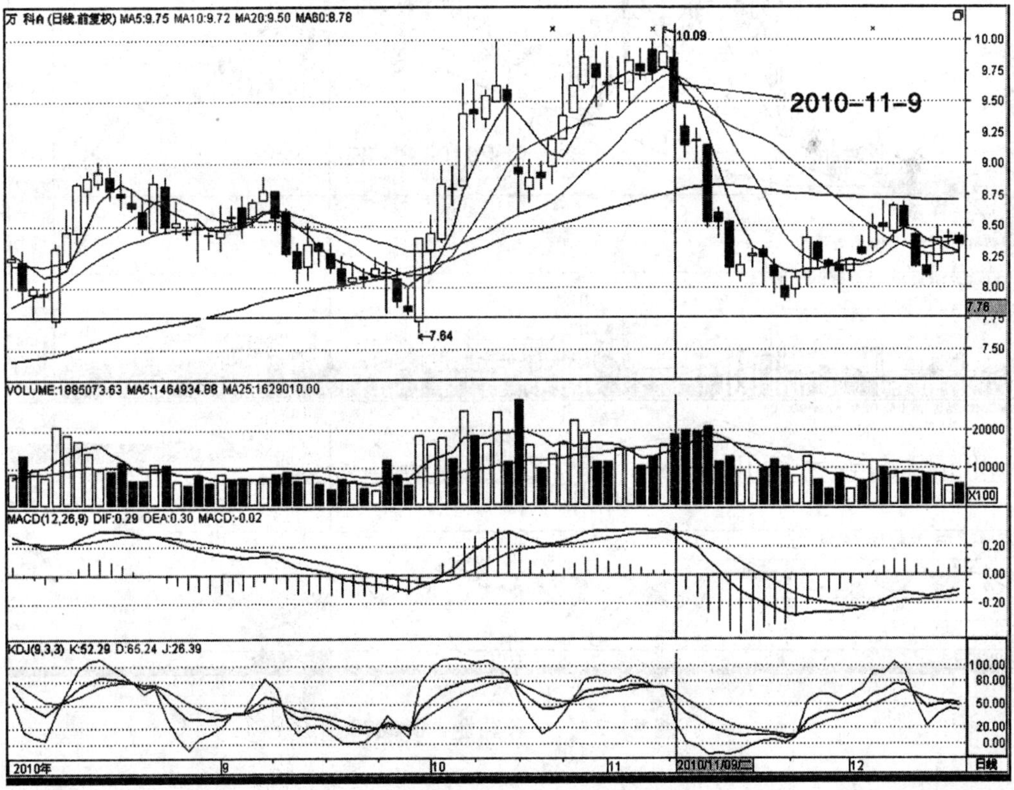

图4－22 万科A 000002

显向下破位了，同时 MACD 指标死叉则进一步证实了下跌趋势的形成，此时我们只能选择出局了。该股此后大幅下跌，足见这个信号的准确性。

如图 4－23 所示，一致药业 2011 年 11 月 30 日大幅下挫，当日收出中阴线，形成一阴穿多线的走势，同时 MACD 指标也产生死叉，这表明走势已经变坏，空头开始占据优势。这通常是卖出信号，但还需结合其他因素综合研判。从股价的整体位置看，当时的股价处于明显的高位，风险极大。另外一个显眼的地方就是，该股前日的冲高回落已经是第四次了，说明这个位置有较大压力。此后股价回落，MACD 指标产生死叉基本是真实情况的反应，多头无力上攻，逐渐被空头打压下去，后市堪忧。虽然当时还没有完全破位，但还是趁早离场规避风险为妙。

图 4－23　一致药业　000028

第三节　MACD 指标上穿 0 轴

MACD 指标上穿 0 轴是指 DIF 线由下而上穿过 0 轴。我们知道 0 轴是多空分界线，一旦上穿 0 轴就说明股价明显走强，进入多头走势时期，趋势就此由跌转升，进入上升通道。通常投资者可以在 MACD 指标上穿 0 轴的时候积极介入。但这个信号也往往显示为诱多陷阱，这说明单个指标还不足以让人放心买卖。MACD 指标上穿 0 轴的研判同样需要关注股价的整体位置、成交量和平均线的走势，有时还需要结合技术形态和其他技术指标来分析。

细节 1：股价的整体位置

MACD 指标上穿 0 轴可以发生在股价的任何位置，其市场含义也远非进入多头走势那么简单。股价自低位反弹，然后 MACD 指标上穿 0 轴，说明股价由弱变强，走势发生逆转，后市进入多头走势中。在股价上升途中的回调阶段，因为股价大幅回调，MACD 指标也可能跟随下穿后再上穿 0 轴，这说明回调结束，股价重回升势。在股价已经高高在上时，MACD 指标上穿 0 轴则可能是最后的疯狂，我们只能按短线思维操作，快进快出。在下跌途中出现 MACD 指标上穿 0 轴则是反弹动作，往往很快见顶回落，我们尽量少参与。

如图 4－24 所示，大东南 2010 年 8 月 2 日小幅上涨，股价站上 60 日平均线，同时 MACD 指标的 DIF 线也上穿 0 轴。这预示着股价走势开始进入多头走势中，后市相对看好，这也是中长线投资者进场的信号。不过也不是所有的 MACD 指标上穿 0 轴都是进场机会，还需要结合很多其他因素来研判。首先要关注的就是股价的整体位置。本例该股当时所处的位置应该是上升初期。其次该股在低位有一个两次探底的过程，底部比较扎实。此后股价上行，多头逐渐占据优势，此时的 MACD 指标上穿 0 轴的可靠性比较高。该股后市也如期稳健上升，整体涨幅不小。如果能在 MACD 指标上穿 0 轴的时候进场且做中长线打算，收获无疑颇丰。

图 4－24　大东南　002263

如图 4－25 所示，同洲电子 2010 年 10 月 19 日小幅上涨，股价突破 60 日平均线，同时 MACD 指标的 DIF 线上穿 0 轴。这表示股价已经进入多头走势中，通常是一个买入信号。但是该股此后很快见顶，后市更是大幅下跌。这说明该上穿 0 轴的信号是一个诱多陷阱，是典型的虚假信号。那么如何排除这种虚假信号呢？来看看股价的整体位置。当时该股处于一个什么样的位置？显然是处于中长期下跌趋势中，60 日平均线还呈现明显的下行趋势就是证明。那么这时候的股价上涨就只能属于反弹性质，最终会受到整体的下跌趋势牵引而继续下行。当然也有可能反转向上，但要求股价征服前高，60 日平均线扭转下行趋势，可是该股此后没有做到，继续下跌就是必然。

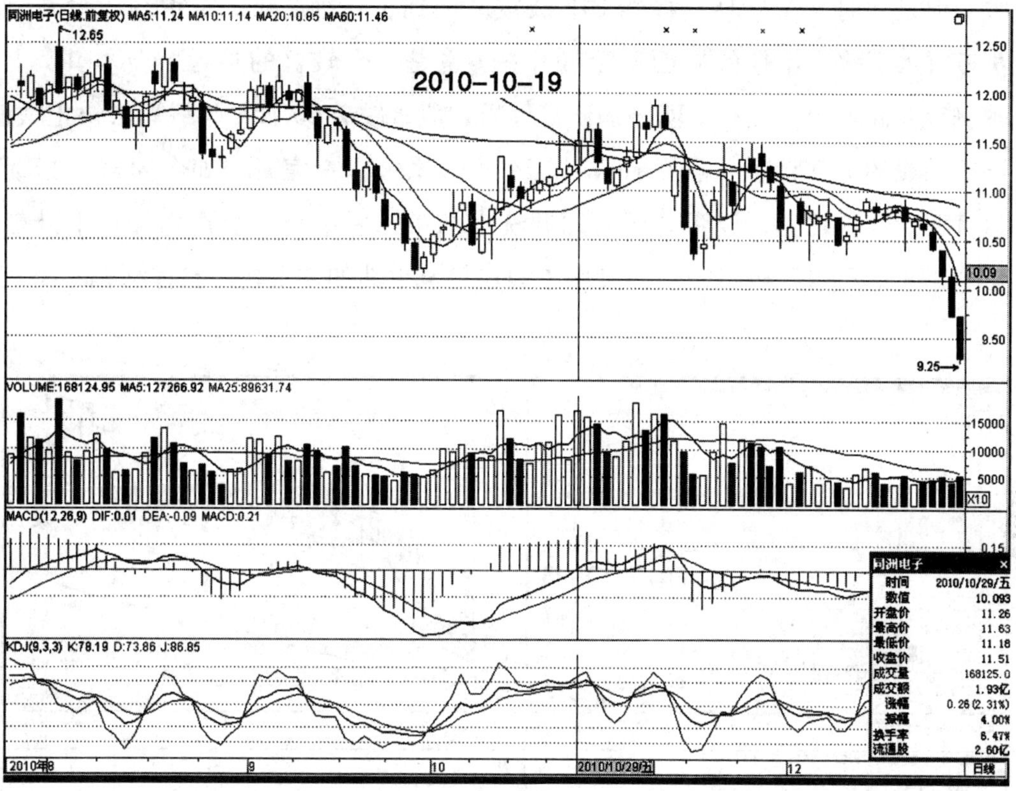

图 4 －25　同洲电子　002052

总之，本例该股 MACD 指标的上穿 0 轴发生的地方值得怀疑。若信号出现在下跌途中，而非大幅下跌后，反弹后继续下跌的可能性很大，我们需要谨慎对待。

细节 2：平均线系统

平均线系统是股价走势的直接反应，对于趋势的判断比指标更可靠。如果平均线呈多头排列，则 MACD 指标上穿 0 轴比较可靠，后市可以继续看多、做多。但是很多情况是 MACD 指标上穿 0 轴的时候长周期平均线下行，短期平均线上行，这属于反弹性质，我们需要提防股价受制于下行的长周期平均线，只能适度参与。

如图 4 －26 所示，得润电子 2010 年 10 月 26 日小幅上涨，走势并不很起眼，但是此时的MACD指标的DIF线重新回到了0轴之上，这说明股价走势再度进入了多头掌控的局面，后市看好，也是一个较好的买入机会。事实上本例该股此前的下跌有很明显的洗盘性质，股价跌破60日平均线后很快止跌，该平均线的上升趋势一点没有改变，平均线系统保持完好。如今MACD指标再度回到0轴之上，说明短暂的回调洗盘结束，后市很可能进入加速上升走势中，我们可以积极跟进。该股后市的走势也果然如期上扬，整体涨幅不小。

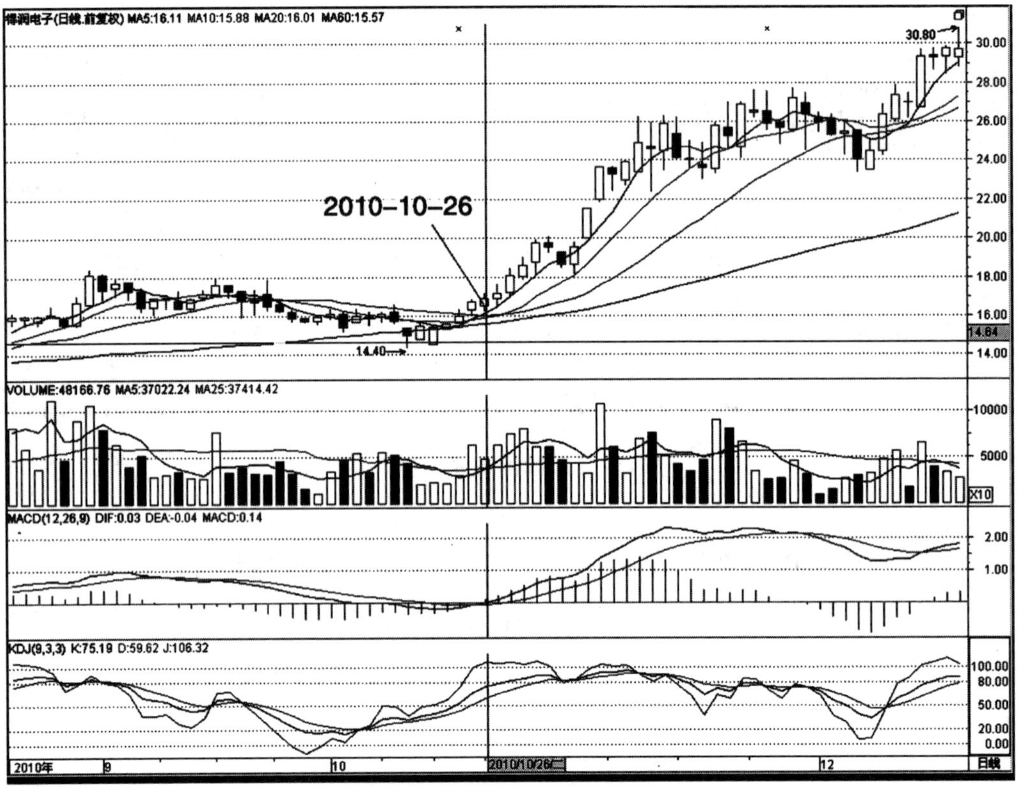

图4-26　得润电子　002055

如图4-27所示，东华软件2011年3月15日小幅上涨，股价已经攀上60日平均线，此时MACD指标的DIF线同时上穿0轴。这是股价进入多头走势的标志，一般可以进场参与。但是并不是所有的MACD指标上穿0轴都是买入信号，不分青红皂白就买入的结果就像本例该股的走势一样很快见顶，后市更是大幅下跌。除了我们前面提到要根据股价的整体位置来研判外，还可以结合平均线系统来研判。当时的平均线的特征很明显，短期平均线向上，60日平均线却还在下行，说明短期走势较强，但很可能受制于中长期的疲软走势，后市能不能继续逞强还不能过早下结论，因此对后市不能太乐观。本例该股的60日平均线下行的趋势过于明显，对股价的向下牵引力是显而易见的，我们不能不防范，谨慎对待为上。

图4－27 东华软件 002065

细节3：成交量

MACD指标上穿0轴是股价持续上升的结果，自然也需要成交量的配合。没有成交量的配合，上升就可能是空中楼阁，随时戛然而止。

成交量同步温和放大，说明上升走势得到成交量很好的支持，主力增量资金有序介入，后市看好。如果成交量放得过大，则消耗了太多的量能，通常难以为继，后市很可能见顶或者震荡，短线不适合参与。成交量过小则说明市场参与力度有限，有空涨的嫌疑，要小心主力刻意拉抬股价后迅速出逃。当然高度控盘的股票例外，缩量反而显示做多后劲十足，需要加以分辨。

如图4－28所示，万力达2011年1月14日小幅上涨，股价靠近前高，显然前高的压力比较大。不过此时MACD指标的DIF线已经突破0轴，说明股价走势开始进入多头走势中。这就让人犹豫：前面有前高的压力，后面有上涨的推力，是买还是卖好呢？此时我们可以结合其他的因素来看看。从成交量上看，当日成交量急剧放大，可以说是天量。天量而股价不涨，滞涨很明显，这是前高的压力所致，后市不是很乐观。因此这个买入的信号可以暂时不采用，等突破前高再说。因为该股当时在低位，放量并不是完全的坏事，至少说明介入的力量也很强，只是巨量过后通常有震荡，短线投资者不需要

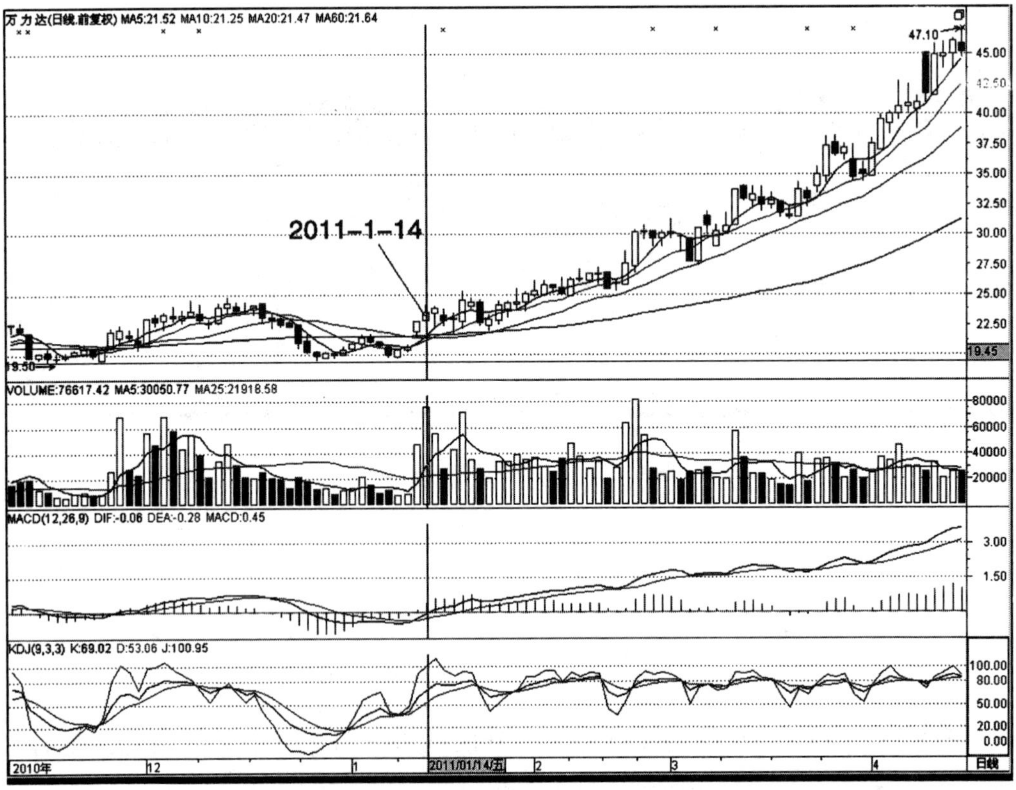

图4－28 万力达 002180

参与这种震荡。

如图4－29所示，中汇医药2011年1月28日大幅上涨，当日收出中阳线，股价突破60日平均线，同时MACD指标的DIF线上穿0轴，预示着股价进入多头走势中，一般是买入时机。本例该股前期长时间横盘整理，60日平均线逐渐走平，蓄势非常充分，如今一旦向上突破，走势很可能就此进入快速拉升阶段。从成交量这个角度看也是配合良好，1月28日成交量明显放大，推升股价大幅上行，说明增量资金进入，做多气氛浓厚。另外成交量相对前期的量能只是温和放大，这是有持续性的放量方式，后市看好，我们可以积极跟进。

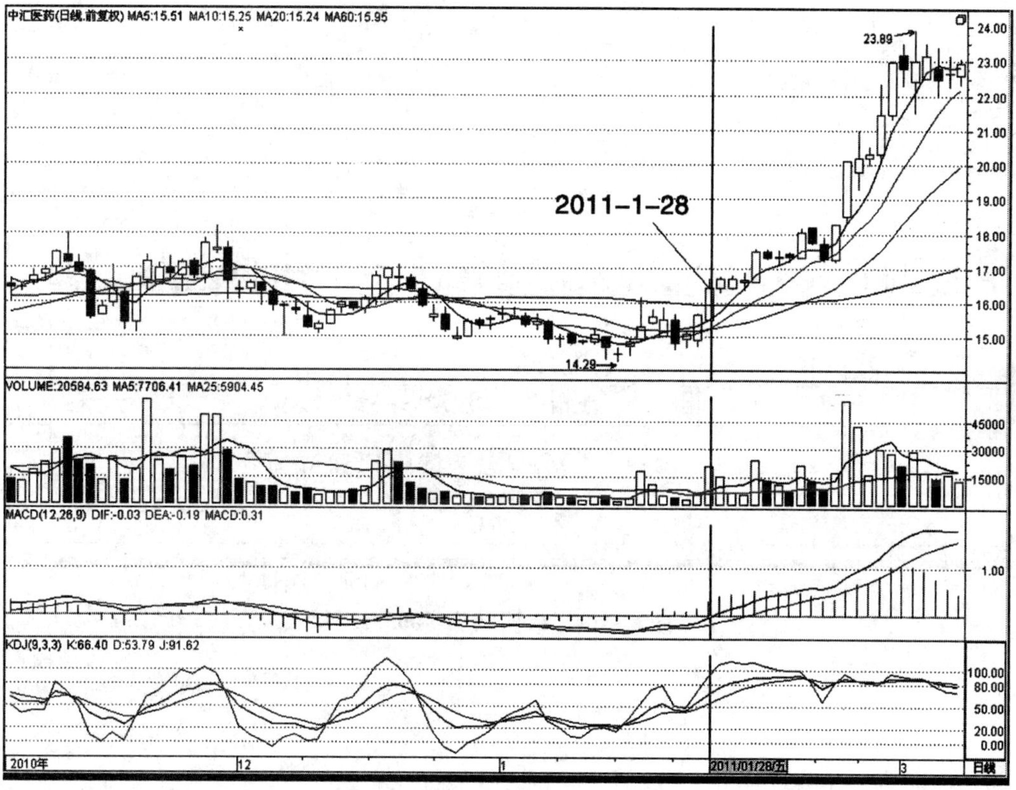

图4－29 中汇医药 000809

如图4－30所示，得润电子2011年2月15日小幅上涨，股价已经攀上60日平均线上方，同时MACD指标的DIF线已经上穿0轴。但这个信号却不值得采用。原因是当日上穿的力度太弱，而且此时的60日平均线已经开始由原来的上行转为走平，甚至有下行的趋势，这是大型头部的特征，我们可要小心。我们这里重点关注的是成交量。当时的成交量极度萎缩，股价虽然小幅上升，但难掩做多力量的虚弱，多头已经是苟延残喘，后市继续下跌的可能性更大，因此我们此时非但不能进场，还需逢高了结。

图4－30 得润电子 002055

细节4：其他因素

MACD指标上穿0轴通常意味着股价进入多头走势中，但是也不能一概而论。我们前面提到了不少其他研判的要素，不能忽略。这里再简单介绍一下其他要注意的事项。研判MACD指标上穿0轴还需要结合股价的技术形态和其他技术指标来研判。如果信号产生前股价走势形成了双底、头肩底等技术形态则可靠性更高。如果有其他技术指标也发出买入信号，多个信号共振可以增加信号的可靠度。

如图 4－31 所示，省广股份 2010 年 7 月 29 日收出小阳线，当日涨幅不到 3 个点，涨势不怎么起眼，但是此时 MACD 指标的 DIF 线已经站上 0 轴，预示着股价开始走强，进入多头走势中。这通常是中长线投资者买入的时机。不过这个信号有多大的可靠性还是让人不放心。如果你对形态分析有心得则可能比较放心。在此之前，该股走出一个不是很标准的头肩底模样，7 月 29 日虽然只是小幅上涨，但已经突破头肩底的颈线，底部正式形成，此时的 MACD 指标上穿 0 轴则进一步证实底部的确立。既然底部已经形成，我们进场正是时候。

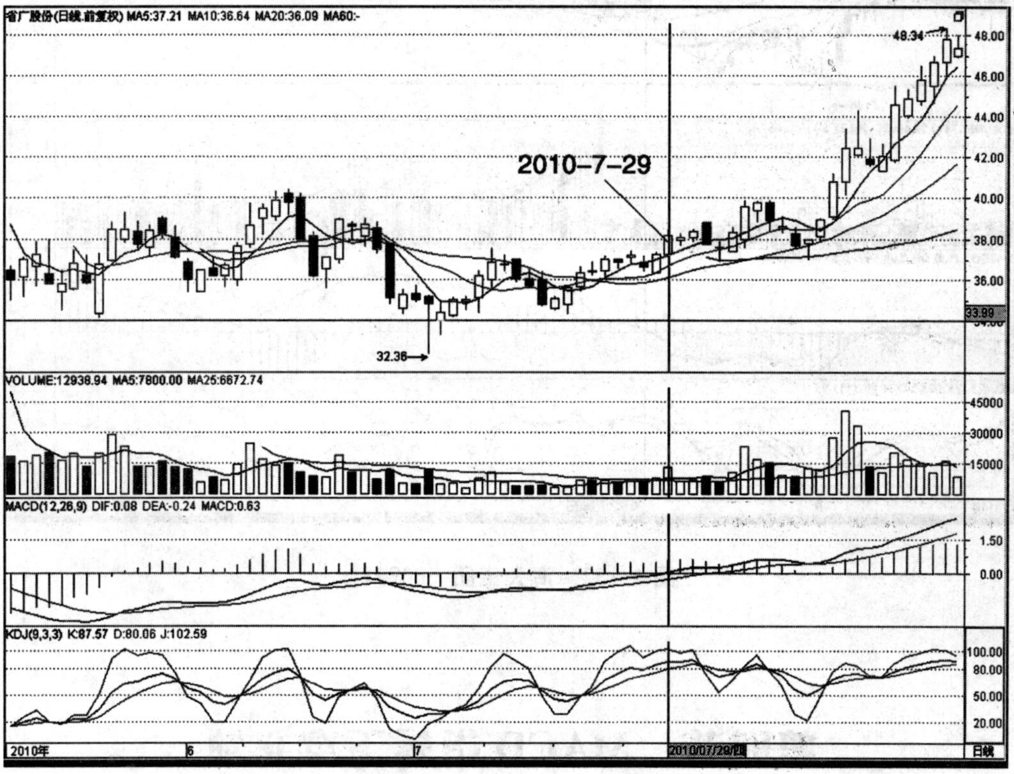

图 4－31　省广股份　002400

如图 4－32 所示，海大集团 2010 年 7 月 28 日小幅上涨，涨势并不强劲，但是此时 MACD 指标的 DIF 线已经上穿 0 轴，表明股价走势开始进入多头走势中，是买入的机会。那么这个信号有多大的可靠性呢？该股当时是新股，没有多少参照系，但是此前该股二次探底，形成一个双底形态，如今股价已经突破双底颈线，底部正式形成，因此后面的 MACD 指标上穿 0 轴是比较可靠的，我们可以放心买进。后市该股大幅上涨，证明这个反转是成功的，这也源于此前的双底基础比较扎实。

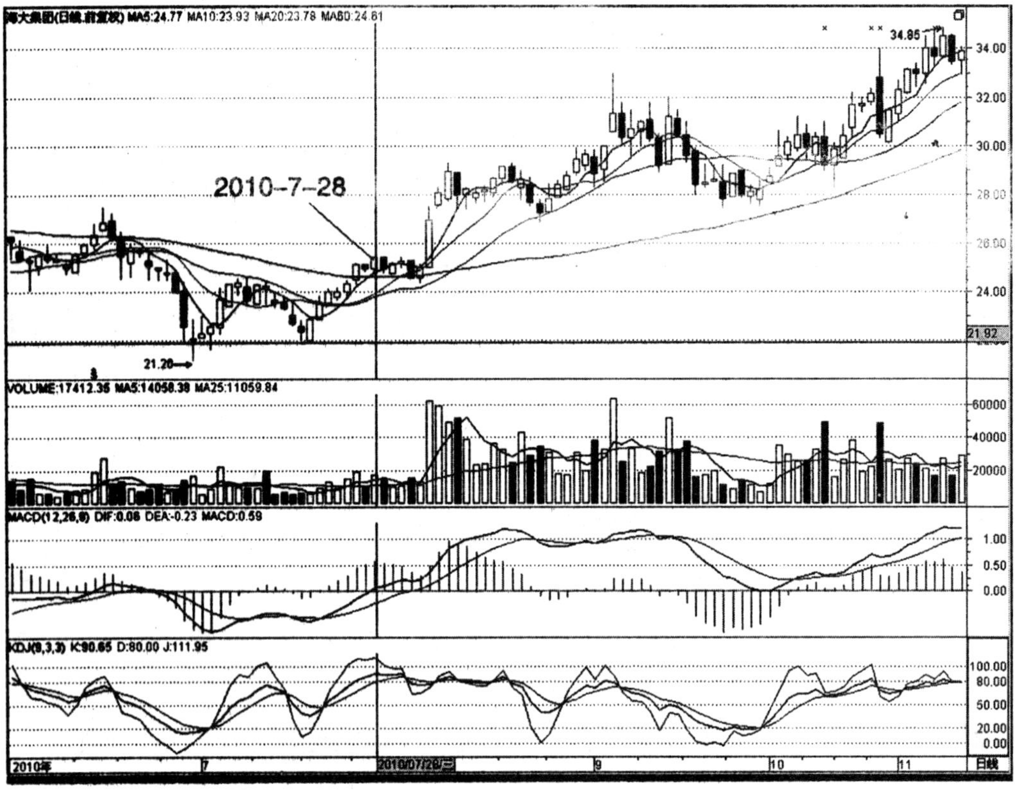

图 4-32　海大集团　002311

第四节　MACD 指标下穿 0 轴

股价原来运行在上升趋势中，然后反转下行。此时 MACD 指标的 DIF 线也跟随由上而下穿过 0 轴。0 轴是多空分界线，一旦跌穿就说明股价走势逐渐趋弱，空头开始掌控局势，进入空头走势中，通常投资者此时应清仓出局。

MACD 指标下穿 0 轴同样有很多的诱空陷阱，需要结合股价的整体位置、成交量和平均线系统来研判。如果有技术形态和其他技术指标的辅助则更佳。

细节 1：股价的整体位置

MACD 指标下穿 0 轴是股价进入空头走势的标志，但是并不是所有的 MACD 指标下穿 0 轴都是做空信号，也需要结合股价的整体位置来研判。股价在大幅上涨后下跌，然后 MACD 指标下穿 0 轴，基本是确认中长期跌势的开始。在下跌途中股价的反弹也会导致 MACD 指标上穿 0 轴，而再度下穿 0 轴则说明反弹彻底结束。在上升途中，主力洗盘也可能导致 MACD 指标下穿 0 轴，我们要小心诱空陷阱。

如图 4－33 所示，深圳能源 2010 年 4 月 22 日收出一根小阳线，同时 MACD 指标的 DIF 线下穿 0 轴，预示着股价的中期走势变坏，自此进入空头走

图 4－33 深圳能源 000027

势中，这通常是中长期投资者卖出的信号。当然单纯看一个指标信号还不能让人信服。从股价的整体位置来看，该股自高位反转下跌，但整体的跌幅并不大，如今 MACD 指标再度下穿 0 轴则应该是对下跌趋势的进一步确认，后市将有较大跌幅。从主力的操作轨迹来看，该股在次高位反复震荡，该逃跑的都已经逃跑了，最后只剩下散户的自由活动，一旦大盘不好，股价可能就大幅下挫。该股后市的走势也正是如此。

如图 4－34 所示，鑫富药业 2009 年 3 月 2 日低开高走收出一根小阳线，但是 MACD 指标的 DIF 线已经下穿 0 轴，通常说明股价的中期走势变坏，投资者应该暂时离场休息。不过该股此后却震荡上行，这说明前面的 MACD 指标下穿 0 轴是一个虚假信号，我们对它产生了误判。为什么会产生误判呢？主要原因在于我们对股价的整体走势缺乏完整的认识。当时该股自低位反转向上，突破 60 日平均线后涨幅并不大，也就是说股价走势刚进入多头状态不久，这么快就结

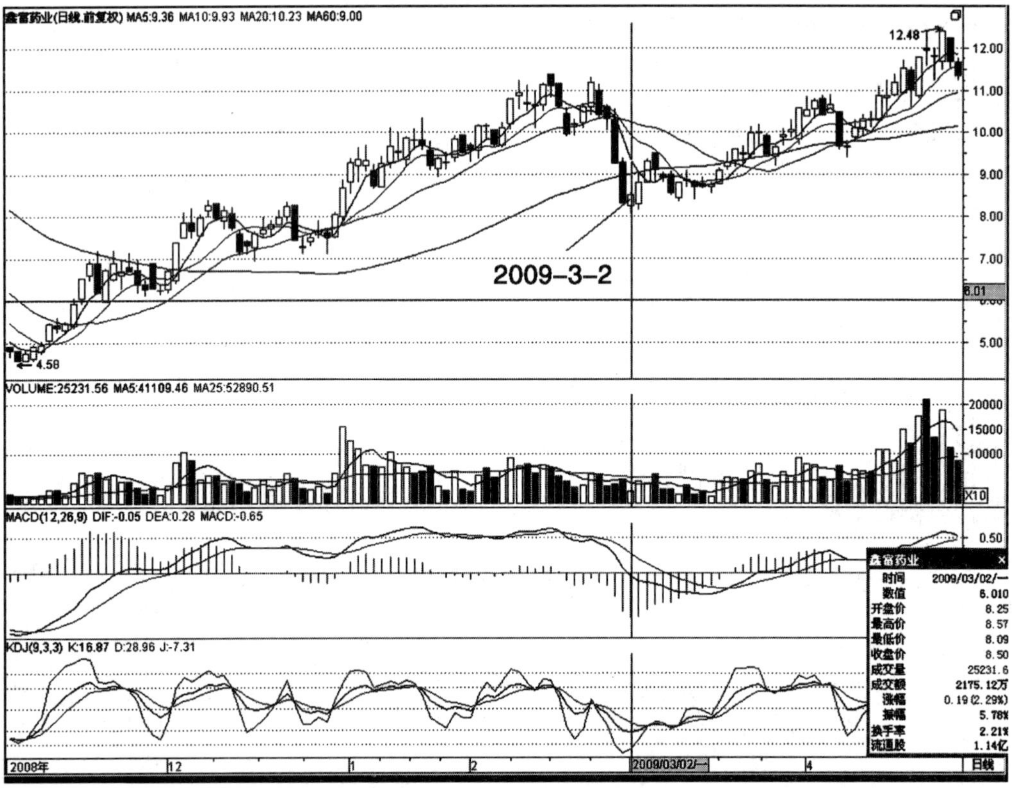

图 4－34　鑫富药业　002019

束有点难以让人信服。从主力操作的轨迹来看，此时应该是刚建仓不久，此后的下跌很可能是洗盘。当然一切都还需要后市证明。该股此后并没有如期下跌，基本可以证明 MACD 指标下穿 0 轴是虚假信号，我们反而可以趁机进场。

细节2：平均线系统

MACD 指标下穿 0 轴预示着股价进入空头走势，是做空的信号，但是信号的可靠性也需要得到平均线等的支持。如果中长期平均线还处于上升初期，即便短期平均线下行，MACD 指标下穿 0 轴也不需要紧张，因为这很可能是短暂的洗盘回调。如果中长期平均线上升角度变小，同时短期平均线呈空头排列，这时候 MACD 指标下穿 0 轴基本可以确认下跌趋势形成。如果平均线完全呈现空头排列，则毫无疑问是下跌趋势了，MACD 指标下穿 0 轴只是信号的确认。

如图 4－35 所示，承德露露 2010 年 12 月 3 日小幅下跌，股价已经明确跌

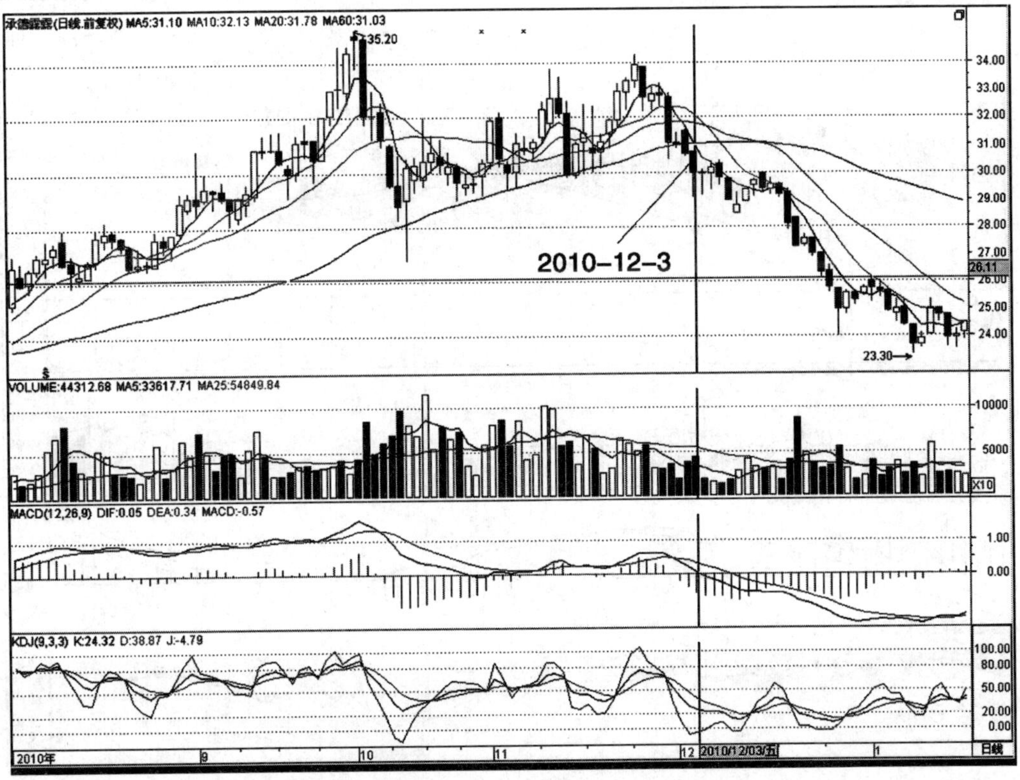

图 4－35 承德露露 000848

破60日平均线，同时MACD指标的DIF线下穿0轴。这说明股价走势开始进入空头走势中，投资者应该及时清仓出局。当然单凭一个指标信号还不足以认定下跌趋势的形成。从平均线的角度看，下跌趋势也已经初步形成。该股挑战前高失败后股价回落，短期平均线呈现空头排列，中长期平均线上升趋势减缓，有走平下行趋势。这一切都表明该股中长期走势进入弱势阶段，头部基本形成，我们最好趁早离场。

如图4－36，大连国际2010年9月21日延续前面的疲软走势小幅下跌，同步MACD指标的DIF线下穿0轴。通常这是股价走势进入空头状态的信号，投资者需要暂时离场休息。可是该股此后只是横盘震荡，后市更是加速上涨，涨幅不小。这说明前面的MACD指标下穿0轴是一个虚假信号。为什么会产生误判呢？除了对股价的整体位置没有完整认识外，从平均线系统角度看也有问题。当时短期平均线是呈现空头走势，但下面的60日平均线仍然在上行，

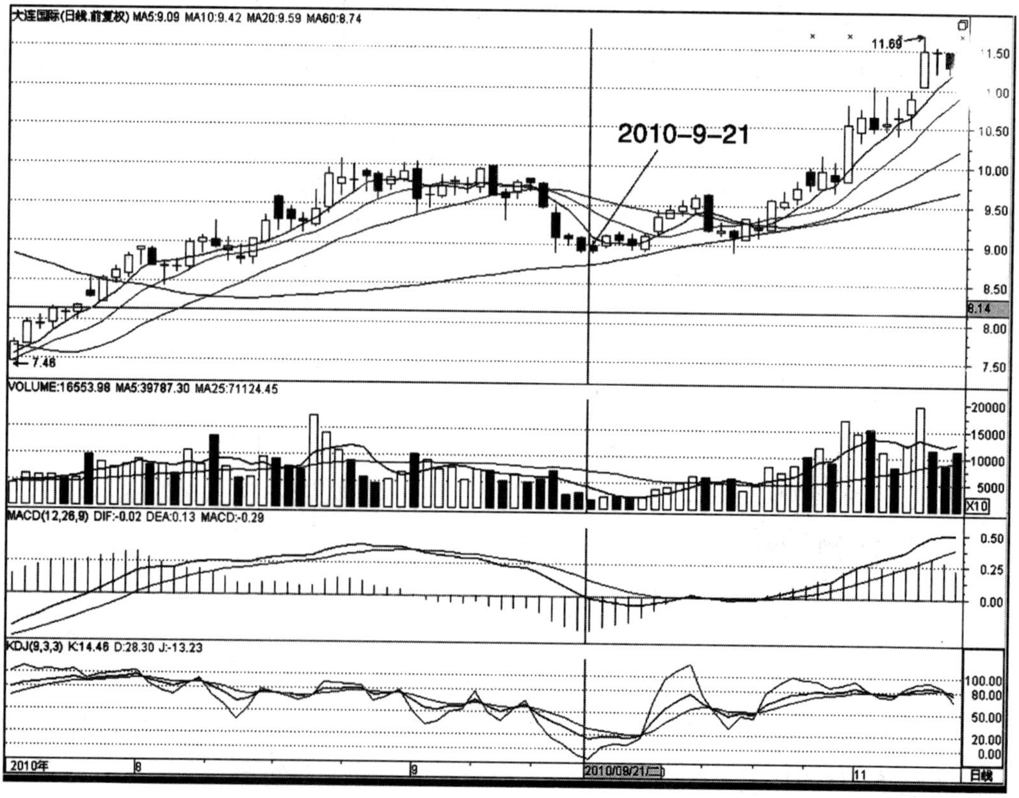

图4－36　大连国际　000881

且对股价形成了强有力的支撑。因此当时的平均线系统并不支持股价下跌，不要急于出局，可以继续观察一下走势变化。

细节3：成交量

成交量本身没有多空之分，但是结合股价走势来看则有分析意义。MACD指标下穿0轴也需要结合成交量来研判。如果股价无量下跌，且前期的涨幅不大，即便是MACD指标下穿0轴也可能是主力的洗盘行为，我们需提防诱空陷阱。如果在MACD指标下穿0轴之前，成交量异常放大，则很可能是主力出逃，此后的MACD指标下穿0轴就是证实了股价已经形成了向下反转，这时候就只能清仓出局了。

如图4－37所示，大亚科技2010年12月8日小幅下跌，但股价已经收于

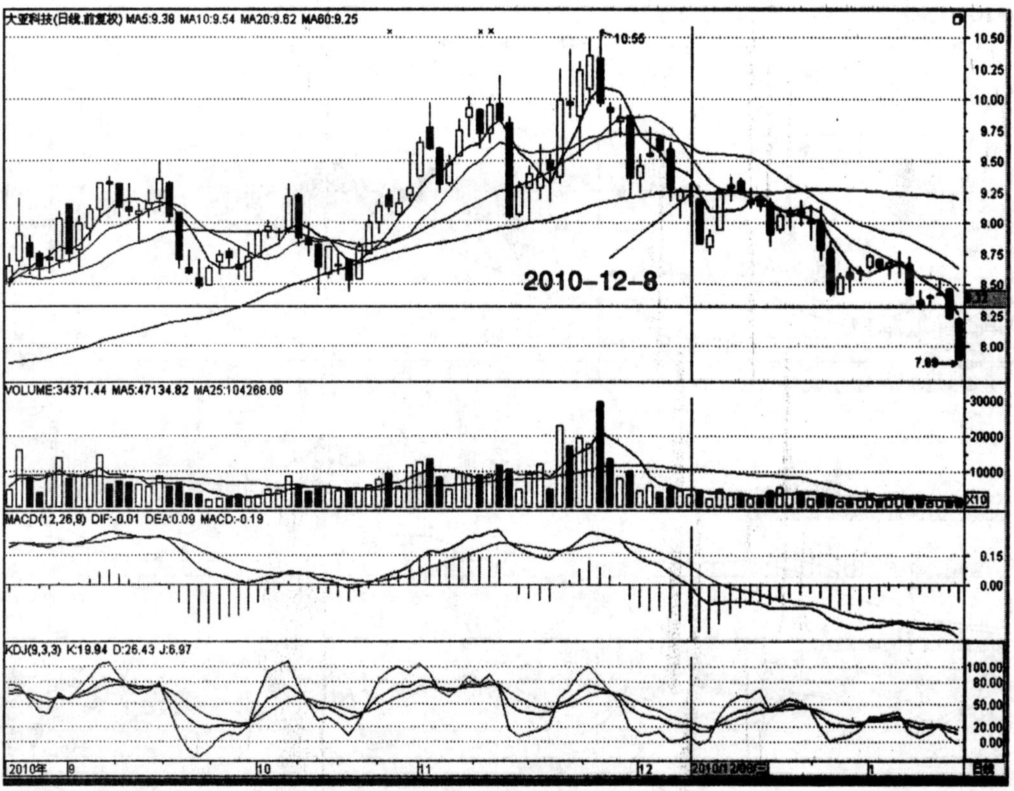

图4－37 大亚科技 000910

60日平均线之下了，此时MACD指标的DIF线也同时下穿0轴。这说明股价走势已经彻底进入空头走势中，投资者需清仓出局。我们注意到在信号发出的时候成交量极度萎缩，这是不是说明市场惜售呢？其实完全不是。下跌的时候不需要量能配合，但是前面很可能有异常的量能变化。本例该股此前冲高的时候就急剧放量，甚至有一天是巨大的阴量，这是主力出逃无疑。既然主力都已经逃跑，后市下跌就是自然的事。MACD指标下穿0轴是迟到的确认信号，只适合于中长期投资者。

如图4－38所示，四川圣达2010年9月16日小幅下跌，股价触碰60日平均线，此时的MACD指标DIF线已经下穿0轴。此后几天该股窄幅横盘震荡，DIF线明确在0轴下运行。这通常说明股价已经进入空头走势中，投资者需要暂时离场休息。但是这个卖出信号还是有很多疑点，比如股价的整体位置并不高，反转没理由这么快就夭折。我们这里主要看一下成交量的情况。

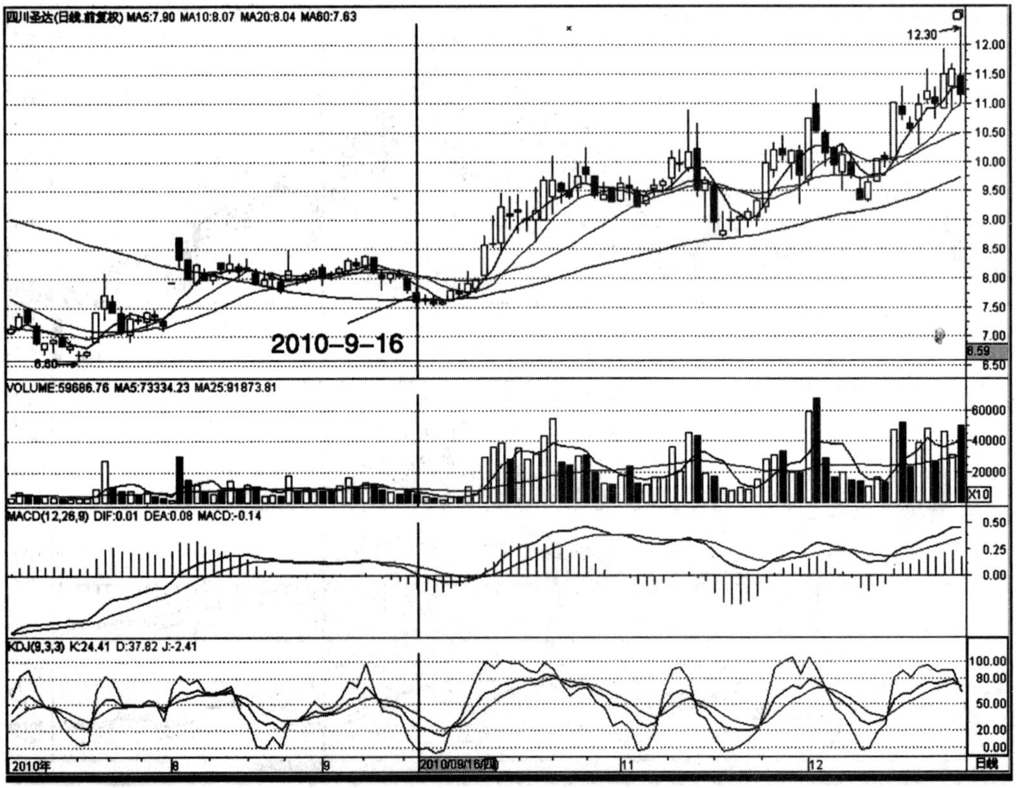

图4－38 四川圣达 000835

在股价的回调过程中，成交量极度萎缩。这说明什么？说明惜售，反过来说就是主力也没法出逃。既然如此，后市继续上涨的可能性极大。因此我们基本可以认定 MACD 指标下穿 0 轴是主力的诱空陷阱，一旦股价止跌我们更可以加仓。

细节 4：其他因素

MACD 指标下穿 0 轴也有很多虚假信号。有时候只是 DIF 线下穿 0 轴，DEA 线并没有跟随，这多是诱空陷阱。研判 MACD 指标下穿 0 轴也可以结合技术形态和其他技术指标。如果股价走出诸如头肩顶、双头之类的技术形态，则下跌信号比较准确。如果其他指标也发出卖出信号，共振的信号同样非常准确。

如图 4－39 所示，金固股份 2011 年 4 月 14 日收出一根小阴线，跌势好像

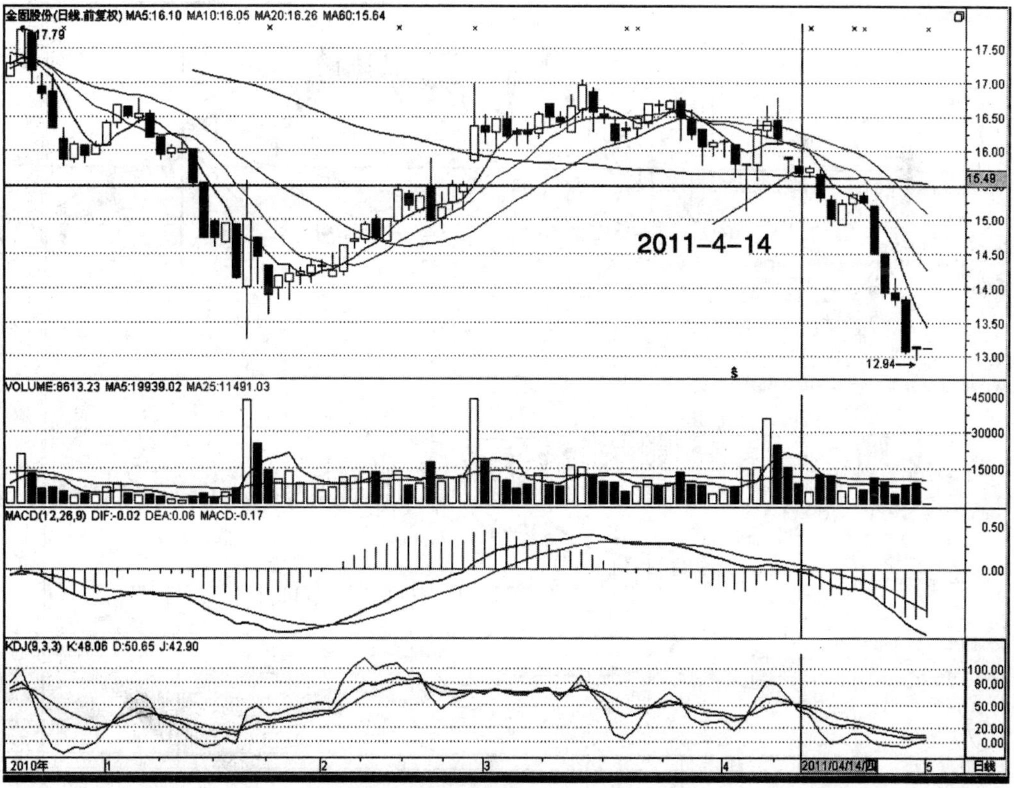

图 4－39　金固股份　002488

并不很强，但是此时的 MACD 指标已经明确下穿 0 轴，股价走势进入空头掌控的局面，后市看空，投资者应该趁早离场。从股价的位置来看比较难研判，因为该股自高位下跌后反弹幅度比较大，已经突破 60 日平均线，基本进入多头走势中。此后该股横盘震荡，走出一个箱体。正是这个箱体泄露了天机：4 月 14 日股价虽然跌幅不大，但是已经跌穿箱体的下边线，破位下跌意味着还有较大跌幅，加上 MACD 指标下穿 0 轴的确认，基本可以认定下跌走势已经形成。

如图 4－40 所示，飞亚达 A 2011 年 1 月 10 日收出中阴线，MACD 指标的 DIF 线由贴着 0 轴运行变成了向下运行，这是股价进入空头走势的标志，中长期投资者都必须清仓出局了。从股价的整体位置看，前期股价涨幅也不是很大，因此难以判断股价形成大顶。但是从技术形态则基本可以判断顶部形成，因为此前该股形成一个三重顶，破位下跌后有个反抽，1 月 10 日则

图 4－40　飞亚达 A　000026

是反抽结束后再次跌破此前的三重顶颈线，确认顶部形成，此时的 MACD 指标下穿 0 轴是一个共振信号，进一步确认反转下跌走势的形成，我们只能清仓出局。

第五节 MACD 指标黏合后向上发散

MACD 指标黏合是股价横盘震荡整理造成的，其本身难以判断优劣，需要后市选择方向。黏合后向上发散说明多头压倒了空头，后市进入多头走势中。经过整理后的股价通常会就此进入加速上升阶段，是投资者买入的良机。但是这个指标信号也多有陷阱，需要结合股价的整体位置、成交量和平均线等来综合研判，尽量避免掉入陷阱。

细节 1：股价的整体位置

MACD 指标黏合后向上发散通常表示股价经过横盘整理后再度上行，是一个较好的买入时机，但是也不能脱离股价的整体位置来研判，否则很可能在高位站岗。在股价低位出现的 MACD 指标黏合很可能是筑底行为，后市向上发散则说明筑底结束，我们可以适当参与。在股价上升途中出现的 MACD 指标黏合则是短期的横盘震荡洗盘，整理结束后很可能进入加速上升阶段，这是最好的介入时机。在高位也会出现 MACD 指标黏合，不过通常是最后的绝唱，我们只能谨慎参与。在下跌途中也可能出现 MACD 指标黏合后向上发散，这是反弹行为，我们预期不能太高，见好就收。

如图 4－41 所示，科达股份 2010 年 11 月 4 日涨停，股价上穿所有的默认平均线，股价进入快速拉升阶段已经毫无疑问，从直观看是一个很好的买点。当然我们做股票不是靠直观，还得做深入的研判。该股此前横盘震荡，平均线基本上黏合在一起，不过 60 日平均线还是维持上行趋势，这说明中长期走势向好，如今的窄幅震荡很可能是主力的洗盘动作。我们要注意股价的启动信号。11 月 4 日的涨停使平均线上扬，同时我们看到 MACD 指标两线也由此前的黏合状态变为向上发散，这是股价进入快速拉升阶段的标志，说明前期的股价震荡整理已经结束，是很好的买入时机。

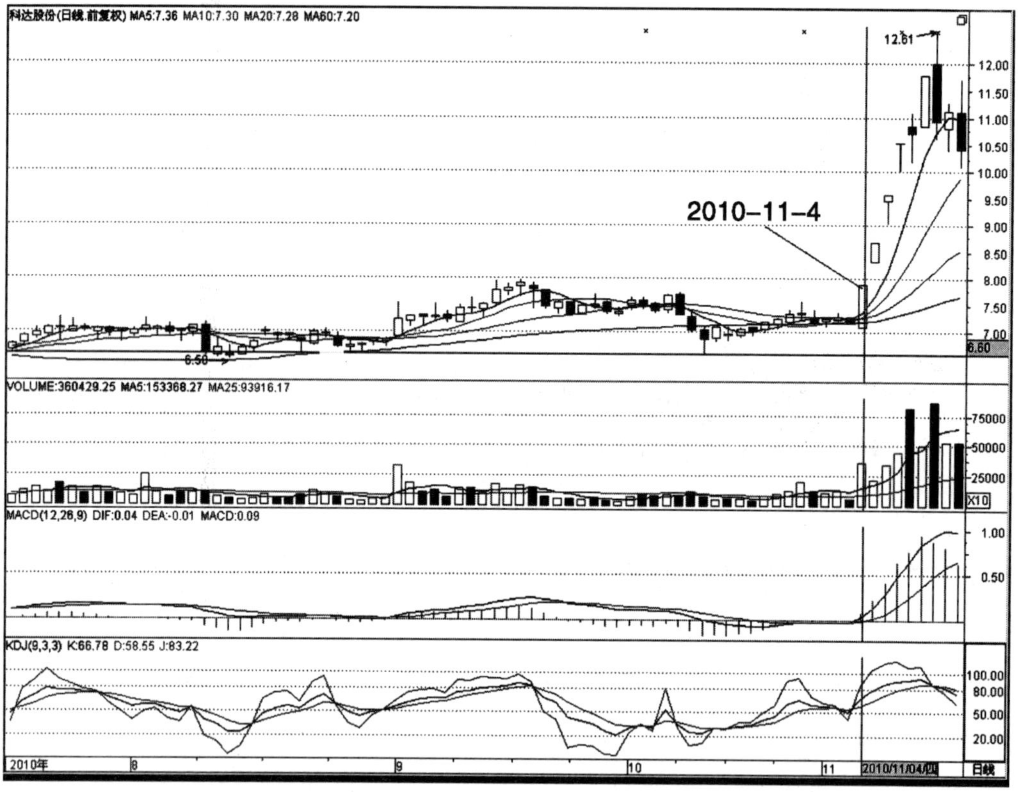

图 4-41　科达股份　600986

本例的 MACD 指标黏合后发散出现在股价的上升途中，上涨的幅度也不是很大，因此一旦信号发出就是极佳的买入点，即使是追高也值得。

如图 4-42 所示，粤高速 A 前期大幅下跌，然后在 4 元上方震荡筑底，此时 MACD 指标两线呈现黏合状态。2010 年 7 月 9 日该股上涨近 3 个点，此时的 MACD 指标两线开始向上发散。这表明横盘筑底已经结束，后市进入拉升阶段，我们可以适当参与。适当参与就是少量参与，不能全力以赴，因为股价如今的走势毕竟还只属于反弹性质，后市很可能不那么顺利，等股价进入明确的多头走势中再加仓不迟。

图 4－42　粤高速 A　000429

本例的 MACD 指标黏合后向上发散发生在股价的明显低位，向上发散后股价上行，此时参与的风险不是很大，但也要小心主力打压洗盘。

如图 4－43 所示，江铃汽车 2010 年 10 月 25 日小幅上涨，成交量维持平量，整个走势保持着向上的趋势。这时候的 MACD 指标发生了一些变化——我们可以看到 MACD 指标两线本来是黏合的，如今已经开始向上发散。这说明多头再度占据了优势，走势进入多头掌控的局势。通常这是一个买入的信号，可是该股此后不久即见顶，后市更是大幅回落，这个买入信号变成了一个典型的诱多陷阱。之所以误判，一个很重要的原因是我们对该股的整体位置缺乏清醒认识。当时该股显然已经高高在上了，单截图部分就已经翻倍有余，如此高的股价还要向上突破，其风险之大可想而知。没有只涨不跌的股票，只不过普通投资者都习惯博傻，对风险缺乏应有的认识，其结果自然很悲惨。

图4-43　江铃汽车　000550

细节2：成交量

MACD指标黏合后向上发散本身说明整理后股价上行，具有较高的可靠性，但还是不能忽略成交量的影响。股价的上涨如果有成交量的温和放大相配合是最理想的状态。如果成交量放得过大则面临消耗过大、难以为继的窘境，后市很可能回调或者震荡，对做多不利。如果成交量过小则有虚假拉升的嫌疑，很可能是主力拉高股价出货，我们要小心提防，当然高度控盘的股票除外。

如图4-44所示，高鸿股份整体处于明显的上升趋势中，平均线呈多头排列。2010年9月7日，该股放量上涨，同时MACD指标由此前的黏合转向发散。这说明短暂的整理已经结束，后市将回到上升走势中，通常是一个很好的买入机会。不过这里有一个小小的瑕疵，就是当日的量能放得过大，对后市不利。因为量能越大说明耗费的资金就越多，后市即便不回调也很可能会震荡。这对短线投资者来说不是件好事，对长线投资者则没有多大影响，可以坚定持股。

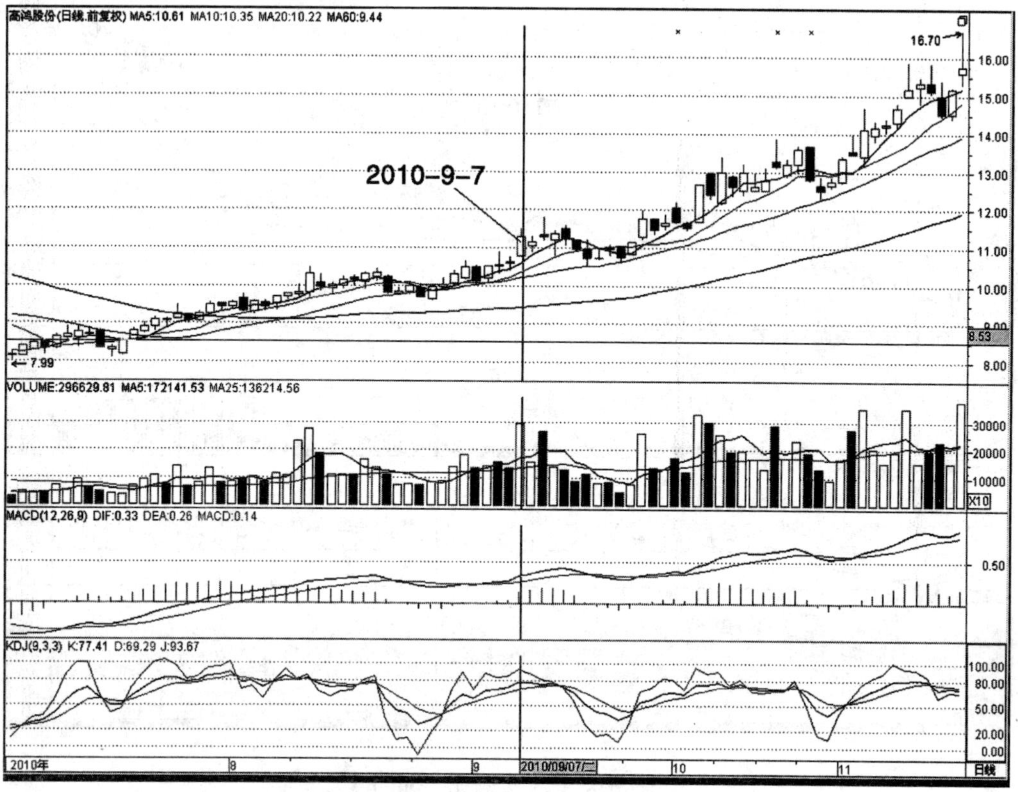

图4－44　高鸿股份　000851

如图4－45所示，江西铜业2010年9月1日小幅上涨，股价已经明显脱离了前期横盘区域，这从MACD指标就能看得出。此前股价窄幅震荡横盘，MACD指标两线逐渐黏合在一起，这是变盘的前兆，后市必定会选择一个突破的方向。而9月1日的上涨好像让方向明确了，上升行情应该就此展开。不过走势研判肯定没这么简单，单看上涨的力度就严重不够。股价突破横盘区域的力度不够就显示主力还没有做好充分的准备，很可能只是跟随大盘的惯性上攻行为。从成交量看，当时的成交量保持一如既往的低迷，这只能说明主力参与程度有限，后市还有待观察。该股此后经过大幅洗盘，成交量密集放大后才进入主升浪。因此9月1日的MACD指标黏合后向上发散并不是一个有效信号，至少没有得到成交量的配合，我们即便参与也只能是试探性的。

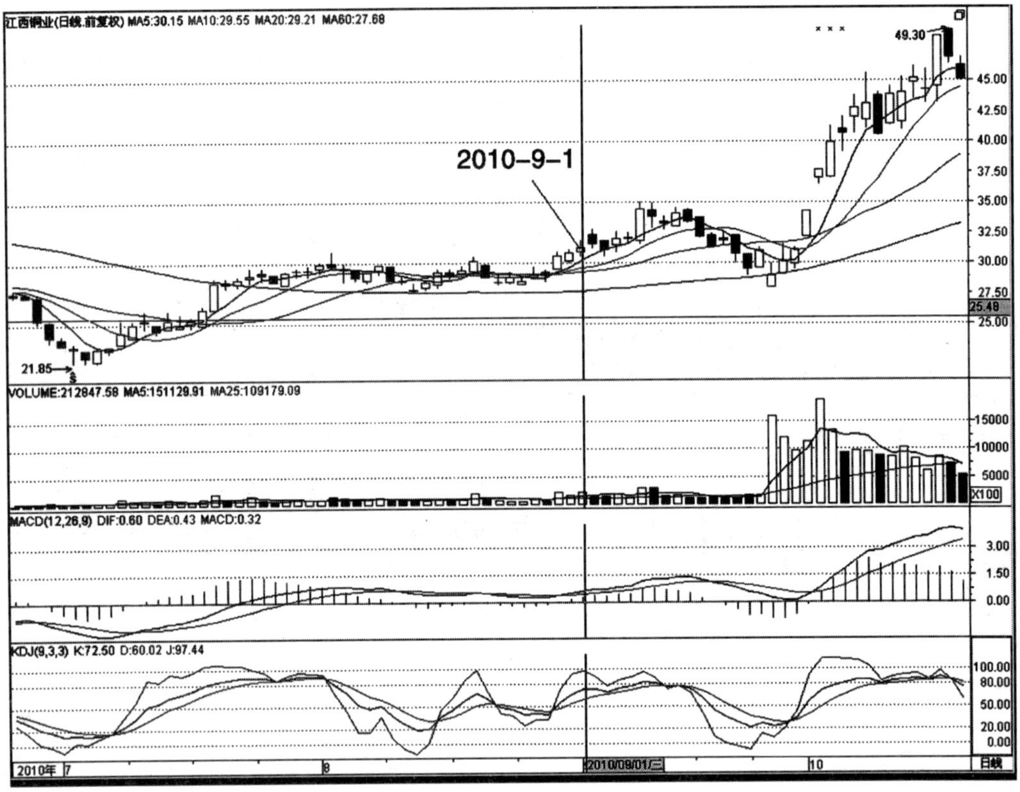

图4－45　江西铜业　600362

如图4－46所示，中联重科2010年8月31日放量涨停，MACD指标两线由此前的黏合变为向上发散，这是股价结束整理后发力上攻的标志，通常是买入信号。该股此前经过较长时间的整理，此番上攻应该是蓄谋已久的事情，此时跟进应该没错。不过在突破的时候成交量急剧放大，让人还是有点担忧。虽然当日涨停，但巨大的成交量也说明多空分歧很大，后市不一定会一帆风顺。次日该股继续放量，但股价已经明显滞涨，后市要小心。该股此后果然大幅回调，这也是巨量拉升的后果，主力需要清洗跟风盘，然后才会考虑继续上攻。

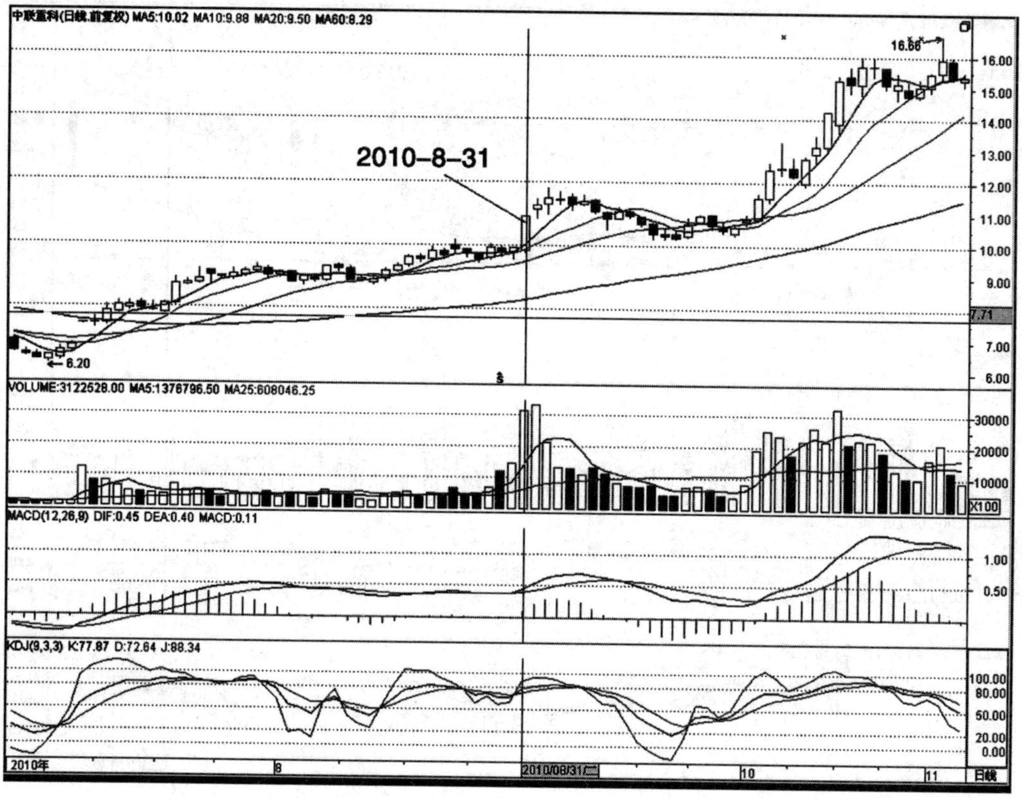

图4-46 中联重科 000157

本例的MACD指标黏合后向上发散本来是一个明确的上攻信号，但因为成交量放得过大，消耗了大量的做多动能，为后市拉升埋下了隐患，因此此后的大幅洗盘就成为必然，作为短线投资者应该不要急于参与，等洗盘完毕后再进场不迟。

如图4-47所示，中国玻纤2010年11月2日跳空高开，但是当日冲高回落，收出一根伪阴线，且留下较长的上影线。这时候的MACD指标也由原来的黏合状态变为向上发散，说明此前的横盘整理结束，通常是买入时机。但是当日的放量收阴却让人迟疑，毕竟这说明空头占有一定优势，且是主力出逃的表现。既然迟疑我们就不要着急介入，等后市明朗。该股后市上升无力，始终无法创出新高，那我们就要小心股价就此见顶回落。

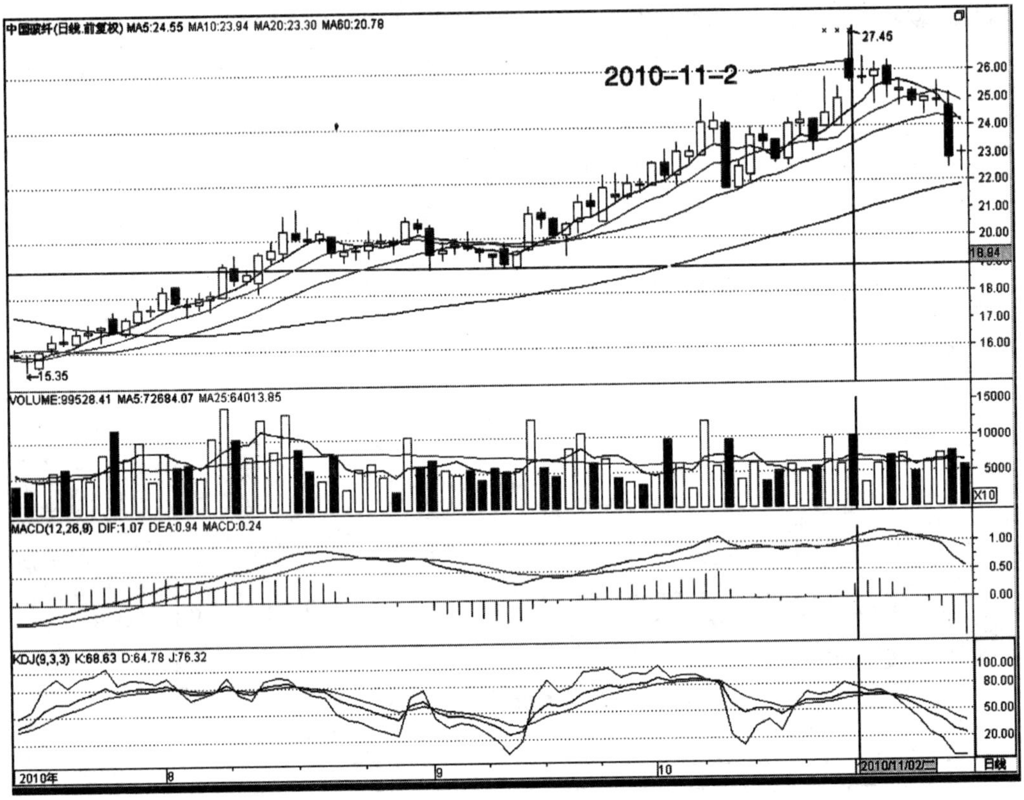

图4-47　中国玻纤　600176

第六节　MACD指标黏合后向下发散

前面提到MACD指标黏合是股价横盘震荡整理造成的，其本身难以判断优劣，需要后市选择方向。黏合后向下发散说明空头压倒了多头，后市进入空头走势中。经过整理后的股价通常会就此进入加速下跌阶段，投资者此时必须清仓出局。当然这种卖出信号也有可能是诱空陷阱，单凭一个指标难以做出正确判断，需要结合股价的整体位置、成交量和平均线等来综合研判。

细节1：股价的整体位置

MACD指标黏合后向下发散是显而易见的空头走势，通常需要止损出局。但是这个信号可能成为诱空陷阱，需要我们综合研判。首先要关注的无疑是股价的整体位置。如果在上升途中，股价涨幅不大，则MACD指标黏合后向下发散很可能是诱空陷阱。如果股价已经大幅上涨，或者在下跌途中，该信号的真实性就很高。

如图4－48所示，天茂集团2010年11月16日收出中阴线，股价跌破前面的横盘区间，走势显然已经变坏。我们看到MACD指标也发生了较大的变化：此前的MACD指标两线因为股价横盘而黏合在一起，此时已经明确向下发散。这说明空头已经掌控局势，下跌走势开始。那么这个信号到底有多大

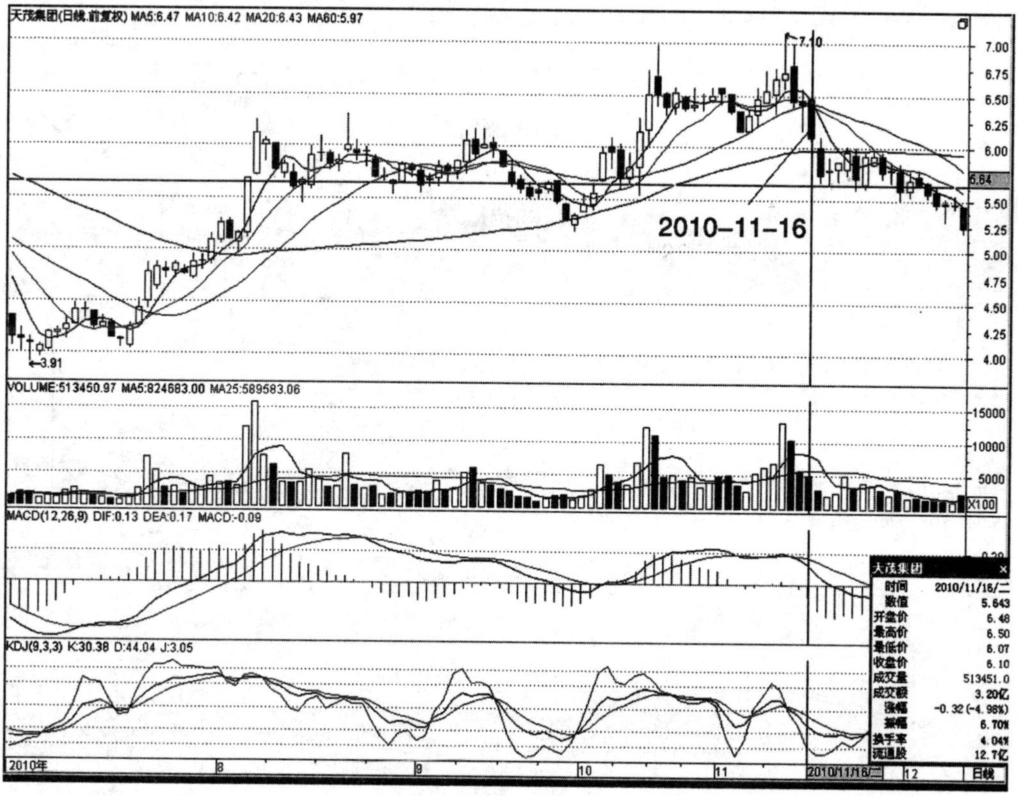

图4－48 天茂集团 000627

可靠性呢？我们需要从股价的整体位置做个评估。该股自低位反转向上后整体涨幅不算小，在7.10元附近形成双头，此后跌破平台，整体走势形成反转之势，后市全面看空，投资者只能趁早离场。

如图4－49所示，京山轻机2010年9月16日收出一根中阴线，形成一阴穿多线的恶劣走势，同时MACD指标两线由原来的黏合状态变为向下发散，这是比较明显的空头走势信号，按常规我们必须立刻止损出局。可是该股此后很快止跌，稍作盘整后进入加速上涨的阶段。这说明我们对前面的MACD指标黏合后向下发散做出了错误的判断。这主要是我们对股价的整体位置缺乏清醒的认识。当时该股自低位反转上行，股价刚突破60日平均线就再度回落，这就让人有点怀疑：股价刚进入多头走势就结束了？这有点不合乎主力操盘的轨迹。那么只能说明这样的下跌很可能是主力洗盘的动作。当然这还需要后市验证。此后该股在60日平均线附近止跌，至此我们基本能判断前面

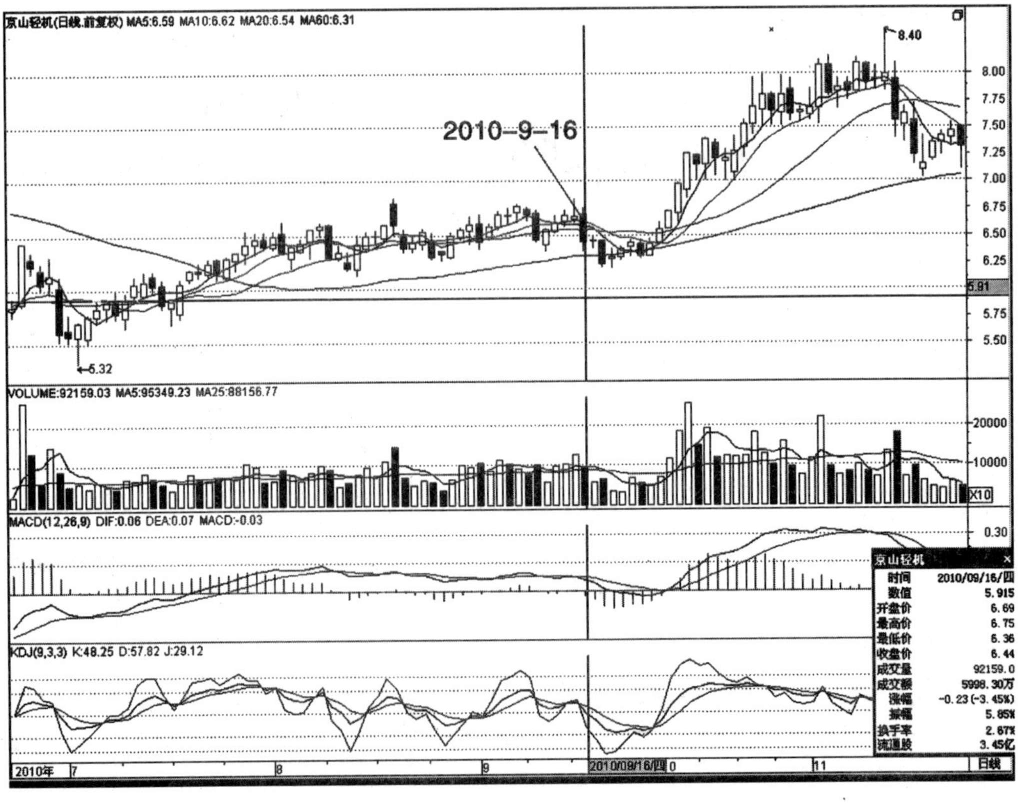

图4－49　京山轻机　000821

的破位下跌是洗盘，下面要做的就是择机进场了。

如图4－50所示，中核科技2011年3月11日小幅下跌，走势基本还是维持此前的横盘震荡状态。可是此时的MACD指标已经发生了较大改变，由此前的黏合状态开始向下发散，这说明股价走势开始进入空头走势中，后市很可能继续下跌，我们最好趁早清仓出局。这个信号有很高的准确性。因为该股前期的涨幅已经非常大，然后在次高位宽幅震荡，有主力出逃的迹象。如果不是为了出逃，在这么高的位置震荡就很难解释，谁还会在天价上接盘不成？当然接盘的通常都是散户，主力出货完毕后就开始砸盘。本例的MACD指标黏合后向下发散就是砸盘的信号，后市该股的表现也证明了这一点。

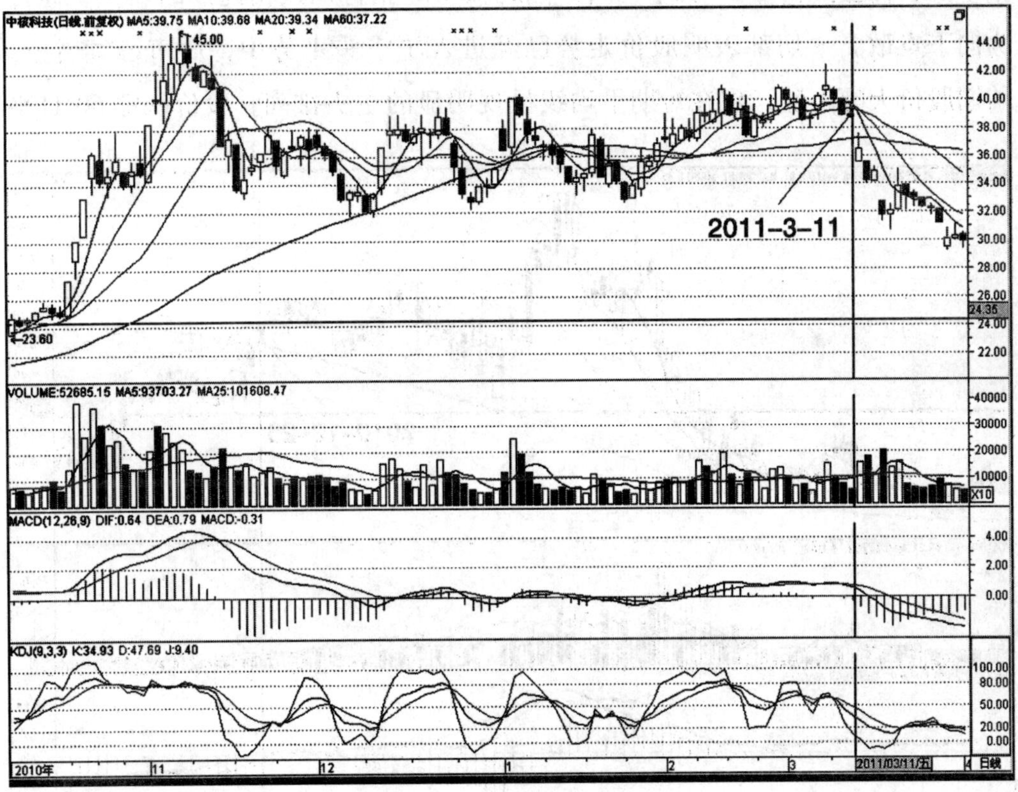

图4－50 中核科技 000777

细节2：平均线系统

不管研判什么指标信号，平均线都是不可或缺的辅助参照系统。MACD 指标黏合后向下发散，通常股价会继续下跌，但如果附近就有中长期平均线的支撑，则很可能是诱空陷阱。也就是说短期趋空，但又有中长期上升趋势的支撑，就要考量是不是主力在洗盘。如果平均线系统呈现空头排列，则 MACD 指标黏合后向下发散是毫无疑问的下跌信号。

如图 4－51 所示，鲁西化工 2010 年 12 月 23 日收出一根小阴线，股价跌幅不大，但已经击穿 60 日平均线，同时 MACD 指标两线由此前的黏合状态变为向下发散。一切都表明股价走势已经进入了空头走势中，后市继续看空。前期股价大幅上涨，现在短期平均线呈现明显的空头排列，股价跌穿 60 日平

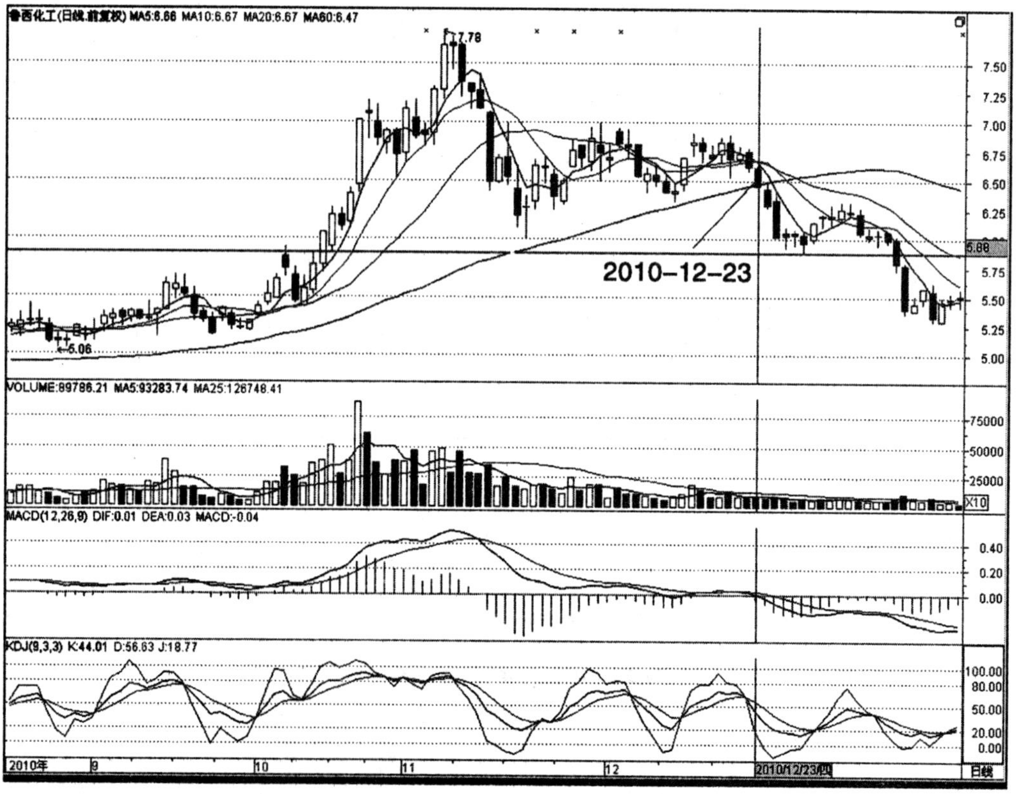

图 4－51　鲁西化工　000830

均线，中长期走势也岌岌可危，整个平均线系统都已经趋向于空头有利的走势发展，此时我们只能选择趁早离场休息了。

如图4－52所示，太钢不锈2011年3月21日仅小幅下跌，但形成一阴穿多线，且MACD指标由此前的黏合状态变为向下发散，一切看起来都好像走势已然变坏，空头气氛浓厚，按常理我们此时应该暂时离场。可是此后该股并没有继续下跌，反而转身上行。为什么这个MACD指标在此形成虚假信号呢？仔细观察就会发现，虽然当时形成短期平均线的下行趋势，但是下面不远就是60日平均线的支撑，且该平均线呈明显的上行趋势，支撑是显而易见的，因此这个MACD指标黏合后向下发散是虚假信号的可能性极大，至少我们应该继续观望60日平均线是否能支撑住股价。

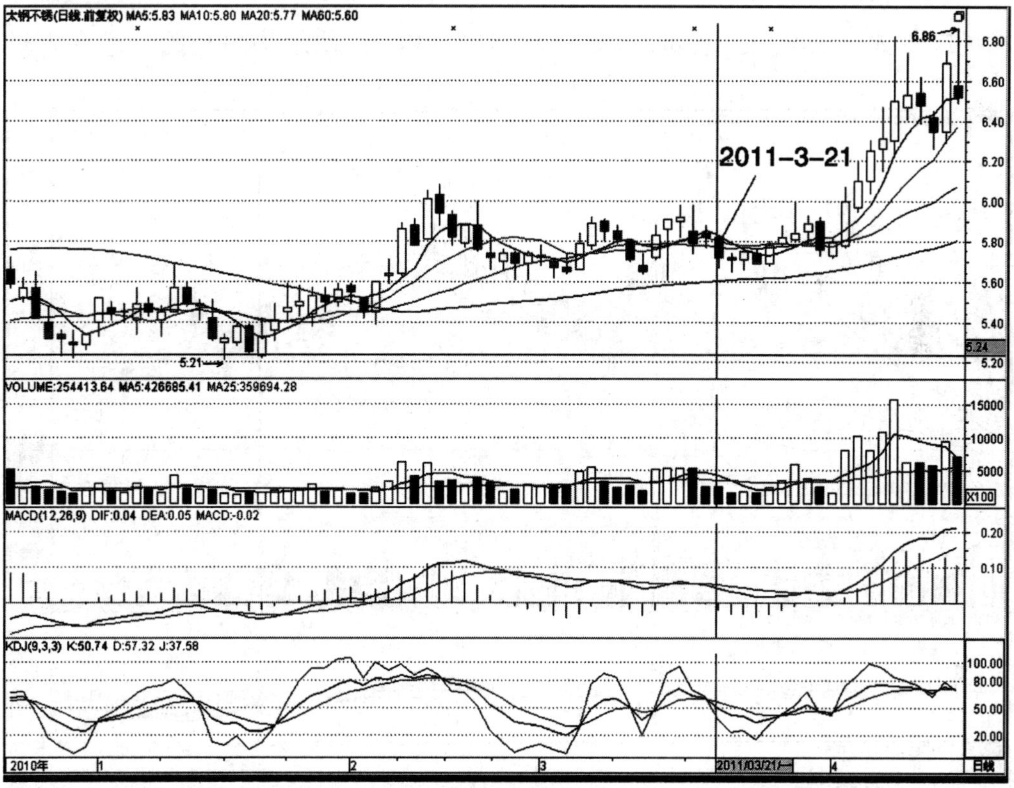

图4－52 太钢不锈 000825

细节3：成交量

股价下跌通常不需要成交量配合，因此 MACD 指标黏合后向下发散也不需要配合成交量来研判。当然，如果下跌的时候成交量放大，那么是主力出逃无疑。下跌的时候量能研判的意义不大，但是此前的量能变化却能给我们很多提示。如果此前成交量异常放大，则是主力出逃的表现，此后股价下跌很可能导致顶部形成。如果此前量能平稳，且股价涨幅不大，则短暂的下跌有诱空的嫌疑。

如图 4－53 所示，桑德环境 2011 年 3 月 29 日延续前几天的跌势，继续小幅下跌，我们看到 MACD 指标产生了明显变化：此前的 MACD 指标两线黏合在一起，此时已经向下发散。毫无疑问这是新的下跌走势的开始。这个短暂

图 4－53　桑德环境　000826

的 MACD 指标黏合发生在 0 轴之下，本来就是空头走势，如今再度向下发散可以说是雪上加霜，后市极度看空。

我们这里主要关注一下成交量的变化。此前几天股价冲高回落，成交量大幅放大，几乎可以认定是主力出逃。既然主力在并非最高位的背景下出逃，可见其已无意再拉升股价。鉴于此，我们也只能选择清仓出局。

如图 4 - 54 所示，超声电子 2010 年 9 月 20 日延续前两天的跌势，继续小幅下挫，这时候 MACD 指标发生了较大变化：MACD 指标两线原来是黏合的，现在开始向下发散。这通常不是一个好的兆头，说明走势已经变坏，空头占优，后市堪忧。该股此后也如期持续下跌，不过下跌的幅度很有限。最后该股突然逆转飙升，让人大跌眼镜。这说明前面的 MACD 指标黏合向下发散是一个不折不扣的诱空陷阱，是一个典型的虚假信号。这个虚假信号事实上疑点还是比较多，且不论股价的整体位置，就是成交量也很值得怀疑。该股在

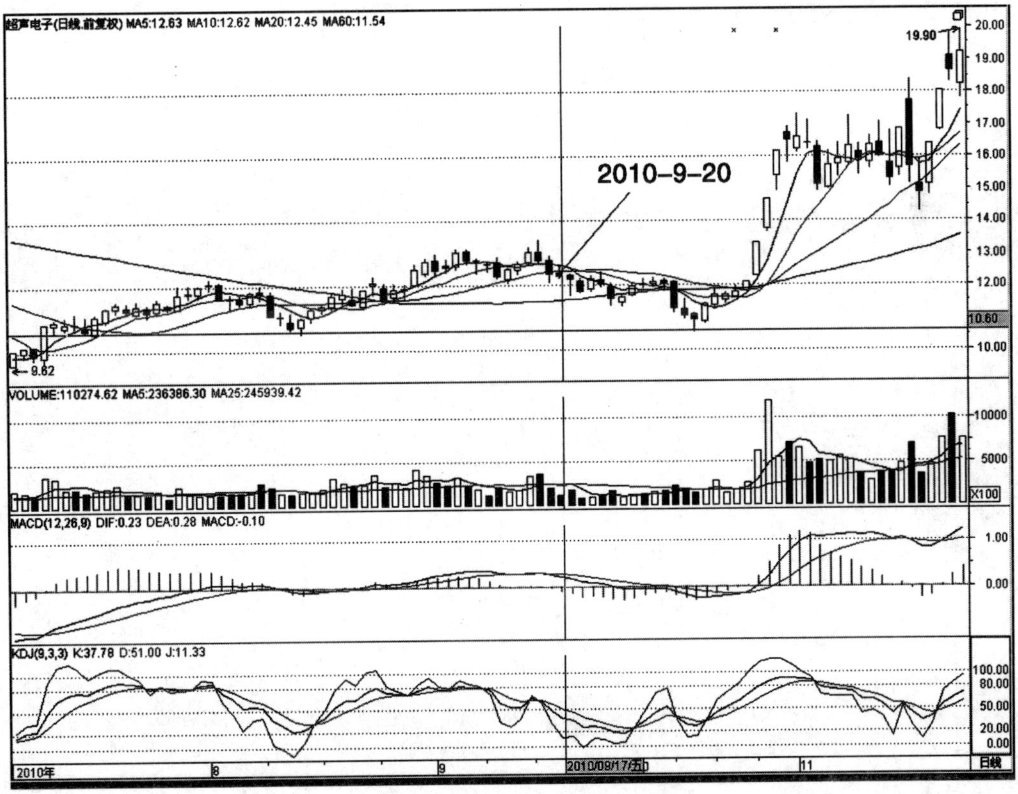

图 4 - 54　超声电子　000823

下跌的过程中成交量急剧萎缩，要说出货那几乎不可能。既然主力还在里面，股价下跌则很可能是洗盘。不过本例该股的洗盘动作过于凶猛，不是一般的人能够承受。

《日本蜡烛图技术》

史蒂夫·尼森　著　丁圣元　译

本书中文版是1998年首次由地震出版社出版发行的，经过10多年的畅销，变成了国内最权威的K线技术与基础入门教材。对于严肃的股票和期货交易者来说，本书是一本必读书。它是对技术分析书面资料的一项激动人心的、价值不菲的充实。它以翔实、流畅、精辟易懂的语言，有史以来第一次将这门古老的日本技术介绍到投资者面前。对于现有技术分析体系，不仅具有高度的“增加价值”，而且引入了全新的视角。

定价：60元　开本：16开　页码：352页

《何氏交易法》　何　君　著

何氏交易法主要操作周线的波段行情。之所以选择周线波段行情，是因为绝大多数周线波段的幅度都在50%以上。将实战操作总结为6个程序、一周看盘4个小时、每年交易1~3次。并坚持“用简单实用的交易技术，做最熟悉的股票”的原则，简单实用、不复杂，无论有无交易知识基础，都能很快理解掌握。

定价：40元　开本：16开　页码：225页

《K线+形态=买卖点》　龚茕煜　著

K线是东方智慧的蜡烛图；形态是西方技术分析中的重要技术。买点就是阶段性底部，卖点就是阶段性顶部，k线与形态双剑合璧在实战中能够有效的把握买卖点。

定价：40元　开本：16开　页码：246页

《强势股操作技术精要》　一舟　著

本书从研判强势股的独特角度出发，通过分类列举各种经典的短线、波段以及中长线强势股在即时图、各种周期K线图走势中的主要技术特征，借助于大量图文并茂与通俗易懂的图解来剖析点评，辅助于各种强势股实战战法的其他限定条件，使广大股民朋友能够有效识别和及时捕捉到所谓大牛股、领涨龙头股。

定价：42元　开本：16开　页码：284页

《期货市场技术分析》

约翰·墨菲　著　丁圣元　译

本书中文版自1994年首次出版以来已经连续畅销近20年，是国内目前最权威的技术分析教材，该书原版书两次获得美国市场技术分析协会的年度大奖。

全书内容循序渐进地从入门知识讲到复杂应用，逐步引导读者学会把技术分析的各种技能应用到期货、股票市场上去。全书的前面部分，作者花了相当的篇幅讲述图表理论的基本知识。因为绝大多数成功的技术分析归根结底是由于基础知识应用得法。中后半部分内容便进入到更高级的领域。

定价：80元　开本：16开　页码：551页

《关键蜡烛图》　韦铭锋　何君　著

关键一：用“单一关键蜡烛图”跟踪行情发展；关键二：识别趋势反转的“决定性蜡烛图”。

当发现形态与趋势可能处于“反转的临界点”，本书的“关键性蜡烛图”技术能帮助投资者判这些经典的蜡烛线是否为促使形态反转的“决定性蜡烛图”。

定价：50元　开本：16开　页码：334页

《新股民入市精讲1+5》李典泰　著

本书针对新股民，系统、全面、针对性地提供给大家“安全入市，稳妥盈利”的有益信息。总结起来就是如何成为一个合格的股民，在技术分析领域中学会最有价值的5门功课：实战选股股、K线看盘术、抄底逃顶术、买卖点指标盘别术和资金管理术。

定价：35元　开本：16开　页码：253页

《黄金趋势追踪交易》　刘小铭　著

本书是一本国内目前比较权威的、详细介绍国内外黄金市场、黄金投资与投机交易的专业图书。分别从黄金的价值、趋势交易中的技术分析系统与指标、风险控制、进出场信号、交易心理和交易计划的因素等方面出发，翔实地讲解了如何做黄金投资，如何操盘黄金趋势行情的投机交易。

定价：48元　开本：16开　页码：328页